Upskill Your English

1秒で攻略

英語の
落とし穴
大（たいぜん）全

小池直己
Koike Naomi

佐藤誠司
Sato Seishi

「話す」×「書く」はこの一冊

A book to help you
gain English speaking and writing skills in a
limited time. With a collection of common English mistakes
by Japanese learners, it will level up your English in no time.

青春出版社

はじめに

　本書の目的は，英語学習者の皆さんが英語を話したり書いたりする際に，**適切な英文**を作るための知識を紹介することです。そのために，まず適切でない英文を示し，それを適切な英文に言い換える，というスタイルを採っています。

　適切な英文とは，次のようなものです。

・**標準的な文法・語法のルールが守られている。**

・**自然な英語である。**

・**使用する状況に適した文である。**

　本書では，このような英文を作る力を養います。本書の主な特徴は，次のとおりです。

①学習者に身に付けてほしい文法・語法の知識を中心に説明します。語句の選択の誤り（例：カンニング＝ cheating [× cunning]）は汎用性が低いため，（問いの形式では）特に重要と思われるもの以外は取り上げていません。

②知識のレベルを★の数で３段階に分けました。★は中学〜高校初級程度，★★は高校卒業程度。★★★は学校ではあまり習わない（盲点になりやすい）知識です。高校卒業程度の英語力があれば，★★★の項目を選んで読むのもよいでしょう。今まで知らなかった知識を得られるはずです。

③間違いの度合いを，次の２種類に分けています。

　　×＝「文法的に誤っている」「（コロケーションなどの）慣用に反する」「日本語の意味に対応しない」「英語として不

自然」「実際の使用頻度が低い」などの理由で，**使っては
いけない**（または**使わない方がよい**）もの
△＝許容されるので使ってもよいが，より適切な表現があ
るもの
④各項目の知識が「書くこと」「話すこと」のどちらに主に
役立つかを，✎（書く）・💬（話す）の記号で表しています。
✎💬は両方に役立つものです。

　本書の目的は文法知識を網羅的に説明することではありませ
んが，全体として見れば**英文法のかなりの範囲をカバー**してい
ます。また，**英語らしい文の作り方**を随所で説明しているので，
本書を読み終えた時点で読者の皆さんの「英語感覚」はかなり
向上しているはずです。本書がすべての学習者の「話す力」「書
く力」の向上に役立つことを願っています。

2023 年 1 月　佐藤誠司・小池直己

1秒で攻略
英語の落とし穴大全＊目次

ＤＴＰ■フジマックオフィス

本書で使用した文法用語
～これだけはおさえよう～

本書で使用した主な文法用語を簡単に解説します。

◆品詞

英単語を形や使い方の違いによって分類したものを品詞と言います。本書の説明に出て来る品詞には，次のようなものがあります。

- **名詞**（例：boy, Japan）
- **冠詞**（例：a, the）
- **形容詞**（例：hot, long）
- **助動詞**（例：can, will）
- **前置詞**（例：in, from）
- **関係詞**（例：that, which）
- **代名詞**（例：you, this）
- **動詞**（例：have, like）
- **副詞**（例：very, always）
- **接続詞**（例：and, if）
- **疑問詞**（例：who, what）

◆S・V・O・C（文の要素）

これらは文を構成する要素（語（のかたまり）の文中での働き）を表す記号です。

記　号	文中での働き
S（主語）	「～は」「～が」に当たる要素
V（述語動詞）	「～する」「～だ」に当たる要素
O（目的語）	「～を」「～に」などに当たる要素
C（補語）	S や O に説明を補う要素

英語の文には原則として **S** と **V** が含まれており，V の後ろに何を置くかによって文の構造を次の 5 つに分けます。これが **5文型**です。次ページの例では，太字の語が V に当たります。

(1) S + V（第１文型）

　He **smokes**.（彼はたばこをすう［喫煙者だ］）

(2) S + V + C（第２文型）

　His wife **is** American.（彼の奥さんはアメリカ人だ）

(3) S + V + O（第３文型）

　I **have** many friends.（私は多くの友人を持っている）

(4) S + V + O + O（第４文型）

　I **sent** her an e-mail.（私は彼女にメールを送った）

(5) S + V + O + C（第５文型）

　My friends **call** me Aki.（友人たちは私をアキと呼ぶ）

◆自動詞と他動詞

　目的語を必要としない動詞を**自動詞**，必要とする動詞を**他動詞**と言います。文型との関係で言うと，第１・２文型で使う動詞は自動詞，第３〜５文型で使う動詞は他動詞です。たとえば run（走る）は自動詞，have（〜を持っている）は後ろに目的語が必要なので他動詞です。

◆動作動詞と状態動詞

　動詞には，動作や出来事を表すもの**（動作動詞）**と状態を表すもの**（状態動詞）**とがあります。

種　類	例
動作動詞	eat（食べる），run（走る），die（死ぬ），rain（雨が降る）
状態動詞	be 動詞，have（持っている），know（知っている）

　進行形にできるのは動作動詞だけ。状態動詞は進行形にできません。たとえば「私はネコを飼っている」は I **have** [× am having] a cat.。ただし「食べる」の意味の have は動作動詞なので，I **am having** a hamburger.（私はハンバーガーを食べている）のように

9

進行形にできます。

◆修飾語
　修飾語は前後の言葉に対して詳しい説明を加える働きをする要素で，**省いても文の形が成り立ちます。**
　　・I bought this book (online) (yesterday).
　　　S　　V　　　O　　　修飾語　修飾語
（私はこの本をオンラインできのう買った）
　この文の場合，S・V・O を省くことはできませんが，online と yesterday は省いても完成した文の形が残ります。したがってこれらは修飾語です。
　英語の修飾語は，**形容詞**または**副詞**の働きを持ちます。

修飾語	何を修飾するか？
形容詞	名詞を修飾する
副詞	（原則として）名詞以外の要素を修飾する

・a **beautiful** scene（美しい景色）〈形容詞＋名詞〉
・study **hard**（熱心に勉強する）〈動詞＋副詞〉

◆句と節
　2語以上から成る意味のかたまりのうち，SV の関係を含まないものを**句**，含むものを**節**と言います。句と節は，それぞれ**名詞・形容詞・副詞**のどれかの性質を持ちます。
　　・Tokyo is the capital of Japan.（東京は日本の首都です）
　　　→下線部は形容詞句（SV を含まず，名詞の capital を修飾している）
　　・I lived in Osaka when I was a child.
　　（私は子どもの頃大阪に住んでいた）

→下線部は副詞節（I was という SV を含み, 動詞の lived を修飾している）

◆新情報と旧情報

　話し手が聞き手に対して伝える情報には, 次の2種類があります。

・**新情報**＝聞き手は知らない（はずだと話し手が思っている）情報

・**旧情報**＝聞き手は既に知っている（はずだと話し手が思っている）情報

　英文の多くは**「旧＋新」**の情報構造を持ち, **情報の焦点**［＝話し手が最も伝えたい新情報］はしばしば文末に置かれます。これを**文末焦点**（の原理）と言います。

第 1 章

動詞・文構造

001　S be C(1)

彼女の仕事は獣医です。

X ① <u>Her job</u> is a vet.
O ② <u>She</u> is a vet.

解説

〈S ＋ be 動詞 (is/am/are) ＋ C〉の C が名詞の場合は，**S ＝ C の関係**が成り立つ。S［仕事］＝ C［人］とは言えないから①は誤り。②（彼女は獣医です）は S も C も「人」だから正しい。これと同様の誤りは非常に多く見られる。
＊「獣医」は vet [veterinarian]。animal doctor とは普通言わない。

002　S be C(2)

私の誕生日は 5 月です。

X ① My birthday is <u>May</u>.
O ② My birthday is <u>in May</u>.

解説

「私の誕生日は 5 月（の中）にある」と表現する。「誕生日」は日，「5 月」は月であり，①は S ＝ C の関係が成り立たないから誤り。
（類例）The summer festival is **on** August 10.
（夏祭りは 8 月 10 日です）

003　S be C(3)

私の夢は E スポーツの選手です。

X ① My dream is an E-sport player.
O ② My dream is <u>to be</u> an E-sport player.

解説

「私の夢は E スポーツの選手になることです」と表現する。my

dream は抽象的なもの，an E-sport player は人間だから，①は S ＝ C の関係が成り立たない。

004 S be C(4)

★★/💬

この単語はどういう意味ですか。

X ① **What meaning is this word?**
O ② **What is the meaning of this word?**

解説

「この単語の意味は何ですか」と表現する。meaning（意味）≠ word（単語）だから①は誤り。What does this word mean?（この単語は何を意味しますか）とも言う。

005 S be C(5)

★★★/💬

これは何の写真ですか？

X ① **What's this photo?**
O ② **What's <u>in</u> this photo?**

解説

②は「この写真の中には何があります［写っています］か」の意味。What's this a photo of? とも言える（This is a photo of X. の X を what で尋ねる形）。たとえば「この写真はネコの写真です」を This photo is <u>a cat</u>. とは言えないから，この下線部を what で尋ねる①も誤り。

006 第2文型 (SVC)(1)

★/🖌/💬

このスープはおいしい。

X ① **This soup <u>is good taste</u>.**
O ② **This soup <u>tastes good</u>.**

taste ＋ C [形容詞] ＝～な味がする。this soup ≠ good taste だ
から①は誤り。**smell**（～なにおいがする），**feel**（～な感じがす
る），**sound**（～に聞こえる）なども後ろに形容詞を置いて使う。

---

007 第 2 文型 (SVC)(2)

あのネコはブタみたいだ。

X ① That cat <u>looks</u> a pig.
O ② That cat <u>looks like</u> a pig.

解説

「～に見える」は，〈look ＋形容詞〉または〈look like ＋名詞〉で表
す。a pig は名詞だから②が正しい。That cat looks as if it is
[were] a pig. とも言う（→ 008）。

---

008 第 2 文型 (SVC)(3)

私の母は 30 代に見える。

X ① My mother <u>looks (to be)</u> in her thirties.
O ② My mother <u>looks as if</u> she is in her thirties.

解説

look as if ～＝まるで～であるかのように見える。look to be C
という形は誤り。また C には形容詞を使うので，①で to be を省い
た形も誤り。
＊ My mother <u>looks like</u> she is in her thirties. とも言う（くだけた表
現）。なお as if の後ろでは仮定法を使うのが原則だが，日常的には直説
法を使うことも多い。

---

009 第 2 文型 (SVC)(4)

この部屋はタバコのにおいがする。

X ① This room <u>smells</u> cigarettes.
O ② This room <u>smells of</u> cigarettes.

解説

smell, taste など五感を表す動詞の後ろに名詞を置くときは, 前に **of** や **like** が必要。smell of ～は「～のにおいがする」, smell like ～は「～のようなにおいがする」。

---

010 第 2 文型 (SVC)(5)

私は会議中ずっと黙っていた。

X ① I kept <u>silently</u> through the meeting.
O ② I kept <u>silent</u> through the meeting.

解説

keep を SVC の形で使うと, 「S が C である状態をキープする [保つ]」という意味を表す。C は形容詞や分詞。この文では形容詞の silent (黙っている) を使うのが正しい。副詞の silently (黙って, 静かに) は C の位置には置けない。

---

011 第 2 文型 (SVC)(6)

健康を保つために何かしていますか。

△① Do you do anything to <u>keep your health</u>?
O ② Do you do anything to <u>stay healthy</u>?

解説

stay + C [形容詞] = C である状態にとどまる, C のままでいる。①は間違いではないが, ②が普通の表現。
＊ keep healthy とも言うが, stay healthy の方がよく使われる。また「健康を損ねる」は, lose one's health より damage one's health の方が普通。

012　第3文型 (SVO)(1)

おじがガンになった。

X ① My uncle <u>became</u> cancer.
O ② My uncle <u>got</u> cancer.

> **解説**
>
> 「おじはガンを手に入れた」と表現する。become（〜になる）は SVC の形で使う動詞で，C が名詞なら S＝C の関係になる。①は my uncle ≠ cancer だから誤り。

013　第3文型 (SVO)(2)

息子のかぜがうつってしまった。

X ① My son's cold <u>moved</u> to me.
O ② I <u>caught</u> my son's cold.

> **解説**
>
> ②は catch a cold（かぜをひく）をもとにした言い方。My son has given me his [a] cold. とも言う。「かぜ」が物理的に移動するわけではないから①は誤り。

014　第4文型 (SVOO)(1)

私は彼女に長いメールを送った。

△① I sent a long e-mail <u>to her</u>.
O ② I sent <u>her</u> a long e-mail.

> **解説**
>
> 「A [人]に B [物]を送る」は，send A B または send B to A で表す。この文のように **A が人称代名詞**（me, him など）のときは，**send A B** の形を使うのが適切。SVOO の形で使う他の動詞にも同じことが言える。

＊一般に人称代名詞は旧情報を表す（her が誰を指すのかは相手にわかっている）。①は（文末焦点の原理で）文末の語が情報の焦点になるが，そこに旧情報を表す her が置かれているので不自然に感じられる。

015　第4文型 (SVOO)(2)

タクシーを呼んでください。

X ① Call me <u>taxi</u>, please.
O ② Call me <u>a taxi</u>, please.

解説

call は，第4文型 (call + O₁ + O₂) だと「O₁［人］に O₂［物］を呼んでやる」，第5文型 (call + O + C) だと「O を C と呼ぶ」の意味になる。「1台のタクシー」は a taxi。①だと taxi が人名のように感じられて，「私をタクシーと（いう名で）呼んでください」という（第5文型の）意味に解釈される。

016　第4文型 (SVOO)(3)

今晩9時に電話してくれる？

X ① Can you <u>make</u> me a call at 9 this evening?
O ② Can you <u>give</u> me a call at 9 this evening?

解説

②の give me a call は「私に電話（の呼び出し）を与える［かける］」。make は，SVO₁O₂ の形だと「O₁［人］に O₂［物］を作ってやる」の意味になる（例：I'll make <u>you</u> some coffee. ＝コーヒーを入れてあげよう）。「私に電話（の呼び出し）を作ってやる」は意味的に不自然だから，①は誤り。
＊ make a (phone) call（電話をかける）は OK。

017　第4文型 (SVOO)(4)

医者はあなたに何と助言したのですか。

X ① What did the doctor advise you?

O ② What advice did the doctor give you?

解説

① は The doctor advised me X. の X を尋ねる疑問文だが，advise（助言する）は SVOO の形では使えないから誤り。②は「医者はあなたにどんな助言を与えたのですか」の意味。What did the doctor advise you to do?（医者はあなたに何をするよう助言したのですか）とも言える。

018　第 4 文型 (SVOO)(5)　　　　★★★

母にそのゲーム機を買ってもらいたい。

△ ① I want my mother to <u>buy</u> the game console.

O ② I want my mother to <u>buy me</u> the game console.

解説

buy + O₁ + O₂ = O₁［人］に **O₂**［物］を買ってやる。「母が<u>私に</u>買ってくれることを望む」と表現した②が適切。... to buy the game console **for me**. でもよい（→ 981）。①だと「私がゲーム機を使う」という意味を表せない。

019　第 4 文型 (SVOO)(6)　　　　★★

領収書をいただけますか。

△ ① Could you please <u>provide</u> me a receipt?

O ② Could you please <u>provide</u> me <u>with</u> a receipt?

解説

provide O with 〜 = O に〜を与える，供給する。provide は第 4 文型では使わない。アメリカ英語では①を使うこともあるが，避けた方がよい。

020　第4文型 (SVOO)(7)

私は教官にいくつかの質問をした。

△① I asked <u>a lot of questions to the instructor</u>.
○② I asked <u>the instructor a lot of questions</u>.

解説

ask O a question = O に質問をする。この形から a question を
前に出すと，ask a question of O となる。くだけた表現ではこの
of の代わりに to を使うこともあるが，②を使う方が無難。

021　第5文型 (SVOC)(1)

トイレはきれいにしておきなさい。

X ① Keep <u>the clean toilet</u>.
○② Keep <u>the toilet clean</u>.

解説

keep O C [形容詞] = O が C である状態を保つ。①は「きれいな
トイレを (手放さずに) 持っておきなさい」の意味。

022　第5文型 (SVOC)(2)

私たちは大きな魚を生け捕りにした。

X ① We caught a big fish <u>alive</u>.
○② We caught a big fish.

解説

alive は不要。①は文末の alive が情報の焦点になり，「私たちは (死
んだ状態ではなく) 生きた状態で大きな魚を捕らえた」という不自
然な響きになる。

多くの日本人は魚を生で食べる。

✗① Many Japanese people <u>eat fish raw</u>.
○② Many Japanese people <u>eat raw fish</u>.

解説

①は文末の raw が情報の焦点になり，「多くの日本人は（調理せずに）生の状態で魚を食べる」という不自然な響きになる。②の eat raw fish（生の魚を食べる）は問題ない（eat octopus（タコを食べる）と同様）。

024　There 構文 (1)

このオフィスには喫煙コーナーはありません。

✗① A smoking section <u>isn't</u> in this office.
○② <u>There isn't</u> a smoking section in this office.

解説

冠詞を情報構造の観点から考えると，一般に「a/an は新情報の目印」「the は旧情報の目印」である（たとえば This is <u>a pen</u>. の下線部は新情報，<u>The pen</u> is mine. の下線部は旧情報）。そして英語の文では，**冒頭に新情報を置く形は避けられる**。①の a smoking section は新情報だから，この形を避けるために〈**There is/are ＋ X ＋場所.**〉（〜に X がある）の形を使う（X の位置に新情報を置く）。
＊「喫煙コーナー［場所］」は a smoking section [area]。corner は「角」の意味だから使えない。

025　There 構文 (2)

私の職場には 5 人の女性がいる。

✗① Five women <u>are</u> in my office.
○② <u>There are</u> five women in my office.

前問と同様に，five women は (the がついていない) 新情報なので，②を使う。①は <u>The</u> five women are in my office.（（あなたも既に知っている）その 5 人の女性は私の職場にいる）なら正しい。

---

026 There 構文 (3)

私たちの間にちょっと誤解があるようです。

X ① There <u>seem</u> to be a misunderstanding between us.

O ② There <u>seems</u> to be a misunderstanding between us.

解説

There is a misunderstanding between us. の is を，seems to be（〜のように思われる）で言い換えた形。There 構文の動詞は，X が単数か複数かによって使い分ける。この文では X (a misunderstanding) が単数だから，seem に 3 単現の s をつける。

---

027 There 構文 (4)

その箱の中には何が入っていますか。

X ① What's <u>there</u> in that box?

O ② What's in that box?

解説

There is X in that box.（その箱の中には X が入っている）の X を尋ねる疑問文は①だが，there を省いて②を使うのが普通。

---

028 There 構文 (5)

男の人が正門のそばに立っていた。

△① <u>A man was standing</u> by the front gate.
○② <u>There was a man standing</u> by the front gate.

解説

①は新情報 (a man) が文頭にあるので, それを避けるために②を使う。〈X is/are 〜 ing [過去分詞]〉〈X は〜して [されて] いる〉の X が新情報の場合, **〈There is/are X 〜 ing [過去分詞]〉**の形で言い換えることができる。

029　There 構文 (6)

正門の近くに車が止まっていた。

X ① <u>A car was stopping</u> near the front gate.
○② <u>There was a car parked</u> near the front gate.

解説

①の was stopping は「停止しつつあった」という意味だから誤り。<u>A car was parked</u> near the front gate. (正門の近くに 1 台の車が駐車されていた) なら正しいが, 前問と同様に (新情報の a car で始まる形を避けるために) 下線部を There was a car parked と言い換えるのがベター。

030　There 構文 (7)

私がここで働きたい理由は 3 つあります。《職探しの願書や面接で》

△① There are three reasons why I hope to work here.
○② I hope to work here for three reasons.

解説

①は正しい文だが, **there や形式主語の it で始まる文は客観的な説明という印象を与える。**自分の希望を前面に出したいなら, I を主語にした②がベター。
＊②は文末の three reasons が情報の焦点になるので, この後ろに具体

的な理由を続ければ説明の流れがスムーズになる。

---

031 自動詞と他動詞の区別 (1)

 ★/✎💬

週末の計画を話し合おう。

X ① Let's <u>discuss about</u> the plan for the weekend.

O ② Let's <u>talk about</u> the plan for the weekend.

解説

> **discuss** は「～を議論する」の意味の他動詞で，**talk about**（～について話し合う）とほぼ同じ意味。「**X を…する**」という意味を表す動詞は他動詞であることが多く，**前置詞は不要。**

---

032 自動詞と他動詞の区別 (2)

 ★★/✎💬

誰かがドアをノックしている。

X ① Someone is <u>knocking</u> the door.

O ② Someone is <u>knocking on</u> the door.

解説

> 「**X を…する**」の意味は〈他動詞＋ X〉で表すことが多いが，**knock on** the door（ドアをノックする）のように〈自動詞＋前置詞＋ X〉の形を使うこともある。**graduate from** ～（～を卒業する），**listen to** ～（～を聞く），**wait for** ～（～を待つ）なども同様。

---

033 自動詞と他動詞の区別 (3)

 ★★/✎💬

部屋の鍵をどこかに落としたかもしれない。

X ① I might have <u>fallen</u> my room key somewhere.

O ② I might have <u>dropped</u> my room key somewhere.

解説

> **drop** には「落ちる」（自動詞）・「～を落とす」（他動詞）の両方の意味があるが，**fall** には「落ちる」の意味しかない。したがって「鍵を落とす」は drop で表す。

---

034 自動詞と他動詞の区別 (4)

何か質問があれば手を上げなさい。

X ① <u>Rise</u> your hand if you have any questions.
O ② <u>Raise</u> your hand if you have any questions.

解説

> **rise** [raiz]（上がる：自動詞）と **raise** [reiz]（～を上げる：他動詞）は形が似ているので注意。活用はそれぞれ，rise-rose-risen, raise-raised-raised。
> ＊ **lie-lay-lain**（横になる）と **lay-laid-laid**（～を横にする）はネイティブスピーカーの間にも混同が見られ，lie の代わりに lay を使うケースもしばしば見られる。

---

035 自動詞と他動詞の区別 (5)

彼に謝る方がいいよ。

X ① You should <u>apologize</u> him.
O ② You should <u>apologize to</u> him.

解説

> **apologize to A (for B)** ＝（B の理由で）A [人]に謝罪する。「Xに～する」の意味は，しばしば〈自動詞＋ to ＋ X〉で表す。

---

036 自動詞と他動詞の区別 (6)

部屋がたばこ臭いと私はフロントに苦情を言った。

X ① I <u>complained</u> the front desk that the room smelled of cigarettes.

O ② I <u>complained to</u> the front desk that the room smelled of cigarettes.

解説

complain（苦情を言う）は自動詞。「〜に苦情を言う［クレームをつける］」は **complain to**（または **make a complaint to**）で表す。
＊ claim は「主張する」の意味だから、「クレームをつける」の意味では使わない。

---

037 動作動詞と状態動詞の区別 (1)

先週かぜをひいた。

X ① I <u>had</u> a cold last week.
O ② I <u>caught</u> a cold last week.

解説

have a cold は「かぜをひいている」という状態を，**catch (a) cold** は「かぜをひく」という出来事を表す。つまり have は状態動詞，catch は動作動詞。①は「私は先週（ずっと）かぜをひいていた」と解釈されるので誤り。

---

038 動作動詞と状態動詞の区別 (2)

彼女が君の態度に怒るのは当然だ。

X ① It's natural that she <u>gets</u> angry at your attitude.

O ② It's natural that she <u>is</u> angry at your attitude.

解説

②は「彼女が（今）怒っているのは当然だ」の意味。①は gets（動作動詞の現在形）が習慣的な行為を表すので，「彼女が君の態度にいつも怒るのは当然だ」という不自然な意味になる。

★★★

私の外出中に電話がありましたか。

X ① Were there any calls while I <u>was going out</u>?

O ② Were there any calls while I <u>was out</u>?

解説

②の while I was out は「私が外出していた間に」。①だと「私が外出しつつあった間に」という不自然な意味になる。

---

040 文構造の選択 (1)
★★★

象の鼻は長い。

△① The trunk of an elephant is long.

O② Elephants have a long trunk.

解説

「象は長い鼻を持っている」と表現する。①は間違ってはいないが,<u>主語をなるべく短くする方が英語らしい文になる。</u>

＊象の鼻は nose ではなく trunk。②の a long trunk は「1 頭の象につき 1 つの長い鼻」ということ。このような単数形を**配分単数**と言う。「象の鼻はどれも長い」と考えて Elephants have long trunks. と言うこともできる。このような複数形を**配分複数**と言う。

---

041 文構造の選択 (2)
★★★

来週の月曜日は就職面接だ。

X ① Next Monday is my job interview.

O② I have a job interview next Monday.

解説

next Monday ≠ my job interview だから ① は誤り。Next Monday is <u>the day of</u> my job interview. なら正しいが,②がベタ

042　文構造の選択 (3)

★★

私たちのクラブの会員は 30 名です。

X ① The members of our club are 30.

O ② There are 30 members in our club.

解説

「私たちのクラブには 30 人の会員がいる」と表現する。Our club consists of 30 members.（私たちのクラブは 30 人の会員から成る）でもよい。①は「私たちのクラブの会員は 30 歳です」と誤解される。

043　文構造の選択 (4)

★★

私の時計は 4 時 50 分です。

X ① My watch is 4:50.

O ② My watch says it's 4:50.

解説

my watch ≠ 4:50 だから①は誤り。「私の時計は 4 時 50 分だと言っている」と表現する。It's 4:50 by my watch. とも言える。

044　文構造の選択 (5)

★★★

ぼくには弟がいます。彼は中学生です。

△① I have a younger brother. He is <u>a junior high school student</u>.

O ② I have a younger brother. He is <u>in junior high school</u>.

> **解説**
>
> ①は文末の student が重要な情報であるように感じられる。しかし, たとえば話し手が高校生なら, 弟が student（学生）であることは重要な情報ではない［言わなくてもわかる］から, ②の方がベター。

045　文構造の選択 (6)　★★★

ベトナムから日本へ働きに来る人の数が増えている。

△① <u>The number of workers coming from Vietnam to Japan</u> is increasing.

○② <u>More (and more) Vietnamese people</u> are coming to work in Japan.

> **解説**
>
> ①は間違いではないが, S is increasing. の S が長すぎる（情報量が多すぎる）のでぎこちなく感じられる。「増えて［減って］いる」は〈**more [fewer/less] ＋名詞**〉を主語にして書くとよい。

046　文構造の選択 (7)　★★★

プレゼントを開けたら, 万年筆が入っていた。

△① I opened the present and <u>there was</u> a fountain pen.

○② I opened the present and <u>found</u> a fountain pen.

> **解説**
>
> ①は間違いではないが, 一般に接続詞で２つの文を結びつける場合は, ②のように**主語をそろえる**方が英語らしい文になる。

047　「会う」(1)　★

カフェテリアで彼を見かけた。

X ① I <u>met</u> him at the cafeteria.
O ② I <u>saw</u> him at the cafeteria.

解説

meet も see も「約束して会う」「偶然出会う」の両方の意味で使うが，**meet** の方が改まった語で，「会って話をする」の意味を含む。単に見かけただけなら **see** を使う。

---

048 「会う」(2)

★★★/💬

またお会いできてうれしいです。

△① I'm glad to <u>meet</u> you again.
O② I'm glad to <u>see</u> you again.

解説

初対面のときは **meet** を，２回目以降は **see** を使うのが原則。ただし会合などでのフォーマルな再会なら meet も使える。

---

049 「会う」(3)

★★/✎💬

空港へお迎えにまいります。

△① I'll <u>see</u> you at the airport.
O② I'll <u>meet</u> you at the airport.

解説

「(客などを) 出迎える」は **meet** で表すのが普通。親しい友人を迎えに行くような場合は see も使える。

---

050 「合う」(1)

★★/✎💬

このカレーは日本人の好みに合わせて甘口にしてある。

X ① This curry is made milder to <u>fit</u> Japanese

people's taste.

○② This curry is made milder to <u>suit</u> Japanese people's taste.

解説

「(物が人に) 合う, 似合う」は **suit** で表す。**fit** は「(物のサイズが)〜に合う」の意味。

---

051 「合う」(2)

この敷物は家具に合わない。

X① This rug doesn't <u>suit</u> the furniture.

○② This rug doesn't <u>match</u> the furniture.

解説

「物と物とがつり合う」は **match** で表す。**go with** とも言う。

---

052 「遭う」

カナは先週自動車事故に遭ったそうだ。

△① I heard Kana <u>had</u> a car accident last week.

○② I heard Kana <u>was in</u> a car accident last week.

解説

①は「カナは自動車事故を起こした」と誤解されるおそれがあるので, ②がベター。... Kana **got involved in** a car accident ... とも言える。

---

053 「あきらめる」

彼は病気のために大学進学をあきらめた。

X ① He gave up <u>going</u> to college because of illness.

O ② He gave up <u>the idea of going</u> to college because of illness.

解説

give up（〜をあきらめる）は，既に着手していることや習慣をやめる場合に使う（例：give up smoking ＝禁煙する）。着手する前にあきらめる場合は，②のように「〜という考えをあきらめる」と表現する。give up <u>trying</u> to go college（大学へ行こうとするのをあきらめる）でもよい。

---

054 「あげる」　★★★／

母の誕生日に何をあげたらいいだろう。

X ① What should I <u>present</u> to my mother for her birthday?

O ② What should I <u>give to</u> my mother for her birthday?

解説

動詞の **present** は「（正式に）贈呈する」という意味。日常的な贈り物には give を使う。

---

055 「遊ぶ」　★★★／

いつでも遊びに来てください。

X ① Please come to <u>play with</u> me anytime.

O ② Please come to <u>see</u> me anytime.

解説

play は子どもの遊びについて使うのが普通。「いつでも私に会いに来てください」と表現するのが適切（meet は正式な会合や初対面の場合に使うのでこの文では不自然）。同様に「（どこかへ）<u>遊びに行</u>

056 「与える」(1)

ビデオゲームは子どもにマイナスの影響を与えると思いますか。

X ① Do you think video games <u>give</u> negative effects <u>to</u> children?

O ② Do you think video games <u>have</u> negative effects <u>on</u> children?

解説

have a … effect on 〜 ＝〜に…な影響を与える。この表現では give は使わない。

＊ video game は「テレビゲーム」と訳されることも多い (television game とは普通言わない) が，スマホやパソコンの画面で楽しむゲームも含めて「ビデオゲーム」と訳す方が適切。

057 「与える」(2)

過度なダイエットは健康に深刻な害を与えかねない。

X ① Excessive dieting can <u>give</u> serious damage to our health.

O ② Excessive dieting can <u>do</u> serious damage to our health.

解説

do damage [good] to 〜 ＝ **do 〜 damage [good]** ＝〜に害 [利益] を与える。この表現では give は使わない。

058 「集まる」

たくさんのハトが私たちのまわりに集まってきた。

X ① Many doves <u>got together</u> around us.

O ② Many doves <u>gathered</u> around us.

解説

get together は人間が集まる場合に使う。**gather** は主語が人でも動物でも使える。

＊名詞の get-together は「(親睦の) 集まり」を意味するくだけた表現。

---

059 「アルバイトをする」　 ★★★

姉はネットカフェでアルバイトをしている。

△① My sister works <u>as a part-timer</u> at an internet café.

O ② My sister works <u>part-time</u> at an internet café.

解説

work part-time ＝非常勤 [アルバイト] で働く (part-time は副詞)。①は「姉は (正社員ではなく) 非正規職員 (の身分だ)」と言っているように響く (→ 573)。

＊ **internet** は以前は Internet と表記していたが, 最近は (普通名詞扱いして) 小文字で始めることも多い。

---

060 「言う」(1)　 ★

打ち合わせは延期になったと上司に言われた。

X ① The boss <u>told that</u> the meeting was put off.

O ② The boss <u>told me that</u> the meeting was put off.

解説

tell O that 〜＝ O [人] に〜と伝える。tell の後ろには伝える相手が必要。

061 「言う」(2)

★★／

陰で他人の悪口を言うべきではない。

△① You shouldn't <u>speak ill of</u> others behind their backs.

○② You shouldn't <u>say bad things about</u> others behind their backs.

解説

say bad things about 〜＝〜の悪口を言う。①は古風な表現で、日常的には使わない。

---

062 「行く」(1)

★／

君はどうやって通勤しているの？《社内での会話》

✗① How do you <u>go</u> to work?

○② How do you <u>come</u> to work?

解説

社内での会話なら「どうやって仕事に来ているの」と表現するのが適切。go は「今いる場所とは違う場所に行く」ことを表すので、自分とは別の会社に勤めている人に尋ねるときは①を使う。

---

063 「行く」(2)

★／

いつそちらのオフィスに伺えばよろしいでしょうか。

✗① When shall I <u>go</u> to your office?

○② When shall I <u>come</u> to your office?

解説

「相手のいるところへ行く」は、go ではなく **come** で表す。
＊たとえば I'm going to the cafeteria.（カフェテリアへ行くところだ）という発言に対して、（相手の行き先を中心と考えて）Can I

36

come with you?（一緒に行っていい？）と言うこともできる。

---

064 「行く」(3)

新宿駅へはどう行けばいいですか。

X ① How do I <u>go</u> to Shinjuku Station?
O ② How do I <u>get</u> to Shinjuku Station?

解説

> 道順を尋ねるには②を使う（**get to** 〜＝〜に着く）。①は新宿駅へ
> の交通手段を尋ねる文。

---

065 「祝う」

彼の昇進をお祝いしよう。

X ① Let's <u>congratulate</u> his promotion.
O ② Let's <u>celebrate</u> his promotion.

解説

> 「特別な日や出来事を祝う」の意味では **celebrate** を使う。
> **congratulate** は「〜 [人] を祝福する」の意味で，congratulate
> <u>him</u> on his promotion（彼の昇進を祝う）のように人間を目的語
> として使う。

---

066 「受ける」(1)

そのオファーを受けるかどうかまだ決めていません。

X ① I haven't decided whether I should <u>receive</u>
the offer.

O ② I haven't decided whether I should <u>accept</u>
the offer.

解説

receive は「(物を)受け取る」の意味。「(提案・要望などを)受け入れる」は **accept** で表す。反対の意味を表す表現は refuse (拒む)、reject ((強く)拒絶する)、turn down (断る) など。

---

067 「受ける」(2) ★★★

わが社はその訴訟で大きな損害を受けた。

△① Our company has <u>suffered from</u> big losses because of the lawsuit.

○② Our company has <u>suffered</u> big losses because of the lawsuit.

解説

「病気で苦しむ」は **suffer from** a disease だが、「(苦痛・損害など)を受ける」は他動詞の **suffer** で表すのが普通 (from は不要)。

---

068 「動く」(1) ★★

プリンターが動いていないよ。

X ① The printer isn't <u>moving</u>.

○② The printer isn't <u>working</u>.

解説

②の **work** は「正常に作動する」の意味。move は「移動する」の意味だから①は誤り。
cf. This medicine <u>worked</u> well for me. (この薬は私によく効いた)

---

069 「動く」(2) ★★

この掃除機は電池で動く。

X ① This cleaner <u>moves</u> on a battery.

○② This cleaner <u>runs</u> on a battery.

> 解説
>
> ②の run は「(機械などが) 動作する，動く」の意味。move は位置の移動を表し，掃除機が本来の機能を果たすという意味にはならない。

070　「影響する」

この本は私の生き方に大きな影響を与えた。

△① This book has greatly <u>affected</u> my lifestyle.
○② This book has greatly <u>influenced</u> my lifestyle.

> 解説
>
> affect も influence も「～に影響を与える」という意味だが，**affect** は直接的・具体的な影響について使う（例：Smoking affects your health. ＝ 喫煙は健康に影響を与える）。一方 **influence** は間接的な影響について使う。本が人の思想や行動などに与える影響は間接的なものだから，influence が適切。
>
> ＊ This book has **had a great influence on** my lifestyle. とも表現できる。

071　「うそをつく」

彼は自分の経歴について私にうそをついた。

△① He <u>told me a lie</u> about his career.
○② He <u>lied to me</u> about his career.

> 解説
>
> tell (O) a lie は「(O に) うそをつく」の意味だが，一般に「うそをつく」は自動詞の lie で表すことが多い。（→ 383）。

072 「得る」

私は大金を手に入れた。
△① I've <u>got</u> a lot of money.
○② I've <u>gotten</u> a lot of money.

073 「終える」

3日では終わらないと思ったので, 私はその仕事をするのを断った。

X ① I refused to do the work because I didn't think I could <u>finish</u> it in three days.

○② I refused to do the work because I didn't think I could <u>do</u> it in three days.

074 「起きる」

けさ起きたら8時を回っていた。
△① It was past eight when I <u>got up</u> this morning.

○② It was past eight when I <u>woke up</u> this morning.

解説

get up は「起床する」。この例では「起きる＝目覚める」と解釈して，wake up を使うのが適切（活用は wake-woke-woken）。

---

075 「教える」

駅へ行く道を教えてもらえますか。

✗① Could you <u>teach</u> me the way to the station?
○② Could you <u>tell</u> me the way to the station?

解説

teach は勉強などを教えること。「道を教える」場合は tell を使う。
＊同伴して道案内をする場合は show を使う。

---

076 「襲う」

寒波が関東地方を襲った。

✗① A cold wave <u>attacked</u> the Kanto region.
○② A cold wave <u>hit</u> the Kanto region.

解説

「(災害などが場所を)襲う, 起こる」は hit で表す。この意味の hit の主語になるのは，earthquake（地震），flood（洪水），typhoon（台風），depression（不況）など。attack は「(人が)攻撃する」の意味。
＊日本語の「彼女にアタックする[言い寄る]」に相当する英語は，attack her ではなく make advances to her。

---

077 「思う」(1)

マンションを買おうかと思っています。

X ① I'm thinking <u>to buy</u> a condo.

O ② I'm thinking <u>of buying</u> a condo.

解説

I'm thinking of 〜ing ＝〜しようかと考えているところだ（まだ決めてはいない）。think to do という形は普通使わない（to do ＝不定詞。以下同様）。

＊ condo(minium) は分譲マンションのこと。賃貸マンションは apartment。mansion は「大邸宅」。

078 　「思う」(2)　

ジャイアンツは優勝すると思いますか？

X ① Do you think the Giants <u>to win</u> the championship?

O ② Do you think the Giants <u>will win</u> the championship?

解説

「〜だと思う」は **think (that)** 〜 で表す。think O to do という形は普通使わない。①は think の代わりに expect（予想［期待］する）を使えば正しい。

079 　「飼う」　

私はネコを飼っています。

△① I <u>keep</u> a cat.

O ② I <u>have</u> a cat.

解説

家畜を飼ったりブリーダーが（繁殖目的で）動物を飼育したりする場合は keep を使うが, 家でペットを飼うような状況では **have** を

使うのが適切。

080 「かく」 ★★/

ぼくの家までの地図をかいてあげよう。

X ① I'll **write** a map to my house for you.
O ② I'll **draw** a map to my house for you.

解説

鉛筆・ペン・クレヨンなどを使って「線で描く」は **draw** で表す。
＊絵の具で絵を描く場合は **paint** を使う。

081 「勝つ」(1) ★★/

誰が選挙に勝つと思う？

X ① Who do you think will <u>win in</u> the election?
O ② Who do you think will <u>win</u> the election?

解説

win（～に勝つ）は他動詞で，win a game [an election]（試合 [選挙] に勝つ）のように使う。
＊ They are sure to win.（彼らはきっと勝つ）のように自動詞として使うこともできるが，win in ～とは言わない。

082 「勝つ」(2) ★★/

ぼくはマージャンでは彼に勝ったことがない。

X ① I've never <u>won</u> him in mahjong.
O ② I've never <u>beaten</u> him in mahjong.

解説

「～ [人] に勝つ，～を打ち負かす」は，win ではなく **beat** で表す。
活用は beat-beat-beaten。

083　「借りる」(1)

少しの間会議室をお借りできますか。

X ① Can we <u>borrow</u> the meeting room for a while?

O ② Can we <u>use</u> the meeting room for a while?

解説

borrow（借りる）は移動可能なものに使い, 普通は「借りて持って行く」ことを表す。会議室は移動できないので,「会議室を使ってもいいですか」と表現する。

084　「借りる」(2)

自転車を 1 日 500 円で借りられます。

X ① You can <u>borrow</u> a bicycle for 500 yen a day.

O ② You can <u>rent</u> a bicycle for 500 yen a day.

解説

borrow は「無料で借りる」の意味。お金を払って借りるときは **rent** を使う。

085　「感謝する」

ご支援に感謝いたします。

X ① I <u>thank</u> your support.

O ② I <u>appreciate</u> your support.

解説

thank は「人に感謝する」の意味で, (I) thank <u>you</u> for your support. のように使う。 **appreciate**（〜に感謝する）の後ろには, 感謝の対象となる行為などを置く。

086　「聞く」(1) ★★

電話が鳴ったとき，私は音楽を聞いていた。

X ① When the phone rang, I was <u>hearing</u> music.

O ② When the phone rang, I was <u>listening to</u> music.

解説

> hear は「聞こえる，耳に入ってくる」の意味。「〜に耳を傾ける」は listen to で表す。

087　「聞く」(2) ★★

その歌手が引退すると聞いて私は悲しかった。

X ① I was sad to <u>hear</u> the singer's retirement.

O ② I was sad to <u>hear about</u> the singer's retirement.

解説

> news や music を聞くときは単に hear でよいが，直接（音として）耳に入る情報でないものには hear about [of] 〜（〜について聞く）を使う。

088　「決まる」 ★★

生活費の額はどこに住むかによって決まる。

X ① Your living cost <u>is decided by</u> where you live.

O ② Your living cost <u>depends on</u> where you live.

解説

> decide は「(人が)決心する」の意味。この日本語は depend on 〜（〜に左右される）を使って表現するのが適切。

089　「着る」(1)

このセーターを試着してもいいですか。

△① Can I <u>try to put</u> this sweater on?
○② Can I <u>try</u> this sweater on?

解説

try ～ on =～を着てみる。店内での発言なら②が普通の言い方。日常的な場面では，Just try to put this sweater on.（このセーターをちょっと着てみてよ）のように言うこともある。

090　「着る」(2)

面接には何を着て行けばいいだろう。

✗① What should I <u>put on at</u> the interview?
○② What should I <u>wear to</u> the interview?

解説

wear O to 場所 = O を着て～へ行く。①は「面接で何を着ればいいだろう」の意味。

091　「気をつける」(1)

（危ないから）車に気をつけてね。

✗① <u>Take care of</u> cars.
○② <u>Be careful of</u> cars.

解説

take care には「注意する，気をつける」の意味がある（例：Take care [Be careful] not to fall. =転ばないように気をつけなさい）。一方，**take care of** ～（～の世話をする）と **be careful of** [about] ～（～に注意する）とは意味が違う。①は「車の世話をしなさい」の意味に誤解される。

46

092　「気をつける」(2)

足元に気をつけて。

X ① <u>Be careful of</u> your step.

O ② <u>Watch</u> your step.

解説

Watch [Mind] your step [head, language]. =足元 [頭 (上),
言葉] に気をつけなさい。この表現では①のようには言わない。

093　「暮らす」

田舎でのんびり暮らせたらなあ。

X ① I wish I could <u>spend</u> a leisurely life in the
country.

O ② I wish I could <u>lead</u> a leisurely life in the
country.

解説

lead [live, have] a 〜 life =〜な生活を送る。spend (過ごす)
や send (送る) はこの形では使えない。

094　「けがをする」

屋根を修理していて手にけがをした。

△ ① I <u>injured</u> my hand while repairing the roof.

O ② I <u>hurt</u> my hand while repairing the roof.

解説

injure は「負傷する」という響きの堅い語で, 日常的には **hurt** を使
う方が普通。活用は hurt-hurt-hurt。

私は金持ちの男性と結婚したい。

X ① I want to <u>marry with</u> a rich man.
O ② I want to <u>marry</u> a rich man.

解説

　marry（〜と結婚する）は他動詞だから with は不要。

彼女は医者と結婚した。

△① She <u>got married to</u> a doctor.
O② She <u>married</u> a doctor.

解説

　①は彼女が結婚したという事実に，②は彼女の結婚相手に意味の重点がある。日本語の内容から考えて②がベター。

町を見物しませんか？

X ① Why don't we <u>do</u> the sights of the town?
O ② Why don't we <u>see</u> the sights of the town?

解説

　see the sights of 〜＝〜を見物する。do はほとんど使われていない。

おいが明治大学に合格しました。

X ① My nephew <u>passed</u> Meiji University.
O ② My nephew <u>was admitted to</u> Meiji University.

解説

> **be admitted to** を使って「明治大学に入学を許可された」と表現するのが適切。①は My nephew passed <u>the entrance examination for [to]</u> Meiji University.（おいが明治大学の入試に合格した）なら正しい。

---

099 「断る」 ★★★/

私は彼らの活動に参加するのを断った。

X ① I <u>rejected</u> to take part in their activity.
O ② I <u>refused</u> to take part in their activity.

解説

> **refuse to do** =～するのを拒む。意味は似ているが，**reject**（拒絶する）の後ろに不定詞は置けない。

---

100 「サボる」 ★★★/

彼は時々授業をサボる。

X ① He sometimes <u>escapes</u> classes.
O ② He sometimes <u>skips</u> classes.

解説

> 日本語では「授業をエスケープする」のように言うことがあるが，**escape** は「逃れる」の意味。**skip** は「サボる」（→ 186）。

---

101 「～し続ける」(1) ★★★/

電車が混んでいたので，ずっと立ちっぱなしだった。

X ① The train was crowded, so I <u>kept standing</u>
the whole time.

O ② The train was crowded, so I <u>was standing</u>
the whole time.

解説

keep (on) 〜 ing は「（自分の意志で）〜し続ける, 繰り返し〜する」という意味だから, 仕方なく立っていたような状況では使わない。②は ... so I <u>had to stand</u> all the way.（ずっと立たねばならなかった）でもよい。

102 「〜し続ける」(2) ★★★

生活費の上昇が続いている。

X ① The cost of living continues <u>to be rising</u>.

O ② The cost of living continues <u>to rise</u>.

解説

continue to do 自体が「〜し続けている」という意味を持つので, 進行形の不定詞を使う必要はない。

103 「準備する」(1) ★★

食卓の準備をするのを手伝ってくれる？

X ① Can you <u>prepare</u> the table?

O ② Can you <u>set</u> the table?

解説

「夕食のしたく［調理］をする」は prepare dinner（フォーマルな表現。日常的には make dinner）と言うが, 「テーブル［食卓］を整える」は set the table。「食卓を片付ける」は **clear the table** と言う。

104 「準備する」(2) ★★★

電話が鳴ったとき，私は入浴の準備をしていた。

X ① When the telephone rang, I was <u>preparing</u> to take a bath.

O ② When the telephone rang, I was <u>getting ready</u> to take a bath.

解説

prepare は時間をかけて入念に準備するような場合に使うのが普通。日常の単純なことがらについては get ready を使うのが自然。

105 「上陸する」 ★★★

台風は九州に上陸したと報じられている。

X ① The typhoon is reported to have <u>landed</u> Kyushu.

O ② The typhoon is reported to have <u>hit</u> Kyushu.

解説

land は「(飛行機が)着陸する」「(船が)接岸する」など「陸地に接する」という意味で使う。災害などが「(地域を)襲う」は hit (または strike)。

106 「所属する」 ★★★

私はヒノマル銀行の社員です。

X ① I <u>belong to</u> Hinomaru Bank.

O ② I <u>work at [in, for]</u> Hinomaru Bank.

解説

belong to は，「(考えや好みなどが同じ人々のグループ)に所属している」という意味を表し，「会社の社員だ」「学校の生徒だ」のような場合には使わない。

107 「知る」(1) ★★

私は彼が昇進したのを昨日まで知らなかった。

X ① I didn't <u>know</u> his promotion until yesterday.

O ② I didn't <u>know about</u> his promotion until yesterday.

解説

「彼の昇進について知る」という意味なので，know の後ろに **about**（または **of**）が必要。

108 「知る」(2) ★★

フランスの大統領を知っていますか？

X ① Do you <u>know the president of France</u>?

O ② Do you <u>know who the president of France is</u>?

解説

「フランスの大統領が誰だか知っていますか」と表現する。Do you know <u>the name of</u> the French president? でもよい。①は「フランスの大統領と知り合いですか」の意味。

109 「知る」(3) ★★

彼が社長の息子だと知って私たちは驚いた。

X ① We were surprised to <u>know</u> that he was our president's son.

O ② We were surprised to <u>learn</u> that he was our president's son.

解説

know は「〜を知っている」，**learn** は「〜を知る」。誰かから聞いて

知った場合は，**hear** も使える。

110 「信じる」 ★★/

あなたは星占いを信じますか。

X ① Do you <u>believe</u> astrology?
O ② Do you <u>believe in</u> astrology?

解説

believe in ～＝～の存在［正しさ］を信じる。たとえば「神を信じる」は believe in God。believe God だと「神の言うことを（本当だと）信じる」と解釈される。

111 「進歩する」 ★★★/

彼の英語力は大いに進歩した。

△① <u>His English</u> has made great progress.
O ② <u>He</u> has made great progress with his English.

解説

make progress（進歩する）は人間を主語にして使うのが普通。

112 「勧める」 ★★/

医者は私に 5 キロ減量するよう勧めた。

X ① The doctor <u>suggested</u> me to lose 5 kilograms.
O ② The doctor <u>advised</u> me to lose 5 kilograms.

解説

advise O to do ＝ O［人］に～するよう助言する。**suggest**（勧める）はこの形では使わない。**demand**（要求する），**insist**（強く求める）なども同様。

＊The doctor suggested <u>that I lose</u> [× lost] 5 kilograms. なら正しい。この形の that 節中では動詞の原形 [仮定法現在] を使う。

113　「する」(1)

私は毎朝ジョギングをしています。

X ① I <u>do jogging</u> every morning.
O ② I <u>jog</u> every morning.

解説

jog は「ジョギングをする」という意味の自動詞。**ski**（スキーをする），**skate**（スケートをする），**snowboard**（スノーボードをする）なども同様で，do skiing のようには言わない。go jogging [skiing, skating]（ジョギング [スキー，スケート] に行く）なら正しい。

114　「する」(2)

あなたは何かスポーツをしますか。

△① Do you <u>do</u> any sports?
O ② Do you <u>play</u> any sports?

解説

play は「（楽しんで）プレイする」もの，たとえばスポーツ，ゲーム，楽器の演奏などに使う。武道やヨガなど「鍛錬」の性格が強いものには **do**（や **practice**）を使い，**do judo [yoga]**（柔道 [ヨガ] をする）のように言う。
＊「キャッチボールをする」は **play catch** [× catch ball]。

115　「する」(3)

ボウリングをするのは好きですか。

X ① Do you like <u>playing bowling</u>?
O ② Do you like <u>bowling</u>?

解説

play は球技などの (楽しんで行う) 団体競技に使うことが多く、柔道・レスリング・スキー・水泳・登山・ボウリングなどには使わない。

---

116 「座る」 ★★★/

子どもたちはテレビの前に座っている。

X ① The children are <u>sitting down</u> in front of the television.

O ② The children are <u>sitting</u> in front of the television.

解説

be sitting で「座っている」という状態を表す。**sit down** は「腰を下ろす」という動作を表すので、①は「子どもたちはテレビの前に腰を下ろしつつある」という不自然な意味になる。

＊「(いすに) おかけください」は、Sit down, please. よりも **Have a seat, please.** の方が丁寧。

---

117 「説得する」 ★★★/

その計画を断念するよう彼を説得したが、彼は聞く耳を持たなかった。

X ① I <u>persuaded</u> him to give up the plan, but he wouldn't listen.

O ② I <u>tried to persuade</u> him to give up the plan, but he wouldn't listen.

persuade O to do = O を説得して〜させる（ことに成功する）。
①の前半は「私の説得は成功して彼はその計画を断念した」という
意味で，but 以下の内容と食い違う。説得が失敗したときは，tried
to persuade（説得しようとした）と表現する。

---

118 「説明する」(1)

状況を説明してもらえますか。

X ① Could you <u>explain me</u> the situation?

O ② Could you <u>explain</u> the situation <u>to me</u>?

explain O to 〜 = O［事柄］を〜［人］に説明する。explain は①
のような第4文型では使えない。同様に introduce（紹介する）な
ども〈＋ O ＋ to 〜〉の形で使う。
＊第4文型で使う動詞の大半は4〜5文字以内の短い語（give, teach
など）だから、「長い動詞は第4文型では使わない」と覚えておけばよい。

---

119 「説明する」(2)

あなたを刺したハチの特徴を説明できますか。

X ① Can you <u>explain</u> the bee that stung you?

O ② Can you <u>describe</u> the bee that stung you?

人や物の特徴などを具体的に説明する場合は，explain ではなく
describe（描写する）を使う。

---

120 「相談する」

弁護士に相談する方がいいでしょう。

△① It would be better to <u>consult with</u> a lawer.
○② It would be better to <u>consult</u> a lawer.

解説

> 専門家などに相談する［助言を求める］場合は **consult** を，対等の立場の人と相談する場合は **consult with** を使うのが基本。
> ＊アメリカ英語では①も使う。また see a lawyer とも言う（カジュアルな表現）。

---

121 「育つ」 ★★／

私はこの町で生まれ育った。

✕① I was born and <u>grew</u> in this town.
○② I was born and <u>grew up</u> in this town.

解説

> 「（植物などが）育つ」は **grow** で表すが，「（人が）成長する」の意味では **grow up** を使う。

---

122 「育てる」 ★★★／

その農場では牛を育てている。

✕① They <u>grow</u> cattle on the farm.
○② They <u>raise</u> cattle on the farm.

解説

> 他動詞の **grow** は「（植物などを）育てる」の意味（例：grow vegetables ＝野菜を栽培する）。動物を飼育する場合は **raise**，人を育てる場合は **raise** や **bring up** を使う。

---

123 「楽しむ」 ★★／

きのうの忘年会は楽しかった。

X ① I <u>enjoyed at</u> the year-end party yesterday.
O ② I <u>enjoyed</u> the year-end party yesterday.

enjoy O = O を楽しむ (enjoy は他動詞)。①は enjoy を自動詞として使っているので誤り。「楽しく過ごす」は **enjoy oneself** や have a good [great, wonderful] time などで表す。

---

124 「頼む」

値引きしてくれるよう頼んでみたら？

X ① How about <u>asking</u> a discount?
O ② How about <u>asking for</u> a discount?

ask for ～ = ～を求める。for の後ろに置く名詞は，**discount**（値引き），**help**（助け），**advice**（助言）など。

---

125 「食べる」

ふだん朝食には何を食べますか。

△① What do you usually <u>eat</u> for breakfast?
O ② What do you usually <u>have</u> for breakfast?

①は，たとえば I have toast and coffee. という答えを引き出すことができない (coffee は drink するものだから)。また eat breakfast は「朝食を食べる」のような意味の重複も感じられる。

---

126 「挑戦する」

私はそのオーディションに挑戦したい。

X ① I want to <u>challenge</u> the auditon.
O ② I want to <u>go to</u> the audition.

第1章

動詞・文構造

> 解説
>
> 「オーディションに行く」と表現すればよい。**challenge** は「(難しい課題などに)チャレンジする」の意味ではなく，人間を目的語にして使う(例：challenge the world champion ＝世界チャンピオンに挑戦する)。

---

127 「通勤する」(1) ★★★／

私は歩いて通勤しています。

△ ① I go to my office <u>on foot</u>.
O ② I <u>walk</u> to my office.

> 解説
>
> **walk to** 〜＝〜へ歩いて行く。①は正しい文だが，(文末の on foot が情報の焦点になるので)「徒歩」を他の手段と比べる状況で使う。

---

128 「通勤する」(2) ★★★／

姉は車で通勤しています。

△ ① My sister <u>goes</u> to work <u>by car</u>.
O ② My sister <u>drives</u> to work.

> 解説
>
> 「自分で車を運転して通勤する」と言いたいときは②を使うのが適切。①だと他人(運転手)が運転する車に乗って通勤するように響く。

---

129 「付き合う」 ★★★／

付き合っている人はいるの？

59

△① Are you <u>keeping company with</u> anyone?
○② Are you <u>going out with</u> anyone?

解説

go out with ～＝～［恋人］と付き合う，デートする (→ 132)。
Are you **seeing** anyone? とも言う。①の **keep company with**
～は「～に同行する」。「～［恋人］と付き合う」という意味ではあま
り使わない。

---

130 「着く」

私たちは数分歩いて浜辺に着いた。

X ① We <u>reached</u> the beach after walking for a few minutes.
○② We <u>got to</u> the beach after walking for a few minutes.

解説

reach は「～に苦労してたどり着く」というニュアンスの語。数分
歩いた程度で着いたのなら，**get to**（～に着く）を使うのが適切。

---

131 「作る」

「手伝いましょうか？」「ええ，野菜サラダを作ってくれる？」

X ① "Can I help you?" "Yes. Can you <u>cook</u> a vegetable salad?"
○② "Can I help you?" "Yes. Can you <u>make</u> a vegetable salad?"

解説

cook は加熱する調理に使う。サラダは普通火を使わないで作るの
で，**make** を使うのが正しい。

132 「デートする」

今夜は彼氏とデートするの？

X ① Are you <u>dating with</u> your boyfriend this evening?

O ② Are you <u>going out with</u> your boyfriend this evening?

解説

date はアメリカ英語では「〜とデートする」の意味の他動詞として使うので、①は with を取り除けば正しい。Are you **having a date with** your boyfriend this evening? とも言う。ただし「〜とデートする」は、**go out with** 〜で表すことが多い。

133 「手伝う」

何人かの同僚が私の仕事を手伝ってくれた。

X ① Some colleagues <u>helped my work</u>.

O ② Some colleagues <u>helped me with my work</u>.

解説

help O with 〜＝ O ［人］の〜を手伝う。help の対象となるのは「人」だから、①のようには言わない。

134 「出る」

その電車は何時何分に出ますか。

X ① What time does the train <u>start</u>?

O ② What time does the train <u>leave</u>?

解説

「出発する」の意味の leave と start は交換可能な場合もあるが、乗り物が駅・ホーム・ターミナルなどから出発するときは **leave** を使う。

135 「努力する」

私は試験に受かるためにもっと努力する必要がある。

△① I need to <u>make more effort</u> to pass the exam.
○② I need to <u>study harder</u> to pass the exam.

解説

make effort（努力する）では意味が漠然としすぎている。「もっと熱心に勉強する必要がある」と具体的に表現するのがベター。

---

136 「取る」(1)

姉は最近運転免許を取った。

X ① My sister <u>took</u> a driver's license recently.
○② My sister <u>got</u> a driver's license recently.

解説

take は「持って行く」の意味だから, ①だと誰かの運転免許証を盗んだように響く。**get**（手に入れる）を使うのが適切。
＊「運転免許」はアメリカ英語では a driver's lisence, イギリス英語では
a driving licence。

---

137 「取る」(2)

その選手は金メダルを取りそうだ。

△① The athlete is likely to <u>get</u> a gold medal.
○② The athlete is likely to <u>win</u> a gold medal.

解説

get も使えるが,「(競争して)勝ち取る」の意味では **win** を使うことが多い。
(類例) win a scholarship（奨学金を得る [勝ち取る]）

138　「鳴る」 ★★

電話が鳴っている。

X ① The telephone is <u>sounding</u>.
O ② The telephone is <u>ringing</u>.

> **解説**
>
> 「鳴る」を意味する英語には，**sound・ring・go off** などがある。
> 電話には **ring** を使うのが普通。alarm（警報，目覚まし時計）には
> どれも使える。
> ＊「雷が鳴った」は Thunder rolled [cracked]. と言う。

139　「日記をつける」 ★★★

きのうは日記をつけ忘れた。

X ① I forgot to <u>keep a diary</u> yesterday.
O ② I forgot to <u>write (in) my diary</u> yesterday.

> **解説**
>
> **keep a diary** は「習慣的に日記をつけている」という意味。日記を
> 書く[日記に書き込む]具体的な行為は，**write** を使って表す。

140　「似ている」(1) ★★

ヒロシくんはお父さんに似ている。

△ ① Hiroshi <u>is like</u> his father.
O ② Hiroshi <u>looks like</u> his father.

> **解説**
>
> ①だとどんな点が似ているのかがあいまい。外見が似ているときは
> ②のように言う。また，Hiroshi is like his father <u>in appearance
> [character]</u>.（ヒロシくんは外見[性格]の点でお父さんに似ている）
> とも表現できる。

141 「似ている」(2)

★★/✎💬

彼女たちは姉妹ではないが，お互いにそっくりだ。

X ① They aren't sisters but they really <u>take after</u> each other.

O ② They aren't sisters but they really <u>resemble</u> each other.

解説

take after ～（～に似ている）は，ある人が父母や年上の年長者など血縁関係のある人に似ている場合に使う。**resemble**（～に似ている）は人や物が似ている場合に幅広く使える。

---

142 「脱ぐ」

★/✎💬

その部屋に入るとき靴を脱ぐ必要はありますか。

X ① Do I have to <u>put off</u> my shoes when I enter the room?

O ② Do I have to <u>take off</u> my shoes when I enter the room?

解説

take off ～＝～を脱ぐ。**put on** ～（～を着る）との関係に注意。**put off** ～は「～を脱ぐ」ではなく「～を延期する」の意味。

---

143 「眠る」(1)

★★/✎💬

そのスピーチはとても退屈だったので，私は居眠りした。

X ① The speech was so boring that I <u>slept</u>.

O ② The speech was so boring that I <u>fell asleep</u>.

解説

sleep は「（一定時間の）睡眠をとる」の意味。「眠り込む」は **fall**

asleep で表す。**doze off** とも言う。
cf. My legs have **fallen asleep**.（足がしびれた）

---

144 「眠る」(2) ★★/✎/💬

ゆうべはなかなか寝つけなかった。

△① I had trouble <u>sleeping</u> last night.
○② I had trouble <u>getting to sleep</u> last night.

解説

①は夜中に何度も目が覚めたような場合でも使うので，**get [go] to sleep**（寝つく）を使うのが適切。

---

145 「寝る」 ★/✎/💬

ゆうべはとても疲れていたので早く寝た。

X ① I was so tired that I <u>slept</u> early last night.
○② I was so tired that I <u>went to bed</u> early last night.

解説

go to bed ＝寝床につく，就寝する

---

146 「望む」(1) ★/✎/💬

この本がベストセラーになってほしい。

X ① I <u>want</u> this book will become a best seller.
○② I <u>hope</u> this book will become a best seller.

解説

hope that 〜＝〜ということを望む。want はこの形では使えない。I want this book to become a best seller. なら OK。

147 「望む」(2)

景気が早く回復してほしい。

X ① I hope the economy <u>to pick up</u> soon.

O ② I hope the economy <u>will pick up</u> soon.

> **解説**
>
> I **want** the economy to pick up soon. なら OK（want O to do
> ＝ O に〜してほしい）。hope はこの形では使えないので, 後ろに
> that 節を置く②の形にする（→ 146）。
> ＊②の will pick up は, picks up（現在形）でもよい。

148 「望む」(3)

私は違う結果を望んでいた。

X ① I had <u>hoped</u> a different result.

O ② I had <u>hoped for</u> a different result.

> **解説**
>
> **hope for ＋名詞＝〜を望む。**〈hope ＋名詞〉の形は誤り。

149 「登る」(1)

私たちは湖の全景を見るために山に登った。

△① We <u>climbed up</u> the hill to see the full view
of the lake.

O② We <u>climbed</u> the hill to see the full view of
the lake.

> **解説**
>
> **climb**（登る）はそれ自体が上へ向かうという意味を含むので, up
> は不要（例：climb Mt. Fuji ＝富士山に登る, climb a ladder ＝はしご
> を登る）。

＊この和文の「山」は hill で表すのが適切。mountain は登山の対象にな
るような山のこと。

150　「登る」(2)

私たちはケーブルカーでその山に登った。

X ① We <u>climbed</u> the mountain by cable car.

O ② We <u>went up</u> the mountain by cable car.

解説

climb は手足を使って（よじ）登ることを意味する。エレベーターや
ケーブルカーなどの機械を使って上の方へ行く場合は **go up** を使う。

151　「飲む」

私はこの薬を毎食後に飲んでいます。

X ① I <u>drink</u> this medicine after every meal.

O ② I <u>take</u> this medicine after every meal.

解説

「薬を飲む」は **take medicine**（薬を摂取する）と表現する。drink
は水薬でない限り使えない。

152　「乗る」(1)

私たちは乗るエレベーターを間違えた。

X ① We <u>got on</u> the wrong elevator.

O ② We <u>got into</u> the wrong elevator.

解説

get on [off] は、バス・電車など大型の乗り物に乗る［から降りる］
行為を表す。車・タクシー・エレベーターなど小型の乗り物に乗り

込む [から降りる] 行為には **get into [out of]** を使う。また船や飛行機に乗る場合は **get on (board)** a ship [plane] と言う。

153 「乗る」(2)

あのジェットコースターに乗ったことはある？

X ① Have you ever <u>gotten on</u> that roller coaster?

〇② Have you <u>ridden</u> that roller coaster?

> 解説
>
> 自転車・馬・ジェットコースターなどに乗る行為は **ride** で表す。
> 活用形は ride-rode-ridden。
> ＊「ジェットコースター」は (roller) coaster と言う (jet coaster とは言わない)。

154 「乗る」(3)

タクシーに乗らない？

X ① Why don't we <u>get into</u> a taxi?

〇② Why don't we <u>take</u> a taxi?

> 解説
>
> この文は「乗り込む」動作を表すわけではない。**take** ((乗り物を)利用する)を使うのが適切。

155 「入る」(1)

私は毎日お風呂に入ります。

X ① I <u>enter</u> a bath every day.

〇② I <u>take</u> a bath every day.

解説

「入浴する」は **take a bath**（アメリカ英語）または **have a bath**（イギリス英語）と言う。

＊ take と have のこの違いは多くの表現に見られる。たとえば「休憩する」はアメリカ英語では take a break，イギリス英語では have a break と言う。

---

156 「入る」(2)　★★／

私はそのテニスサークルに入りたい。

X ① I want to <u>enter</u> the tennis club.

O ② I want to <u>join</u> the tennis club.

解説

この文では enter（（場所に）入る）ではなく **join**（加わる）が適切。belong to は「所属している」という状態を表すので不適切。

＊ circle は「円」の意味だから，tennis circle とは言わない。

---

157 「入る」(3)　★★★／

私たちは映画館を出て，近くの喫茶店に入った。

X ① We left the movie theater and <u>got into</u> a nearby café.

O ② We left the movie theater and <u>entered</u> a nearby café.

解説

「手に入れる」という本来の意味から想像できるとおり，**get** には「努力」のニュアンスがある。したがって①は「近くの喫茶店に苦労して（むりやり）入った」ように響くので不適切。

---

158 「入る」(4)　★★★／

私はどうしてもその大学に入学したい。

△① I definitely want to <u>enter</u> the university.

○② I definitely want to <u>get into</u> the university.

解説

①も使えるが，**enter** は「(物理的に)場所に入る」というイメージの語なので，「試験を受けて入学する」の意味では **get into** や **be admitted to** を使うことが多い。

159　「入る」(5)

彼女は入院するかもしれない。

△① She might <u>enter the hospital</u>.

○② She might <u>be hospitalized</u>.

解説

前問と同様。enter (the) hospital は「病院の建物に入る」ようにも響くので，**be hospitalized**（入院させられる）を使うとよい。「退院する」は leave (the) hospital とも言うが，**be discharged from the hospital, come out of the hospital** などもよく使う。
＊これらの表現で hospital の前の the を省略するのはイギリス英語。

160　「話す」(1)

あなたの声がよく聞こえません。もう少し大きな声で話してもらえますか。

× ① I can't hear you well. Could you <u>talk</u> a little louder?

○② I can't hear you well. Could you <u>speak</u> a little louder?

解説

talk は「(誰かと)会話をする」という意味。「声を出す」という意味

では **speak** を使う。

161 「話す」(2)

うちの母は話し好きです。

X ① My mother likes <u>speaking</u>.
○ ② My mother likes <u>talking</u>.

解説

「人と話すのが好きだ」と言いたいときは **talk** を使う。My mother talks a lot. でもよい。①は (相手の有無とは関係なく)「言葉を発するのが好きだ」というニュアンス。

162 「話す」(3)

私は妻とは仕事の話をしません。

X ① I don't <u>talk</u> my wife about my job.
○ ② I don't <u>talk to</u> my wife about my job.

解説

talk (話す) は基本的に自動詞なので、「〜と話す」は **talk to [with]** 〜で表す。tell (〜に話す) を使う場合は I don't tell my wife about my job. と言う。

163 「引き出す」

銀行から 10 万円引き出した。

X ① I <u>pulled out</u> 100,000 yen from the bank.
○ ② I <u>withdrew</u> 100,000 yen from the bank.

解説

withdraw [draw] money =お金を (銀行から) 引き出す (draw の活用は draw-drew-drawn)。pull out は物理的に「引っ張り出

す」という意味なので誤り。
＊「10万円預金する」は **deposit** 100,000 yen。

---

164 「引く」

くじを引いて決めよう。

X ① Let's <u>pull</u> lots to decide.
O ② Let's <u>draw</u> lots to decide.

解説

pull は「（ものを手に持ってある方向へ）引く，引っ張る」の意味。
draw a lot（くじをひく），**draw 〜 's attention**（〜の注意を
ひく）など比喩的な意味の表現では，draw の代わりに pull は使え
ない。

---

165 「開く」

秋祭りは毎年10月の第2日曜日に開かれます。

X ① The fall festival is <u>opened</u> on the second
　　Sunday every October.
O ② The fall festival is <u>held</u> on the second
　　Sunday every October.

解説

open the door（ドアを開く），open a store（店を開業する）な
どとは言うが，「（催しを）開催する」は **hold** で表す（活用は hold-
held-held）。「パーティーを開く」も，open a party ではなく **hold
[have, give, throw] a party** と言う。

---

166 「増える」

倒産する会社が増えている。

X ① Companies that go bankrupt are increasing.
O ② Companies that go bankrupt are increasing <u>in number</u>.

解説

increase の主語として使うのは、原則として数量の概念を含む名詞（number, population など）。①を生かして修正するなら、②のように **in number**（数の点で）を補えばよい。More companies are going bankrupt. とも言える（→ 045）。

167　「普及する」 ★★★

スマートフォンは世界中に普及している。

X ① Smartphones <u>have spread</u> all over the world.
O ② Smartphones <u>are (widely) used</u> all over the world.

解説

spread（広がる）の主語は情報、思想、感情、病気など。具体的なものが主語のときは、「（広く）使われている」などと表現する。Smartphones <u>have become popular</u> all over the world.（スマホは世界中で人気になっている）でも OK。

168　「振る」 ★★

私は彼に手を振ってさようならと言った。

X ① I said goodbye to him, <u>shaking</u> my hand.
O ② I said goodbye to him, <u>waving</u> my hand.

解説

shake は上下や前後に振る動作を表す（例：shake hands ＝握手する）。手や旗などを振ってあいさつや合図をするときは **wave** を使う。

169 「含む」

この錠剤にはビタミンB1とCが含まれている。

X ① This pill <u>includes</u> a lot of vitamin B1 and C.

O ② This pill <u>contains</u> a lot of vitamin B1 and C.

> **解説**
>
> **include** は「構成物として含む」，**contain** は「成分として含む」の意味。ビタミンは錠剤の成分だから②が正しい。
> cf. The price **includes** tax.
> （その価格は税を含みます［税込みです］）

---

170 「減る」

コロナ禍で多くのレストランはお客が減った。

X ① Many restaurants have <u>decreased</u> customers due to the COVID-19 pandemic.

O ② Many restaurants have <u>lost</u> customers due to the COVID-19 pandemic.

> **解説**
>
> 「客を失った」と表現するのが適切。**decrease**（〜を減少する［させる］）を使うと，レストランが意図的に客を減らしたという響きになる。

---

171 「学ぶ」(1)

私はこの本から多くのことを学んだ。

X ① I have <u>studied</u> a lot from this book.

O ② I have <u>learned</u> a lot from this book.

> **解説**
>
> **learn**（学ぶ）は「学んで何かを知る［習得する］」という学習の結果に意味の重点がある。また，しばしば **learn O from 〜**（〜から O

を学ぶ) という形で使う。この文は「(学んだ結果) 多くのことを知った」と言いたいのだから，learn が適切。

172 「学ぶ」(2)

 ★★★

私はこの看護学校で 2 年間学んできました。

X ① I have <u>learned</u> at this nursing school for two years.

O ② I have <u>studied</u> at this nursing school for two years.

解説

171 の説明からわかるとおり，**learn** は後ろに目的語を置いて learn English (英語を学ぶ) のように使うのが基本。**study** は「学習 [研究] する」というプロセスに意味の重点があり，②のように自動詞としても使う。

173 「守る」

 ★★

法律は守らなければならない。

X ① You must <u>protect</u> the law.

O ② You must <u>observe</u> the law.

解説

「法律を順守する」は observe [obey] the law。protect は「(害を受けないよう) 保護する」という意味。

174 「ミスをする」

 ★★

誰でもミスをすることはある。

X ① Everyone <u>misses</u>.

O ② Everyone <u>makes mistakes</u>.

miss は「〜を（見）逃す，〜が（い）なくて寂しい」などの意味を表す。「ミスをする」は **make a mistake**。

＊接頭辞の mis- は「誤って」の意味で，**mistake**（誤解する），**misspell**（つづりを間違える），**miscalculate**（計算ミスをする）などの動詞を作る。

175　「水をやる」

植木に水をやりなさい。

△① <u>Give water to</u> the plants.
○② <u>Water</u> the plants.

解説

動詞の **water** は「〜に水をやる」「（口が）よだれを出す」などの意味を表す。①は日本語的発想の英文だが，英語では普通このようには言わない。

（類例）**Feed** [△ Give food to] the dog.（犬にえさをやりなさい）

176　「見つける」(1)

なくした鍵を車の中で見つけた。

✕① I <u>found out</u> the missing key in my car.
○② I <u>found</u> the missing key in my car.

解説

find out は，調査や研究などを通じてある事実や答えなどを見つけ出す場合に使う。なくしたものを見つけるような場合には **find** を使う。

177　「見つける」(2)

電車で妊婦さんを見つけて席を譲った。

X ① I <u>found</u> a pregnant woman on the train and offered her my seat.

O ② I <u>saw</u> a pregnant woman on the train and offered her my seat.

解説

②は「妊婦さんが見えた［目に入った］」の意味。find は「意外なものを見つける」「探して見つける」などの意味を含むので，①だと「驚いたことに妊婦さんがいた」のような響きになる。

178　「見舞いに行く」 ★★★

今日病院へおばのお見舞いに行った。

△① I <u>went to the hospital to see my aunt</u> in the hospital today.

O ② I <u>visited my aunt</u> in the hospital today.

解説

visit O in the hospital ＝病院へ O のお見舞いに行く。①は「おばに会いに行く」の意味で，おばが入院しているとは限らない（おばは病院のスタッフかもしれない）から意味があいまい。

179　「見る」(1) ★/💬

あの大きな魚を見て！

X ① <u>Watch</u> that big fish!

O ② <u>Look at</u> that big fish!

解説

look は「目を向ける」の意味で，単に Look!（見て！）とも言う。②は「あの大きな魚に目を向けなさい」ということ。**watch** は「（動いているものなどを）じっと見る，観察する」の意味（例：bird-watching ＝野鳥観察）。

180 「見る」(2)

あの明るい星が見える？

X ① Can you <u>watch</u> that bright star?
O ② Can you <u>see</u> that bright star?

解説

watch は「じっと見る，観察する」。「見える [視界に入ってくる]」は see で表す。

---

181 「見る」(3)

公園へお花見に行かない？

X ① How about going to <u>look at</u> the cherry blossoms in the park?
O ② How about going to <u>see</u> the cherry blossoms in the park?

解説

look at は「(一点)に目を向ける」の意味。「眺める，見物する」の意味では see を使う。sightseeing（観光）の see も同様。

---

182 「見る」(4)

夕食のあとで一緒にこの DVD を見ない？

X ① How about <u>seeing</u> this DVD together after dinner?
O ② How about <u>watching</u> this DVD together after dinner?

解説

テレビ・映画・ビデオ・スポーツの試合など，動きや変化のあるものを見るときは watch を使う。「映画を見る」は，テレビや DVD で

見るときは **watch** a movie, 映画館で見るときは **see** a movie と言う。
*「この映画を見たことがある？」は（映画館で見ることを前提に） Have you ever **seen** this movie? を使うのが普通。また「映画を見るのが好きだ」は I like **watching** movies. が普通。

183　「見る」(5)

ゆうべこわい夢を見た。

X ① I <u>saw</u> a scary dream last night.
O ② I <u>had</u> a scary dream last night.

解説

have a dream ＝夢を見る。see は使わない。また文学作品などでは dream a 〜 dream のような言い方もあるが, 日常的には使わない。
（類例） I **had a dream [dreamed] about** you last night.
　　　（ゆうべあなたの夢を見た）

184　「持って行く」

君の家でのパーティーには何を持って行けばいい？

X ① What should I <u>take</u> to the party at your house?
O ② What should I <u>bring</u> to the party at your house?

解説

「相手のところへ持って行く」ときは, その人のいる場所を基準にして **bring**「持って来る」を使う。take と bring の関係は, go と come の関係と同じ (→ 063)。

185　「約束する」

明日ハルカと食事に行く約束をしている。

X ① <u>I've promised to</u> have dinner with Haruka tomorrow.

O ② <u>I'm going to</u> have dinner with Haruka tomorrow.

> **promise** は「自分が（必ず）〜すると約束する」という意味を表し，食事や面会の約束に使うのは不自然。be going to や現在進行形（I'm having dinner ...）を使って「食事に行く予定だ」と表現するのが適切。

---

186 「休む」

娘はかぜをひいているので今日は学校を休んだ。

X ① My daughter <u>skipped</u> school today because she has a cold.

O ② My daughter <u>missed</u> school today because she has a cold.

> **skip** は「（意図的に）抜く，サボる」の意味。事情があって学校に行けなかった場合は，**miss**（〜を欠席する）を使う。

---

187 「許す」

ぼくたちの結婚記念日を忘れていたことを許してほしい。

X ① <u>Allow me to forget</u> our wedding anniversary.

O ② <u>Forgive me for forgetting</u> our wedding anniversary.

forgive O for 〜＝〜のことで O を許す。①は「結婚記念日を (これ から) 忘れることを許可してください」という不自然な意味になる。

---

188 「要求する」 ★★★/✎💬

社員たちは経営側に賃上げを要求した。

X ① The employees <u>required</u> that the management increase their pay.

O ② The employees <u>demanded</u> that the management increase their pay.

解説

「**require** ＝規則が要求する」,「**demand** ＝権利として要求する」と覚えておくとよい。労働者による賃上げの要求は demand で表すのが適切。

---

189 「予約する」(1) ★★★/✎💬

もう少し早く予約すればよかった。

△① I should have <u>reserved</u> earlier

O② I should have <u>booked</u> earlier.

解説

reserve (〜を予約する) は他動詞。book (予約する) は自動詞としても他動詞としても使える。なお, I should have **made a reservation** earlier. なら OK。

---

190 「予約する」(2) ★★★/✎💬

まだそのレストランに予約していません。

△① I haven't <u>reserved the restaurant</u> yet.

○② I haven't <u>reserved a table at the restaurant</u> yet.

解説

reserve の目的語になるのは，**table**（(レストランの) 席），**seat**（(電車などの) 席），**room**（(ホテルの) 部屋）など。I haven't **booked** the restaurant yet. なら正しい。

---

191 「～らしい」

田中さんは退職するらしい。

X ① Ms. Tanaka <u>seems to leave</u> the company.
○② Ms. Tanaka <u>seems to be leaving</u> the company.

解説

seem to do（～のように思われる，～らしい）の to の後ろには，be や状態動詞を置くのが原則。田中さんはまだ退職していないので，leave が未来の出来事であることを示すために②（または seems to be going to leave）を使う。

---

192 「旅行に行く」

私たちは東北へ 2 泊 3 日の旅行に行きます。

△① We're going to <u>travel</u> to Tohoku for three days.
○② We're going to <u>take a</u> three-day <u>trip</u> to Tohoku.

解説

travel は主に (長期の) 海外旅行に使う。2 泊 3 日程度の小旅行には，**take [go on] a trip**（旅行に行く）を使うのが適切。

193　「連絡する」　★★★/

緊急なんです。どうすれば彼に連絡が取れますか。

X ① It's urgent. How can I <u>communicate with</u> him?

O ② It's urgent. How can I <u>contact</u> him?

解説

communicate は「意思を伝え合う」の意味。「〜に連絡を取る」は **contact** や **get in touch with** で表す。contact は他動詞だから, contact <u>with</u> him とは言わない。

194　「わかる」(1)　★★/

長い間会っていなかったので, 私はいとこの顔がわからなかった。

X ① I couldn't <u>find</u> my cousin because I hadn't seen her for a long time.

O ② I couldn't <u>recognize</u> my cousin because I hadn't seen her for a long time.

解説

recognize は「(本人だと) わかる, 識別する」の意味。①は「いとこを見つけられなかった」と解釈される。

195　「わかる」(2)　★★★/

そのとき私は, 自分が重大なミスをしていたことに気づいた。

△① At that time I <u>found</u> that I had made a serious mistake.

O② At that time I <u>realized</u> that I had made a serious mistake.

> **realize** は，事実などを（突然）はっきりと理解すること。**find** は調査や研究の結果として「わかる，発見する」という意味で使うことが多い。

196　「わかる」(3)

私にはこの絵のよさがわからない。

X ① I don't <u>understand</u> this picture.

○ ② I don't <u>appreciate</u> this picture.

解説

> **appreciate** は「～の価値がわかる」の意味。**understand** は「（頭で考えて）～の意味がわかる」という場合に使うので，①だと「この絵は何が描いてあるのかわからない」と言っているように響く。

197　別れる

彼は最近恋人と別れたそうだ。

△ ① I hear he <u>parted from</u> his girlfriend recently.

○ ② I hear he <u>broke up with</u> his girlfriend recently.

解説

> **part from** ～（～と別れる）は書き言葉で使うフォーマルな表現で，日常的には **break up**（関係を解消する）を使うのが普通。break up はバンドなどが「解散する」の意味でも使う。
>
> ＊「彼女にふられた［交際を断られた］」は **I was dumped [turned down]** by her. などと言う。

198　「忘れる」(1)

電車に傘を忘れてしまった。

△① I <u>forgot</u> my umbrella on the train.
○② I <u>left</u> my umbrella on the train.

解説

I forgot my umbrella.「傘を忘れてきた」とは言えるが,「電車に」のような場所を表す言葉があるときは, leave（置き忘れる）を使うのが無難。

---

199 「忘れる」(2) ★★/✏💬

過去のことは忘れよう。

X ① <u>Forget</u> the past.
○② <u>Forget about</u> the past.

解説

forget about 〜＝〜について忘れる。他動詞の forget（〜を忘れる）の後ろには, 具体的な情報（人の名前, 日付など）を置く。

---

200 「割り勘にする」 ★★/💬

割り勘にしよう。《飲食店で》

X ① Let's <u>go Dutch</u>.
○② Let's <u>split the check</u>.

解説

split [separate] the check ＝（レストランなどで）割り勘にする。go Dutch（割り勘にする）は古風な表現であり, 使わない方がよい。
＊「私が払います」は, **I'll get the check.**, **Let me pay the check.**, **It's on me.**（私のおごりです）などと言う。

第 2 章

時制・助動詞・ 受動態・仮定法

部長は今休暇で北海道に滞在しています。

X ① The manager <u>stays</u> in Hokkaido on vacation now.

O ② The manager <u>is staying</u> in Hokkaido on vacation now.

解説

動作動詞の現在形は習慣的な行為を表す。これに関するミスは非常に多い。この文の場合，stays（現在形）だと「彼は習慣的に北海道に滞在する」という意味になるので now と意味的に合わない。「現在進行形は now とセットで使う」「now がある [now を補える] ときは現在形を使わない」と覚えておくとよい。

「誰も電話に出ないよ」「みんな退社したんだろう」

X ① "Nobody <u>answers</u> the phone." "Everyone left the office, I guess."

O ② "Nobody <u>is answering</u> the phone." "Everyone left the office, I guess."

解説

now を補って「今誰も電話に出ていない」と考えることができるから，現在進行形を使うのが適切。①は「いつも誰も電話に出ない」という意味。

あのトラックが道路をふさいでいる。

X ① That truck <u>blocks</u> the road.

O② That truck <u>is blocking</u> the road.

解説

> 201・202 と同様。block（〜をふさぐ）は動作動詞だから，①だと「あのトラックはいつも［習慣的に］道路をふさぐ」と解釈される。

---

204 現在形の誤用－現在進行形にすべき例 (4)　★★／

彼は今日は赤いシャツを着ている。

X① He <u>wears</u> a red shirt today.
O② He <u>is wearing</u> a red shirt today.

解説

> **wear**（身につけている）は状態動詞だが，「一時的に身につけている」という意味を表すときは進行形を使う。現在形だと「習慣的に身につける」という意味になるので，①は wears と today が意味的に合わない。

---

205 現在形の誤用－現在進行形にすべき例 (5)　★★★／

彼女の最新作はあまり売れていない。

X① Her latest work <u>doesn't sell</u> very well.
O② Her latest work <u>isn't selling</u> very well.

解説

> **sell well** は「よく売れる」の意味だが，「今よく売れている」は進行形で表す。
> cf. Her works **sell** well.（彼女の作品は（いつも）よく売れる）

---

206 現在形の誤用－現在進行形にすべき例 (6)　★★★／

田中さんは 8 月に結婚します。

X① Ms. Tanaka <u>gets</u> married in August.

○② Ms. Tanaka <u>is getting</u> married in August.

解説

is getting の代わりに is going to get でもよい。暦や時刻表などで確定している公の予定を表すには現在形を使うが, **個人の予定は(確定しているとは言えないので)現在進行形や be going to を使って表す**のが普通。255 も参照。

---

207 現在形の誤用−現在進行形にすべき例 (7)　 ★★★／💬

夏休みが楽しみだ。

△① I <u>look</u> forward to the summer vacation.
○② I'<u>m looking</u> forward to the summer vacation.

解説

①は書き言葉なら問題ないが, フォーマルな表現。会話なら②のように現在進行形を使うのが普通。同様に I plan [I'm planning] to do (〜することを計画している) も, 現在進行形の方が口語的。

---

208 現在形の誤用−現在完了形にすべき例 (1)　 ★★／💬

メキシコ料理を食べるのはこれが初めてです。

X ① This is the first time I <u>have</u> Mexican food.
○② This is the first time I'<u>ve (ever) had</u> Mexican food.

解説

「これは私がメキシコ料理を (今までに) 食べたことのある最初の回です」という意味で, 経験を表す現在完了形を使う。

---

209 現在形の誤用−現在完了形にすべき例 (2)　 ★★／💬

最近外食していないね。

X ① We <u>don't eat</u> out recently, do we?

○ ② We <u>haven't eaten</u> out recently, have we?

解説

recently（最近）は, 現在完了形または過去形とともに使うのが原則（→ 825）。

---

210 現在形の誤用－現在完了形にすべき例 (3)

雪が地面をおおっている。

X ① Snow <u>covers</u> the ground.

○ ② Snow <u>has covered</u> the ground.

解説

①は「雪が（習慣的に）地面をおおう」という意味だから, Snow covers the ground in winter. なら正しい。また Snow <u>is covering</u> the ground. だと「雪が地面をおおいつつある」の意味になるので, 完了の意味を表す現在完了形を使うのが適切。

---

211 現在形の誤用－現在完了形にすべき例 (4)

今年は暖冬です。

X ① We <u>have</u> a mild winter this year.

○ ② We'<u>ve had</u> a mild winter this year.

解説

①は have が習慣的な行為 [出来事] を表すので, this year と意味的に合わない。「今年は今までのところ暖冬だ」「今年は暖冬だった（もうすぐ春だ）」と言いたいときは②のように現在完了形を使う。この文の have は「経験する」の意味の動作動詞だから, We'<u>re having</u> a mild winter this year.（今年私たちは暖冬を経験しているところだ）という現在進行形にもできる。

このブローチが気に入ったわ。これをもらいます。

X ① I like this brooch. I <u>take</u> it.

O ② I like this brooch. I'<u>ll take</u> it.

解説

主語が I の場合，「**今決めたこと**」は **will** で表す。take（動作動詞）を①のように現在形で使うと習慣的な行為の意味になるので誤り。

あなたが引っ越して出て行くと寂しいです。

X ① I <u>miss</u> you if you move out.

O ② I'<u>ll miss</u> you if you move out.

解説

①の I miss you は「（今）あなたがいなくて寂しく思っている」という意味。相手はまだ引っ越していないから，**will** を使って「寂しく思うだろう」と表現する。

私はドルフィンズが優勝すると期待している。

X ① I expect that the Dolphins <u>wins</u> the championship.

O ② I expect that the Dolphins <u>will win</u> the championship.

解説

「優勝する」のは未来のことだから，現在形ではなく **will** を使う。
＊動詞が **hope**（望む）のときは，現在形（wins）もしばしば用いられる。

215　現在形の誤用 – will が必要な例 (4)

★/💬

私たちと一緒に買い物に行かない？

X ① <u>Don't</u> you go shopping with us?

O ② <u>Will</u> you go shopping with us?

解説

①は現在形が習慣的な行為を表すので不適切。親しい間柄で「〜しませんか」と相手を誘うときは，**Will [Won't] you ~ ?**, **Would you like ~ ?** などを使う。**Shall [Why don't] we** go shopping? なども可。

216　現在形の誤用 – will が必要な例 (5)

★★★/✏️💬

今日チケットを買った。彼らのコンサートへ行くのはこれが初めてだ。

X ① I bought a ticket today. This <u>is</u> the first time I've been to their concert.

O ② I bought a ticket today. This <u>will</u> be the first time I've been to their concert.

解説

コンサートにはまだ行っていないから，未来を表す **will** を使う。①の This is the first time ... は，コンサートを聞いている最中に使う。

217　現在形の誤用 – can が必要な例 (1)

★★★/✏️💬

z で終わる単語を何か思いつきますか。

X ① <u>Do</u> you think of any words ending with z?

O ② <u>Can</u> you think of any words ending with z?

218　現在形の誤用− can が必要な例 (2)

コオロギの鳴き声が聞こえる。

X ① I <u>hear</u> crickets chirping.

O ② I <u>can hear</u> crickets chirping.

解説

hear は状態動詞だから現在進行形にはしない。代わりに **can hear** を使って「今（継続的に）聞こえている」という意味を表す。同様に see も，**can see** で「(今) 〜が見えている」という意味を表す。

219　現在進行形の誤用−現在形にすべき例 (1)

私は毎朝公園を散歩している。

X ① I <u>am walking</u> in the park every morning.

O ② I <u>walk</u> in the park every morning.

解説

現在形で習慣的な行為を表す。「今（一時的に）〜している」の意味なら現在進行形を使うが，その場合は文尾に **now** を添えるのが普通。

220　現在進行形の誤用−現在形にすべき例 (2)

ふだん英語の聞き取りはどうやって練習しているの？

X ① How <u>are</u> you usually <u>practicing</u> listening to English?

O ② How <u>do</u> you usually <u>practice</u> listening to

English?

> 解説
>
> usually（ふだん）があるので，習慣的な行為を表す現在形を使う。

---

221 現在進行形の誤用－現在形にすべき例 (3)　

私はその映画監督を尊敬しています。

X ① I <u>am respecting</u> the movie director.
O ② I <u>respect</u> the movie director.

> 解説
>
> 「～している」という日本語は，**(1)「～しつつある［している最中だ］」と言い換えられるときは現在進行形，(2) そうでないときは現在形を使う**，と覚えておくとよい。この文の場合，「尊敬しつつある」とは言えないから現在進行形は使えない。

---

222 現在進行形の誤用－現在形にすべき例 (4)　

その値段は税込みですか。

X ① <u>Is</u> the price <u>including</u> tax?
O ② <u>Does</u> the price <u>include</u> tax?

> 解説
>
> 221 の説明に従って考えると，「税を含みつつある」は意味的に不自然だから，現在形を使う。including tax（税込みで）という副詞句と混同しないこと。

---

223 現在進行形の誤用－現在形にすべき例 (5)　

何かいいにおいがしている。

X ① Something <u>is smelling</u> good.

第2章

時制・助動詞・受動態・仮定法

○② Something <u>smells</u> good.

> **解説**
>
> smell（〜なにおいがする），taste（〜な味がする），look（〜に見える）など五感を表す動詞は状態動詞であり，進行形にしない。

---

224 現在進行形の誤用－現在完了進行形にすべき例 (1)

きのうからずっと雨が降っている。

X ① It's <u>raining</u> since yesterday.
○② It's <u>been raining</u> since yesterday.

> **解説**
>
> since（〜以来）は現在完了（進行）形とともに使う。②は現在完了進行形で，it's は it has の短縮形。has been raining は「（きのうから）ずっと雨が降り続けている」という意味を表す。

---

225 現在進行形の誤用－現在完了進行形にすべき例 (2)

英語をどのくらい（の期間）勉強していますか。

X ① How long <u>are</u> you <u>studying</u> English?
○② How long <u>have</u> you <u>been studying</u> English?

> **解説**
>
> 返答の文は，I have been studying English <u>for 5 years</u>.（5年間英語を勉強し続けています）のようになる。この下線部を How long で尋ねる形。for（〜の間）も現在完了（進行）形とともに使うので，I <u>am studying</u> English for 5 years. とは言えない。

---

226 現在進行形の誤用－ be going to を使うべき例

姉は来年結婚する予定です。

△ ① My sister <u>is getting</u> married next year.
○ ② My sister <u>is going to get</u> married next year.

解説

現在進行形は**近い未来**の予定を表すのに使えるが, 「来年」のような**遠い先の予定**は **be going to** で表すのがベター。なお My sister <u>will get</u> married next year. は, 姉の結婚を正式に発表するような状況でない限り不自然(→ 251)。

227　現在完了形の誤用−過去形にすべき例 (1)　

彼はついさっき退社したところです。

X ① He <u>has left</u> the office just a while ago.
○ ② He <u>left</u> the office just a while ago.

解説

〜 **ago**(〜前)は過去の特定の時点を表すので, 過去形とともに使うのが正しい。同様に yesterday や last week なども, 現在完了形とともには使わない。

228　現在完了形の誤用−過去形にすべき例 (2)　

ハワイへはいつ行ったことがあるの?

X ① When <u>have</u> you <u>been</u> to Hawaii?
○ ② When <u>did</u> you <u>go</u> to Hawaii?

解説

返答の文は I went to Hawaii <u>last year</u>. のようになる。この下線部を **when** で尋ねる形。「ハワイへ行った」のは過去のことだから, 過去形を使う。「行ったことがある」という日本語に惑わされないように。

229 現在完了形の誤用－現在形にすべき例 (1) ★★★

古きよき時代は終わった。

X ① The good old days <u>have been</u> over.
O ② The good old days <u>are</u> over.

解説

「現時点で終わっている (状態だ)」は、is [are] over のように現在形で表現する。

230 現在完了形の誤用－現在形にすべき例 (2) ★★★

今ではお酒が飲めるようになりました。

△① I<u>'ve become able to</u> drink alcohol now.
O② I <u>can</u> drink alcohol now.

解説

①は正しい文だが、「今ではお酒が飲めます」の方が簡潔で自然。

231 現在完了形の誤用－現在完了進行形にすべき例 (1) ★★

ピアノを習い始めてからどのくらいになりますか。

△① How long <u>have</u> you <u>learned</u> the piano?
O② How long <u>have</u> you <u>been learning</u> the piano?

解説

②の現在完了進行形は「(以前から今までずっと) ～し続けている」の意味。①は「どのくらいの期間ピアノを習ったことがありますか」(経験) の意味も表しうるので、②を使うのがベター。232 も参照。

232　現在完了形の誤用−現在完了進行形にすべき例 (2) ★★

話し合いは 5 時間続いており，まだ終わりそうにない。

△① The meeting <u>has lasted</u> for five 5 hours and doesn't seem to be ending.

○② The meeting <u>has been lasting</u> for 5 hours and doesn't seem to be ending.

解説

has lasted（現在完了形）は「5 時間続いた会議が終わったところだ」という響きになる。**進行形には「行為や出来事の途中だ（まだ終わっていない）」**という含みがあるので，②を使うのがベター。

233　現在完了形の誤用−経験を表す例 (1) ★

沖縄へ行ったことはある？

△① Have you ever <u>gone</u> to Okinawa?

○② Have you ever <u>been to</u> Okinawa?

解説

「〜へ行ったことがある」は **have been to** 〜で表す。**have gone to** 〜は「〜へ行ってしまった（もうここにはいない）」という意味。

234　現在完了形の誤用−経験を表す例 (2) ★★

私は UFO を見たことはない。

△① I <u>haven't seen</u> a UFO.

○② I <u>have never seen</u> a UFO.

解説

「一度も〜したことがない」は **never** で表す。①は「私はまだ UFO を見ていない（がいつかは見るだろう）」のように響く。

本当に？それは初耳だ。

X ① Really? <u>I've never heard of</u> it.
O ② Really? <u>I didn't know that</u>.

解説

①は「今まで一度もそれを聞いたことがない」の意味だが，「それ」は既に聞いているのだから意味的に成り立たない。「そのことを知らなかった」と表現する②が適切。**That's news to me**. とも言う。

この部屋は1週間掃除していない。

△① I <u>haven't been cleaning</u> this room for a week.
O② I <u>haven't cleaned</u> this room for a week.

解説

I <u>have been cleaning</u> this room for a week. という肯定文は意味的に不自然だから，それに not を加えた①も不自然。

君の誕生日はいつだったかな。

X ① When <u>was</u> your birthday?
O ② When <u>is</u> your birthday?

解説

誕生日は毎年巡って来るので，現在形を使う。一方，When <u>were</u> you born?（あなたはいつ生まれましたか）は過去の話だから，were を are にすることはできない。

238 過去形の誤用－現在進行形にすべき例

予約を確認するためにお電話しました。《電話での発言》

X ① I <u>called</u> to confirm my reservation.

O ② I'<u>m calling</u> to confirm my reservation.

解説

①だと電話したことが過去の事実になってしまうので, ②を使って「今電話しているところです」という意味を表す。

239 過去形の誤用－過去進行形にすべき例

彼から電話がかかってきたとき私は眠っていた。

X ① I <u>slept</u> when I got a call from him.

O ② I <u>was sleeping</u> when I got a call from him.

解説

「眠っている最中だった」という意味だから, 過去進行形を使う。①の I slept は「私は睡眠をとった」の意味で, 普通はそのあとに睡眠時間の長さを表す言葉を置く。

240 過去形の誤用－現在完了形にすべき例

兄のインフルエンザがうつってしまった。

X ① I <u>caught</u> my brother's flu.

O ② I'<u>ve caught</u> my brother's flu.

解説

「今もインフルエンザにかかっている」と言いたい場合は, 現在完了形を使う。①は (現在とは切り離された) 過去の出来事を表す。

＊①はいつの時点の出来事かがわからないので, 情報不足で不完全な文に感じられる。

私たちがスタジアムに着いたとき，試合は始まっていた。

X ① The game <u>started</u> when we got to the stadium.

O ② The game <u>had started</u> when we got to the stadium.

解説

> 過去のある時点で既に完了していた出来事は，過去完了形で表す。①は「私たちが着いたときに試合が始まった」という意味。
> ＊①の when を before で置き換えてもよい（「私たちがスタジアムに着く前に試合が始まった」の意味になる）。

242　過去形の誤用−助動詞を使うべき例

私の（存命の）祖父は警察官でした。

△① My grandfather <u>was</u> a police officer.

O② My grandfather <u>used to be</u> a police officer.

解説

> 過去形は「現在とは切り離された過去の出来事」を表すので，①は祖父が既に亡くなっているように響く。祖父が存命なら，used to（以前は〜だった（が今はそうではない））を使うのがベター。

243　過去進行形の誤用 (1)

私はそのニュースが本当だと信じていた。

X ① I <u>was believing</u> that the news was true.

O② I <u>believed</u> that the news was true.

解説

> 「〜していた」という日本語を「〜しつつあった［している最中だった］」と言い換えられれば，過去進行形を使う（→ 221）。この文の場

合，「信じつつあった」は不自然だから，過去形を使って過去の状態
（「信じていた」）を表す。

244　過去進行形の誤用 (2)

子どもの頃，私はおねしょをしていた。

X ① I <u>was wetting</u> my bed when I was a child.
O ② I <u>wet</u> my bed when I was a child.

解説

一般動詞の過去形は，**(1) 過去の 1 回限りの行為**，**(2) 過去の習慣的行為**，のどちらかを表す。②の wet は (2) の意味。①は「おねしょをしている最中だった」と解釈されるので誤り。
＊進行形には反復的行為を表す用法もあるが，**always・usually** などの副詞とセットで使う。①は I was **always** wetting my bed when I was a child. なら正しい。

245　過去完了形の誤用

当時私たちは熊本に住んでいた。

X ① At that time we <u>had lived</u> in Kumamoto.
O ② At that time we <u>lived</u> in Kumamoto.

解説

過去の状態は過去形で表す。過去完了形は，過去のある時点で既に完了していたことや，それ以前から続いていたことを表す。
（例）We **had lived** in Kumamoto for 3 years before we moved here.
（ここへ引っ越して来る前に，私たちは（それ以前から）熊本に 3 年間住んでいた）

246　時制の一致 (1)

マリコは来ると言ったけれど，来なかった。

X ① Mariko said she <u>will</u> come, but she didn't.
O ② Mariko said she <u>would</u> come, but she didn't.

解説

〈V + that 節〉などの形では，前の動詞が過去形なら後ろ [that 節中] の (助) 動詞も過去形にする。これを**時制の一致**という。この文では前が said だから，will は過去形の would に置き換える。

247　時制の一致 (2)

夏休みにハワイへ行った，と彼女は私に言った。

△① She told me that she <u>went</u> to Hawaii during the summer vacation.
O ② She told me that she <u>had gone</u> to Hawaii during the summer vacation.

解説

彼女が「私に言った」時点を基準に考えると，「ハワイに行った」のはそれよりも過去のこと。このように「**過去からみたさらに過去**」は，過去完了形で表す。
＊過去完了形を過去形で代用することもあるが，①は「夏休みにはいつもハワイへ行く，と彼女は私に言った」という意味にも解釈できるので，②がベター。

248　will の誤用 − be going to などを使うべき例 (1)

私は 10 月に TOEIC テストを受けるつもりです。

X ① I <u>will take</u> the TOEIC test in October.
O ② I <u>am going to take</u> the TOEIC test in October.

解説

①は「私は 10 月に TOEIC テストを受けよう (と今決めた)」という状況でない限り不自然。**あらかじめ決めていた予定は be going to**

や**現在進行形**などで表す。

---

249 will の誤用 — be going to などを使うべき例 (2) ★★

私の出産予定は 7 月です。

X ① I'<u>ll have</u> a baby in July.

O ② I'<u>m going to have</u> a baby in July.

解説

①は「私は 7 月に出産しよう（と今決めた）」という不自然な意味になるので誤り。

＊ She **will** have a baby. は「彼女にはいつか赤ちゃんが生まれるだろう」，She **is going to** have a baby. は「彼女はまもなく出産の予定だ」の意味。

---

250 will の誤用 — be going to などを使うべき例 (3) ★★

私の席に座ってください。私は次の駅で降りますので。

X ① Please take my seat. I'<u>ll get off</u> at the next station.

O ② Please take my seat. I'<u>m getting off</u> at the next station.

解説

248・249 と同様。will は「今決めたこと」を表すので，①だと「あなたに席を譲るために私は次の駅で降ります」と言っているように響く。

---

251 will の誤用 — be going to などを使うべき例 (4) ★★

彼女は 10 月に TOEIC テストを受けるつもりです。

X ① She <u>will take</u> the TOEIC test in October.

○② She <u>is going to take</u> the TOEIC test in October.

解説

「3人称の主語+will」で「主語の意志」を表すことはできない。will には**相手の知らない情報を告知する**響きがあり，①は「彼女は10月にTOEICテストを受けることになっています」と発表するような響きになる。彼女自身が決めている予定は be going to などで表す。

---

252 will の誤用－現在形を使うべき例 (1)

雨が止むまで待とう。

×① Let's wait until the rain <u>will stop</u>.
○② Let's wait until the rain <u>stops</u>.

解説

時を表す接続詞（when, before, after, until など）の節中では，まだ起きていないことも**現在形**で表す。
＊「雨が降るだろう［降ることになっている］」という意味ではないから will は使わない，と考えてもよい。

---

253 will の誤用－現在形を使うべき例 (2)

絶対に誰にも言わないと約束します。

×① <u>I'll promise</u> never to tell anyone.
○② I <u>promise</u> never to tell anyone.

解説

発言することで完了する行為を表す動詞（agree, apologize, promise, thank など）は，**現在形で「今～します」という意味**を表す。will promise だと「これから約束する［まだ約束していない］」ことになるので不自然。

254 will の誤用－現在形を使うべき例 (3)

今日の試合は何時に始まる予定ですか？

△① What time <u>will</u> today's game start?

○② What time <u>does</u> today's game start?

解説

スケジュール表などで確定した**公の予定**を表すには**現在形**を使う。悪天候などにより試合開始時刻が不明確な状況で「今日の試合は何時に始まるでしょうか」と尋ねる状況なら①を使う。

255 will の誤用－現在形を使うべき例 (4)

私たちは来週の月曜日に健康診断を受けます。

△① We <u>will have</u> a health checkup next Monday.

○② We <u>have</u> a health checkup next Monday.

解説

have は現在形で個人の予定を表す場合にも使える。will は相手の知らない情報を告知する響きを持つので (→ 251)、①は「来週の月曜日に健康診断を実施します」と主催者が知らせる場合なら使える。

256 will の誤用－現在形を使うべき例 (5)

この記事はたぶん本当だ。

X① This article <u>will be</u> true.

○② This article <u>is probably</u> true.

解説

will を現在の推量に使う場合もある。たとえば「彼は今たぶん家にいるだろう」は He will be at home now. と言えるが、この用法のwill は **now とセットで使う**のが普通。now がないときは、現在の推量を will で表すことはできない。

君がどんなに頑張っても，上司を説得するのは無理だろう。

X ① No matter how hard you'<u>ll try</u>, you won't be able to persuade the boss.

O ② No matter how hard you <u>try</u>, you won't be able to persuade the boss.

解説

「たとえどんなに～でも」(譲歩) の意味を表す節中では，**現在形**を使う。
＊ if（もし～なら）など条件を表す節中では，未来のことも現在形で表す。
「譲歩」も一種の条件だから現在形を使うと考えてよい。

誰が選挙に勝とうと私にはどうでもいい。

X ① It doesn't matter to me who <u>will win</u> the election.

O ② It doesn't matter to me who <u>wins</u> the election.

解説

matter は「重要である」の意味の自動詞。who 以下は「たとえ誰が選挙に勝っても」(譲歩) の意味だから，現在形を使う。
＊形式主語の it が who 以下（名詞節）を指すという解釈もできるが，「名詞節だから will を使う」というわけではない。

他人が私の決心について何を言おうとかまわない。

X ① I don't mind what others <u>will say</u> about my decision.

○② I don't mind what others <u>say</u> about my decision.

解説

what 以下は「他人がたとえ何を言おうと」（譲歩）の意味を持つので，現在形を使う。

---

260 will の誤用－現在形を使うべき例 (9) ★★★/

この試合に勝ったチームが優勝するだろう。

X ① The team that <u>will win</u> this game will win the championship.

○② The team that <u>wins</u> this game will win the championship.

解説

試合はまだ行われていないが，「勝つという条件で，もし勝てば」という意味だから，(if 節と同様に) 現在形を使う。

＊ that wins this game は形容詞節。257 〜 260 からわかるとおり，「条件・譲歩」を表す節中では，節の種類にかかわらず現在形を使う。

---

261 will の誤用－現在完了形を使うべき例 ★★/

その本を読み終えたらぼくに貸してくれない？

X ① Can you lend me the book when you'<u>ll have finished</u> reading it.

○② Can you lend me the book when you <u>have finished</u> reading it.

解説

「(未来のある時点で) 読み終えているだろう」は will have read (未来完了形) で表すが，when (〜するとき) の節中では will は使えないので，代わりに have read (現在完了形) を使う。

262　will の誤用－未来完了形を使うべき例

★★/

１年後には君はその約束を忘れているさ。

X ① One year from now, you'<u>ll forget</u> the promise.

O ② One year from now, you'<u>ll have forgotten</u> the promise.

解説

未来のある時点（1 年後）で完了している出来事は, 未来完了形（will ＋ have ＋過去分詞）で表す。①だと「1 年後［1 年が経過したとき］に忘れるだろう」という不自然な意味になる。

263　will の誤用－言葉を補うべき例

★★★/

この道路は今月末まで通行止めだろう。

△① This road will be closed until the end of this month.

O② This road will <u>probably</u> be closed until the end of this month.

解説

will には新しい情報を告知する働きがあるので, 道路関係者が「この道路は今月末まで通行止めです」と告知する場合には①を使う（→ 255）。「～だろう」という推量の意味を明確にするには, **probably**（たぶん）や **I think**（～だと思う）などを加えるのがよい。

264　will の誤用－他の助動詞を使うべき例 (1)

★★/

あちらでお待ちいただけますか。《来客に対して》

X ① <u>Will</u> you wait over there, please?

O② <u>Could</u> you wait over there, please?

Will you ～？ はあまりていねいな頼み方ではなく，主に親しい間柄で使う。

＊「～してくれませんか」と相手に頼みごとをする場合，Can you ～？や Would you ～？も使えるが，Could you ～？が最も丁寧な表現。

265　will の誤用−他の助動詞を使うべき例 (2)

★★★／😊

皿洗いを手伝ってもらえる？

△① <u>Won't</u> you help me with the dishes?

○② <u>Could [Can]</u> you help me with the dishes?

解説

否定疑問文はイエスの答えを期待した問いかけなので，①は「当然手伝ってくれるよね」と言っているように聞こえる。②の方が無難な言い方。

266　would の誤用− will を使うべき例

★★★／✏😊

明日は雨が降りそうです。

✕① I'm afraid it <u>would</u> rain tomorrow.

○② I'm afraid it <u>will</u> rain tomorrow.

解説

響きを和らげるために使う（仮定法過去に由来する）**would** や **could** は，「条件」のニュアンスを含む。たとえば 265 の could は「（可能性は低いでしょうが）もし差し支えなければ」という響きになる。「明日雨が降ること」に対しては何の条件も想定できないから①は誤り。

267　can の誤用 (1)

★／✏

私は英語でメールが書けない。

X ① I <u>can not</u> write e-mails in English.
O ② I <u>cannot</u> write e-mails in English.

解説

> can を否定文にする場合, 話し言葉では **can't**, 書き言葉では **cannot** を使う。①のように can と not を離して書くのは誤り。

268　can の誤用 (2)　　　　　　　　

あなたは日本語を話せますか。

△ ① <u>Can</u> you speak Japanese?
O ② <u>Do</u> you speak Japanese?

解説

> 「あなたは日本語を（習慣的に）話しますか」と尋ねるのが適切。① は「あなたは日本語を話す能力がありますか」と尋ねているように 響くので相手に失礼。

269　can の誤用 (3)　　　　　　　　

そのうわさは本当かもしれない。

X ① The rumor <u>can</u> be true.
O ② The rumor <u>could</u> be true.

解説

> **can（〜でありうる）は一般的な可能性のみを表す**（例：Accidents can happen. ＝事故は起こりうる）。一方, **could は一般的な可能 性と個別の可能性の両方に使える**。この文は個別の可能性を語って いるので, can は使えない。

270　could の誤用 (1)　　　　　　　

どうやってその難しいパズルを解けたの？

X ① How <u>could</u> you solve the difficult puzzle?

O ② How <u>were</u> you <u>able</u> to solve the difficult puzzle?

解説

could（〜できた）は, 過去の1回の行為には原則として使わない。 ① は「君はその難しいパズルをどうやって解けるだろうか（いや, 解けはしない）」と解釈される。肯定文や疑問文では,「〜できた」は **was [were] able to** で表す。②は How did you solve 〜? でもよい。
＊否定文なら, 過去の1回の行為でも couldn't を使って「〜できなかった」の意味を表せる。

---

271 could の誤用 (2)

「ここで写真を撮ってもいいですか」「ええ（どうぞ）」

X ① "Could I take a picture here?" "<u>Yes, you could.</u>"

O ② "Could I take a picture here?" "<u>No problem.</u>"

解説

Could I 〜? は Can I 〜? の丁寧な言い方。返答には All right., Sure. などさまざまな表現が使える。また Yes, you can. と答えることはできるが, Yes, you <u>could</u>. だと「場合によっては［あなたがその気なら］できます」のような（何らかの条件を含む）意味に解釈されるので不適切。

---

272 could の誤用 (3)

私たちは時間通りにホテルに着けないかもしれない。

X ① I'm afraid we <u>couldn't</u> get to the hotel on time.

O ② I'm afraid we <u>can't</u> get to the hotel on time.

解説

could・would を使うと控えめで丁寧な響きになるが, 自由に使え

るわけではない。①は過去の事実を語っているように聞こえるので, ②が適切。

＊ I'm afraid we could be late.（遅れるかもしれない）は問題ない（この could は過去の事実と誤解されるおそれがないから）。

273 may の誤用 (1)

「あのはしごを使ってもいいですか」「ええ（どうぞ)」

X ① "May I use that ladder?" "Yes, <u>you may</u>."
O ② "May I use that ladder?" "Yes. <u>Go ahead</u>."

解説

may は「目上の者が下の者に許可を与える」という響きの語なので, Yes, you may. だと上から目線に響く。②の **Go ahead.** は「どうぞ（ご遠慮なく)」の意味。**Yes, of course.**（ええ, もちろん（かまいません))などでもよい。

274 may の誤用 (2)

博物館の中で写真を撮ってもいいですか。

△① <u>May</u> I take photos in the museum?
O ② <u>Can</u> I take photos in the museum?

解説

You may 〜は I allow you to 〜の意味で, 主に**個人的に許可を与える**場合に使う。規則で決まっていることを「〜してもいいですか」と尋ねる場合は **Can I 〜?** を使うのが普通。

275 may の誤用 (3)

電車が遅れているので, 彼らは遅刻するかもしれない。

△① As the train is delayed, they <u>may</u> come late.

○② As the train is delayed, they <u>might</u> come late.

解説

①は正しい文だが,「**～かもしれない**」の意味では may よりも might を使うことが多い。1 つの理由は, ①だと「彼らは遅刻しても よい」(許可)の意味にも解釈できるため。might は普通その意味で は使わない。

276　must・have to の誤用 (1)　

「私は明日来なければなりませんか」「いいえ」

X ① "Must I come tomorrow?" "No, you <u>mustn't</u>."
○② "Must I come tomorrow?" "No, you <u>don't have to</u>."

解説

must not ～は「～してはいけない(＜～しない義務を負う)」, **don't have to** ～は「～する必要はない(＜～すること(の義務)を 持たない)」の意味。

277　must・have to の誤用 (2)　

彼女は流行作家になるに違いない。

X ① She <u>must be</u> a popular writer.
○② She <u>is sure to be</u> a popular writer.

解説

be sure to do ＝きっと～だろう。She'll definitely be a popular writer. とも言える。must は未来の推量には使わない。
＊アメリカ英語では must を未来の推量に使うこともあるが, ①は「彼女 は(今)流行作家であるに違いない」と解釈されるので誤り。

278　must・have to の誤用 (3)

どのくらい待たねばなりませんか。《行列に並んでいるような状況で》

△① How long <u>must</u> we wait?

○② How long <u>do</u> we <u>need to</u> wait?

> **解説**
>
> ②の方が穏やかな言い方。文頭に **About**（だいたい）を入れてもよい。**How long will it take?, How long is the wait?**（待ち時間はどのくらいですか）なども可。①は「いつまで待たせるのか」と相手を責めているようにも響く。

279　must・have to の誤用 (4)

そのテレビ番組は本当にわくわくする。君もぜひ見るべきだ。

△① That TV show is really exciting. You <u>have to</u> watch it.

○② That TV show is really exciting. You <u>must</u> watch it.

> **解説**
>
> **have to** は**客観的な義務**（規則で決まっていることなど）を，**must** は**主観的な義務**（自分の判断で決めたこと）を表す。自分の主観に基づいて相手に強く勧めるような状況では must を使う。

280　must・have to の誤用 (5)

部屋が汚れてきた。そろそろ掃除しなくちゃ。

△① My room is getting dirty. I <u>have to</u> clean it.

○② My room is getting dirty. I <u>need to</u> clean it.

> **解説**
>
> ①は間違いではないが，have to は規則で決まっているような義務

について使うことが多い。「**(個人的に) ～する必要がある**」は need
to で表すのがよい。

281　should の誤用

彼は遅刻するはずだ，電車が遅れているから。

△① He <u>should</u> be late because the train is delayed.

○② He'<u>ll probably</u> be late because the train is delayed.

解説

should（～するはずだ）は**自分が望ましいと思っていること**を推測する場合に使う。話し手が「彼には遅刻してほしい」と思っているのでない限り，①は不自然。

282　would like (to) の誤用

値引きしてほしいのですが。

✗① <u>I'd like to</u> a discount, please.

○② <u>I'd like</u> a discount, please.

解説

I'd [=I would] like は I want のていねいな表現。I <u>want</u> a discount.（私は値引きがほしい）の want を would like に置き換えた②が正しい。would like to は want to のていねいな表現で，後ろには動詞の原形を置く。

＊I <u>want</u> a discount, please. は表現がストレートすぎるので，普通は使わない。

283　would rather の誤用 (1)

今日は外出したくない。

117

X ① I'd rather not <u>to go</u> out today.
O ② I'd rather not <u>go</u> out today.

解説

would rather（（むしろ）〜したい）の否定は **would rather not**
（〜したくない）。後ろには動詞の原形を置く。

284　would rather の誤用 (2)

今日は外出するより家にいたい。

X ① I'd rather stay at home than <u>to go</u> out.
O ② I'd rather stay at home than <u>go</u> out.

解説

would rather A than B（BするよりむしろAしたい）のA・B
は，**動詞の原形**を使う。

285　would rather の誤用 (3)

「テレビをつけてもいいですか」「できればやめてもらいたいのですが」

X ① "May I turn on the TV?" "I'd rather you <u>don't</u>."
O ② "May I turn on the TV?" "I'd rather you <u>didn't</u>."

解説

would rather (that) 〜＝（むしろ）〜であればいいのにと思う。
that 節中では**仮定法過去**を使う。**I'd rather you didn't.**（でき
ればやめてほしいのですが）は慣用表現として覚えておくとよい。

286　had better の誤用 (1)

私たちはその記事に書いてあることを信じない方がいい。

X ① We'<u>d not better</u> believe what the article says.

○② We'd <u>better not</u> believe what the article says.

解説

had better（〜する方がいい）の否定形は **had better not**（〜しない方がいい）。

287　had better の誤用 (2)　　★★

君が英文法に興味があるなら，この本を読む方がいい。

△① If you are interested in English grammar, you <u>had better</u> read this book.

○② If you are interested in English grammar, you <u>should</u> read this book.

解説

「**〜する方がいい＝ should**」と覚えておくのがよい。**you had better** 〜はしばしば「君は〜する方がいい（さもないとよくないことが起こるだろう）」という響きを持つので，使うときは **I think**, **maybe** などを添えるのがベター。

288　used to の誤用 (1)　　★

以前この近くに映画館があった。

X ① There <u>was used</u> to be a movie theater near here.

○② There <u>used to</u> be a movie theater near here.

解説

There <u>was</u> a movie theater … の was を，**used to be**（以前は〜だった）で置き換えた形（実質的な意味は was と変わらない）。be used to 〜（〜に慣れている）と混同しないこと。

289 used to の誤用 (2)

私は以前保険会社に3年間勤めていました。

X ① I <u>used to work</u> for an insurance company for three years.

O ② I <u>worked</u> for an insurance company for three years.

解説

used to は過去の習慣を漠然と表すのに使い, 具体的な期間の長さや回数を表す語句とともには用いない。

290 仮定法−形の誤り (1)

もし100万円が手に入ったら, 何をしますか?

X ① What would you do if you <u>get</u> a million yen?
O ② What would you do if you <u>got</u> a million yen?

解説

「(可能性は低いけれど) もし～なら」という未来に向けての想像を表すには, **仮定法過去**を使う。〈If S V [**過去形**] , S V [**would + 動詞の原形**]〉が基本形。①は would (過去形) と get (現在形) の時制が食い違っているので誤り。

291 仮定法−形の誤り (2)

もし車を持っていたら, 彼らの千葉でのコンサートに行ったのに。

X ① If I <u>had</u> a car, I <u>went</u> to their concert in Chiba.

O ② If I <u>had had</u> a car, I <u>would have gone</u> to their concert in Chiba.

解説

過去の事実の反対を仮定して「(あのとき)もし〜だったら，…したのに」と言いたいときは，**仮定法過去完了**を使う。〈**If S V [過去完了形]，S V [would have ＋過去分詞]**〉が基本形。①は I went が「(実際に)行った」という意味になるから誤り。

＊会話では，②は If **I'd had** a car, **I'd have gone** …のように短縮形を使う。

---

292 仮定法−形の誤り (3)

 ★/✎💬

英語が流ちょうに話せたらいいのに。

X ① I wish I <u>can</u> speak English fluently.

O ② I wish I <u>could</u> speak English fluently.

解説

I wish 〜は「〜ならいいのに(実際はそうでないのが残念だ)」という意味を表し，後ろには仮定法を置く。この文では現在の事実の反対を語っているので，can を could (仮定法過去)にする。

---

293 仮定法−形の誤り (4)

 ★/✎💬

君が彼女にあんなことを言わなければよかったのに。

X ① I wish you <u>didn't tell</u> her such a thing.

O ② I wish you <u>hadn't told</u> her such a thing.

解説

I wish 〜の形で過去の事実の反対を語るときは，仮定法過去完了を使う。tell の過去完了形は had told。これに not を加えた②が正しい。

---

294 仮定法−形の誤り (5)

 ★★/💬

相席してもかまいませんか。

X ① <u>Will</u> you mind if I <u>share</u> this table?
O ② <u>Would</u> you mind if I <u>shared</u> this table?

解説

②は仮定法過去の文で、「（可能性は低いけれど）もし私がこの席をあなたと一緒に使ったら、あなたはいやでしょうか」ということ。①は相手の意志をストレートに尋ねているように響くので誤り。**Do you mind if we share** this table? は OK（カジュアルな表現）。
＊ <u>Would</u> you mind if I <u>share</u> this table? と言うこともあるが、避けた方がよい。

---

295 仮定法−形の誤り (6)

彼はまるで私の上司であるかのように私に話した。

X ① He talked to me as if he <u>had been</u> my boss.
O ② He talked to me as if he <u>were</u> my boss.

解説

主節の動詞が過去形の場合、**as if**（まるで〜であるかのように）の節中の動詞は、主節と同じ時点でのことなら仮定法過去を使う。この文の場合、「話した」時点で「上司であるかのようだった」ということだから、②（仮定法過去）が正しい。①は「彼は（以前）私の上司であったかのように話した」という意味。

---

296 仮定法−形の誤り (7)

もし君が入院していることを知っていたら、お見舞いに行ったのに

X ① If I had known you <u>had been</u> in the hospital, I would have visited you.
O ② If I had known you <u>were</u> in the hospital, I would have visited you.

文全体は仮定法過去完了だが,「君が入院していた」のは過去の事実だから, 過去形の were を使うのが正しい。

---

297 仮定法−適切な表現の選択 (1)

もし私があなたなら, その仕事のオファーを受けます。

X ① If I <u>am</u> you, I <u>will</u> accept the job offer.

O ② If I <u>were</u> you, I <u>would</u> accept the job offer.

if I were you は「(実際には私はあなたではないが)もし私があなたなら」ということ。①は「(私があなたである可能性は五分五分だが)もし私があなたなら」という不自然な意味になるので誤り。

---

298 仮定法−適切な表現の選択 (2)

そろそろ出る［帰る］時間だ。

△① It's time <u>we left</u>.

O② It's time <u>to leave</u>.

〈It is time ＋仮定法過去〉は「もう〜してもいい頃だ(が実際にはしていない)」という意味。①は「早く帰ろうよ」と急かす状況なら使ってもよいが, 相手を責めているように聞こえるかもしれない。日本文の意味に合う英訳は②。

---

299 仮定法−適切な表現の選択 (3)

万一明日雨が降ったら, 私は釣りには行きません。

△① If it <u>should rain</u> tomorrow, I wouldn't go fishing.

○② If it <u>rained</u> tomorrow, I wouldn't go fishing.

解説

if S should ～は「**万一 S が～なら**」の意味だが, 改まった表現であり, このような日常的な内容にはあまり使わない。仮定法過去自体が起こる可能性の低い未来の仮定を表すので, should を使わなくても「万一」の意味は表現できる。

＊この意味の should は, If you <u>should</u> need any help, …（（必要ないとは思いますが）万一何かお手伝いが必要なら…））のように, 相手に対してへりくだった態度を表すときによく使われる。if を取り除いて <u>Should</u> you need any help, … という（倒置）形にすることもある。

---

300 仮定法－適切な表現の選択 (4)
★★★／💬

私は木曜日が好都合です。

△① Thusday <u>is</u> convenient for me.
○② Thusday <u>would be</u> convenient for me.

解説

①は自分の都合を一方的に相手に押し付けているようにも響く。②は「もし木曜日に決めてもらえれば」という仮定のニュアンスを含むので, ①よりも控えめな言い方になる。このように（仮定法過去に由来する）would や could は, 言葉の響きを和らげる効果を持つ。

---

301 仮定法－適切な表現の選択 (5)
★★★／✎💬

ひじのけががなければ, 彼は今ごろ大投手になっていただろう。

△① Without his elbow injury, he <u>would have been</u> a great pitcher now.
○② Without his elbow injury, he <u>would be</u> a great pitcher now.

解説

①は間違いではないが, 「彼」が既に死亡しているように響く。彼が

まだ現役選手なら，②を使う。
＊ If he <u>hadn't injured</u> his elbow, he <u>would be</u> a great pitcher now.
（いわゆる混合仮定法）は，彼が存命である場合に使う。彼が故人なら
would be → would have been とする。

302　受動態の作り方 (1)

この花は英語で何と呼ばれていますか。

X ① What <u>is called this flower</u> in English?

O ② What <u>is this flower called</u> in English?

解説

V（述語動詞）が 2 語以上から成る場合，疑問文は V の最初の語を
S（主語）の前に出して作る。S <u>is called</u> ...（S は…と呼ばれてい
る）から疑問文を作ると，is S called ... となる。

303　受動態の作り方 (2)

その美術館は多くの外国人観光客に知られている。

△① The art museum is known <u>by</u> many tourists
from abroad.

O② The art museum is known <u>to</u> many tourists
from abroad.

解説

be known to ～＝～に知られている。①は間違いではないが，be
known（知られている）は受動態というより〈be 動詞＋形容詞〉に
近いので，by（～によって）ではなく to（～に（対して））を使うの
が普通。

304　受動態の作り方 (3)

このマンガはアニメ化されるそうだ。

X ① I hear this comic <u>is animated</u>.
O ② I hear this comic <u>will be animated</u>.

「アニメ化される」のは未来の出来事だから，will を使う必要がある。①を能動態で表現すると I hear they <u>animate</u> this comic. だが，この文は下線部が習慣的な行為を表すので不自然。したがって①も不自然な文になる。

305　受動態の作り方 (4)

そのデータはけさ更新された。
△① The data <u>was updated</u> this morning.
O② The data <u>got updated</u> this morning.

〈be ＋過去分詞〉には，「～される」(動作)と「～されている」(状態)の2つの意味があるため，①は「データはけさ(既に)更新されていた」という意味にも解釈できる。②の〈get ＋過去分詞〉の形を使えば，「～される」の意味が明らかになる。

306　受動態の作り方 (5)

けがをしないよう気をつけなさい。
X ① Take care not to <u>hurt</u>.
O ② Take care not to <u>get hurt</u>.

Take care not to hurt yourself. とも言う。hurt は「～を傷つける」(他動詞)，「(体の一部が)痛む」(自動詞) などの意味。「けがをする」は get hurt (または hurt oneself) で表す。

307　受動態の作り方 (6)　★★★／✎💬

冷蔵庫の私のアイスクリームは誰かに食べられていた。

X ① My ice cream in the refrigerator <u>was eaten</u> by someone.

O ② My ice cream in the refrigerator <u>had been eaten</u> by someone.

解説

①は「私のアイスクリームは誰かに食べられた」という過去の事実を表す。「冷蔵庫を開けてみたら…」という状況では②を使うのが適切。〈**have [had] been 過去分詞**〉で「〜され (終え) ている [いた]」という意味を表す (完了形と受動態を組み合わせた形)。

＊行為の結果が目に見える形で残っているときは、〈完了形＋受動態〉の代わりに単純な受動態を使うことができる。たとえば「ドアには鍵が掛けられていた」は The door <u>was</u> [=had been] locked. しかし「食べられていた」という結果は (何も残っていないので) 目に見えないから、②の意味で①を使うことはできない。

308　受動態の作り方 (7)　★★★／✎💬

私たちは誰かに尾行されているようだった。

X ① It seemed that <u>we were followed by someone</u>.

O ② It seemed that <u>someone was following us</u>.

解説

受動態はなるべく使わない方がよい。②のように能動態を優先して使う方がミスを防げる。①が間違っているのは、下線部を能動態にした someone followed us は「誰かが習慣的に [いつも] 私たちを尾行していた」という意味になるから。

＊①は It seemed that we <u>were being followed</u> by someone. なら正しい (下線部は過去進行形と受動態を組み合わせた形) が、②の方がシンプルな言い方。

誘拐犯は今日警察に逮捕されたそうだ。

X ① I heard the kidnapper was arrested <u>by the police</u> today.

O ② I heard the kidnapper was arrested today.

解説

> arrest（逮捕する）という行為ができるのは警察だけだから，by the police は不要。①は文末焦点の原理によって「誘拐犯は（他の人や組織ではなく）警察によって逮捕された」ように響くので不自然。

泳いでいてクラゲに腕を刺された。

X ① I <u>was stung my arm</u> by a jellyfish while swimming.

O ② I <u>got my arm stung</u> by a jellyfish while swimming.

解説

> 「クラゲに刺された」は I was stung by a jellyfish. [=A jellyfish stung me.] と言える。しかし①は誤り。対応する能動態は A jellyfish stung me my arm. となるが，この文は成り立たない（sting は SVOO の形では使えない）から。②は〈**get [have] O 過去分詞**〉で「O を〜される」の意味を表す（→ 475）。
>
> ＊I was stung in the arm by a jellyfish ...（腕（の部分）をクラゲに刺された）とも表現できる。

私たちの電車は雪で1時間遅れた。

X ① Our train <u>delayed</u> for two hours because of

snow.

O② Our train <u>was delayed</u> for two hours because of snow.

解説

delay は「〜を遅らせる」の意味。**be delayed** で「遅れさせられる →遅れ（てい）る」という意味を表す。このように，日本語が「〜される」という形でなくても受動態を使うべきケースがよくある。
（類例）My office **is** conveniently **located**.
　　　　（私のオフィスは便利な場所にある）

---

312 能動態と受動態の選択 (2)

会議は 10 月 5 日に行われます。

X ① The conference will <u>be taken place</u> on October 5.

O② The conference will <u>take place</u> on October 5.

解説

take place = be held ＝行われる。日本語は「行われる」だが，take place は受動態にしない。

---

313 能動態と受動態の選択 (3)

そのレストランは午後 10 時に閉店します。

X ① The restaurant <u>is closed</u> at 10 p.m.

O② The restaurant <u>closes</u> at 10 p.m.

解説

①は「閉じられる」ではなく「（既に）閉じている状態だ」の意味に解釈されるので不適切。

消費税がまた上がるかもしれない。

X ① The consumption tax might <u>rise</u> again.
O ② The consumption tax might <u>be raised</u> again.

解説

rise は「上がる」(自動詞), raise は「～を (引き) 上げる」(他動詞)。税金は自然に上がるのではなく (誰かによって) 引き上げられるものだから, 「引き上げられるだろう」と表現する (→ 034)。

この本は 10 万部売れた。

X ① This book <u>was sold</u> 100,000 copies.
O ② This book <u>sold</u> 100,000 copies.

解説

sell X copies = X 部売れる。②は「本が売った」ように見えるが, この sell は「売れる」の意味。sell well (よく売れる) も同様 (→ 205)。

この歌は誰が作ったのですか。

△① By whom was this song made?
O ② Who made this song?

解説

①は This song was made <u>by X</u>. (この歌は X によって作られた) の下線部を尋ねる疑問文。形としては正しいが, 〈前置詞＋疑問詞〉の形は堅苦しく響くので, **Who** was this song made **by**? の方が普通。それよりも②の方が普通の尋ね方。

317　能動態と受動態の選択 (7)
★★★／

「坊ちゃん」は夏目漱石の作品だ。
△① Soseki Natsume wrote "Bochan."
○② "Bochan" was written by Soseki Natsume.

解説

317～319 は，情報構造の観点から見て不自然な受動態の例。この問いの場合，①は（ノーマルな解釈では）「夏目漱石が書いたのは『坊ちゃん』だ」という意味を表す。しかし漱石が書いた作品はほかにもたくさんある。②は文末の Soseki Natsume が情報の焦点で，日本語の意味に合う。

＊①は Soseki Natsume に主強勢を置けばこれが情報の焦点になり，「夏目漱石が坊ちゃんを書いたのだ」という意味を表しうる。しかし新情報を文頭に置く形は避けられるので，②がベター。同じことは 318 にも言える。

318　能動態と受動態の選択 (8)
★★★／

オーストリアでは主にドイツ語が話されている。
X① German is mainly spoken in Austria.
○② Austrians mainly speak German.

解説

317 と同様。②は「オーストリア人は主にドイツ語を話す」の意味だが，①は文末焦点の原理によって「ドイツ語が話される場所は主にオーストリアだ」という不自然な意味に解釈される（→ 1013）。

319　能動態と受動態の選択 (9)
★★★／

カナダでは英語とフランス語の両方が話されている。
△① People speak both English and French in Canada.

○② In Canada, both English and French are spoken.

①は間違いではないが，「（一般の）人々はカナダでは英語とフランス語を話す（が別の場所では別の言語を話す）」という解釈の余地がある（→ 1013）。②ならその誤解は生じない。

＊②の in Canada を文末に置くと，318 の①と同様の解釈が生じる。また Canadians speak both English and French. だと「カナダ人は（みんな）英語とフランス語の両方を話す」と解釈される。

320　受動態に関するその他の誤り (1)　★★／

部長は転勤するといううわさだ。

X ① <u>It is a rumor</u> that the manager will be transferred.

○② <u>It is rumored</u> that the manager will be transferred.

It is said [believed] that 〜（〜と言われて［信じられて］いる）のような形の受動態の文がある。この形で使う他の過去分詞は，**thought**（考えられて），**reported**（報じられて），**rumored**（うわさされて）など。②はその形。

＊①は「部長が転勤するというのは（単なる）うわさだ」と解釈される。<u>There</u> is a rumor that 〜（〜といううわさがある）なら正しい。

321　受動態に関するその他の誤り (2)　★★★／

そのうわさは職場中に広がっている。

X ① The rumor <u>is spread</u> throughout the office.
○② The rumor <u>has spread</u> throughout the office.

spread は「広がる」（自動詞）の意味では受動態にできない。「広げる」の意味のときは受動態にできるが, ①は People spread the rumor throughout the office.（人々はそのうわさを（習慣的に）職場中に広げる）という能動態に対応しているので不自然。

322　受動態に関するその他の誤り (3)　★★★

私は彼女の結婚式のスピーチを頼まれた。

X ① I was asked <u>a speech</u> for her wedding reception.

O ② I was asked <u>to make a speech</u> for her wedding reception.

解説

②は They asked <u>me</u> to make a speech ... の me を主語にした受動態の文（ask O to do ＝ O に〜するよう頼む）。They asked <u>me</u> a speech とは言えないから, この me を主語にした受動態の①は誤り。

＊ I was asked a question. は可能（＜ They asked me a question.)

323　受動態に関するその他の誤り (4)　★★

ホテルに予約したが, 満室だと言われた。

X ① I called the hotel and <u>was said</u> that they were fully booked.

O ② I called the hotel and <u>was told that</u> they were fully booked.

解説

能動態なら they <u>told</u> me that …。say はこの形では使わない（正しくは they said to me that …)。

その木は樹齢500年を超えるそうだ。

X ① The tree <u>is said that it is</u> over 500 years old.

O ② The tree <u>is said to be</u> over 500 years old.

解説

It is said that S is C. (S は C だと言われている) の形は, **S is said to be C.** で言い換えられる。②は <u>It is said that</u> the tree is over 500 years old. とも言えるが, ①のような形はない。

田中さんには息子が4人いるそうだ。

△① <u>It is said</u> that Ms. Tanaka has four sons.

O② <u>I heard</u> Ms. Tanaka has four sons.

解説

It is said (that) …は「一般に…と言われている」の意味なので, 田中さんが有名人でない限り不自然に響く。

風で帽子を吹き飛ばされた。

X ① I was blown my hat off by the wind.

O② The wind blew my hat off.

解説

たとえば I was given a book by my father. (私は (父に) 本をもらった) は, My father gave <u>me</u> a book. の me を主語にした受動態の文だから正しい。一方, The wind blew <u>me</u> off my hat. とは言えないから, この me を主語にした受動態の①も誤り。②のよ

うに能動態を使って「風が私の帽子を吹き飛ばした」と表現すればよい。

＊I <u>had my hat blown off</u> by the wind. も可能だが，②の方がベター
（→475）。

---

327 受動態に関するその他の誤り (8) ★★★

大豆からは豆乳ができる。

X ① Soy <u>is made</u> into soy milk.

O ② Soy <u>can be made</u> into soy milk.

【解説】

①は（文末焦点の原理で）「大豆は豆乳に加工される［大豆の加工品は豆乳だ］」と解釈される。実際には大豆の加工品はほかにもたくさんあるから，「大豆は豆乳に加工（されることが）できる」と表現するのが適切。

第3章

否定文・疑問文・命令文 ほか

328　否定語の位置 (1)

予定はまだ発表されていません。

△① The schedule has been <u>not</u> announced yet.
○② The schedule has <u>not</u> been announced yet.

解説

　V（述語動詞）が 2 語以上から成るとき，否定文の not は V の最初の語の後ろに置く。この文の V は has been announced だから，not は has の後ろに置く。

329　否定語の位置 (2)

どんなランナーもこの記録を破ることはできないだろう。

✗① <u>Any</u> runner couldn't break this record.
○② <u>No</u> runner could break this record.

解説

no = not + any だが，英語には「**否定語はできるだけ前に置く**」というルールがあるので，①のような any + not の語順は避けて②を使う。
＊「1 人のランナーがこの記録を破る」と考えて，②の runner は単数形にする（→ 704）。

330　否定語の位置 (3)

応募者全員がそのオーディションに合格しなかった。

✗① <u>All</u> of the applicants didn't pass the audition.
○② <u>None</u> of the applicants passed the audition.

解説

　「全部」の意味を含む語（たとえば **all**）が **not** と結びつくと，「**全部が～だというわけではない**」（部分否定）の意味になる。ただし，そ

の種の語を not よりも前に置くことはない。否定語はできるだけ前に置くので, **none**（誰も〜ない）を文頭に置く形を使う。

（類例） Neither of my parent are [× <u>Both</u> of my parents are<u>n't</u>] from Tokyo.（私の両親はどちらも東京の出身ではない）

331　否定語の位置 (4)

男性はみんなスポーツが好きだとは限らない。

× ① <u>Every</u> man does<u>n't</u> likes sports.

○ ② <u>Not every</u> man likes sports.

解説

not + every 〜＝すべての〜が…というわけではない。not はできるだけ前に置くので, ②の語順が正しい。

332　否定語の位置 (5)

私はふだんお酒は飲みません。

△ ① I <u>don't usually</u> drink alcohol.

○ ② I <u>usually don't</u> drink alcohol.

解説

not はその後ろにあるものを否定する。②は「ふだんは」＋「お酒を飲まない」の意味。一方①は（②と同じ意味で使うこともあるが）「ふだん [いつも] お酒を飲む」＋「のではない」, つまり「時々はお酒を飲む」という意味に誤解されやすい。

333　否定語の位置 (6)

彼がくびになった理由は本当に知りません。

× ① I <u>don't really</u> know why he was fired.

○ ② I <u>really don't</u> know why he was fired.

> 解説
>
> ②は「本当に」＋「知らない」だが，①は「本当に知っている」＋「のではない」→「よくは知らない」という意味。

334　否定語の位置 (7)

私はその２本の DVD を見たが，どちらも気に入らなかった。

△① I watched the two DVDs, but I liked <u>neither</u>.

○② I watched the two DVDs, but I did<u>n't</u> like <u>either</u>.

> 解説
>
> **neither = not + either** ＝（２つの）どちらも〜ではない。①は間違いではないが，②の方が否定語（not）が前にあるのでベター。

335　否定語の位置 (8)

近ごろでは本を読まない若者が増えている。

X ① More young people <u>don't</u> read books these days.

○② <u>Fewer</u> young people <u>read</u> books these days.

> 解説
>
> ①は文法的には成り立つが，否定語（fewer）を前に置く②の方がはるかに自然（→ 045）。

336　否定語の位置 (9)

この企画はうまくいかないと思う。

△① I <u>think</u> this project <u>won't</u> be successful.

○② I <u>don't think</u> this project will be successful.

解説

I don't think ～＝～ではないと思う。日本語を直訳すると①になるが，not を前に出した②の方が普通。また①だと「成功しない」と断定しているように響く。②（この企画が成功するとは思わない）の方が穏やかな言い方。

---

337 否定語の位置 (10) ★★/💬

おつりが間違っているようですが。

△① I <u>think</u> I've gotten the <u>wrong</u> change.
○② I <u>don't think</u> I've gotten the <u>right</u> change.

解説

①は「間違ったおつりをもらったと思う」，②は「正しいおつりをもらったとは思わない」。前問と同様に，②の方が穏やかな言い方。

---

338 否定語の位置 (11) ★★/✏💬

事態は好転していないようだ。

△① <u>It seems</u> that the situation isn't getting better.
○② <u>It doesn't seem that</u> the situation is getting better.

解説

seem も think と同様に，that 節中の not を前に出すことができる（→ 336）。It doesn't seem that ～は「～であるようには思えない→～ではないように思える」ということ。

---

339 否定の言い換え (1) ★★★/✏💬

試験に落ちないように，もっとまじめに勉強しなさい。

△① Study harder <u>so that you won't fail</u> the exam.
○② Study harder <u>to pass</u> the exam.

解説

so that S won't [will not] 〜＝ S が〜しないように。①は正しいが，「合格するために」と表現する方が簡潔（→ 914）。

（類例）We'll be late [△ We <u>won't be in time</u>] for the game.
（私たちは試合に<u>間に合わないだろう</u>）

---

340   否定の言い換え (2)   ★★★

この店が開いているところは見たことがない。
△① I've never seen this shop open.
○② This shop is always closed.

解説

①は正しいが，「この店はいつも閉まっている」と表現する方が簡潔。このように，**日本語の「ない」を必ずしも否定語（not など）で置き換える必要はない。**

（類例）「冷蔵庫には何も入っていない」
　　　→ The fridge is **empty**.（冷蔵庫は空っぽだ）

---

341   否定の言い換え (3)   ★★★

コンビニのない町は日本中にほとんどない。
△① There are <u>few</u> towns in Japan that <u>don't</u> have any convenience stores.
○② <u>Almost every</u> town in Japan has convenience stores.

解説

①のように否定語（few と not）を 2 つ使った形を「二重否定」と言う。**二重否定の文は肯定文で言い換えるとシンプルになる。**②は「日本のほとんどすべての町はコンビニを持っている」の意味。Most of the towns in Japan have ... でもよい。

＊①は意味をつかみづらい文であり，文法的には正しいが実際に使われる
可能性は低い。

---

342 適切な質問 (1) ★★／💬

趣味は何ですか。

△① What's your hobby?
○② What do you do in your free time?

解説

英語の **hobby** は園芸・日曜大工など積極的に手や体を動かす活動
を指し，hobby を持たない人もいる。②のように「空いた時間に何
をしますか」と尋ねるのがベター。

＊①は「相手は 1 つ（だけ）の趣味を持っている」という前提に立っている
点でも自然な質問ではない。

---

343 適切な質問 (2) ★★／💬

お仕事は何ですか。

X ① What's your job?
○② What do you do (for a living)?

解説

①は尋問のように響くので NG。②は「あなたは（生計のために）何
を（習慣的に）していますか」の意味。

---

344 適切な質問 (3) ★★／💬

どうかした［どこか具合が悪い］の？

X ① What's wrong?
○② Is there anything wrong?

解説

「何か具合が悪いのか, それとも悪くないのか」と尋ねる場合には, Yes・No で答えられる②を使う (Is everything OK? とも言う)。①は「相手には何か具合の悪いことがある」と既に知った上で,「どこの具合が悪いのか」と尋ねる言い方。

345　適切な質問 (4)

どこかでお会いしましたか?

X ① Do you know me?
O ② Do I know you?

解説

「私はあなたを知っていますか」と表現する (Have we met (before)? とも言う)。①の「あなたは私を知っていますか」は失礼に響くので NG。

346　適切な質問 (5)

お二人はどんなご関係ですか。

X ① What's the relationship between you?
O ② How do you know each other?

解説

②は「あなたがたはどのようにしてお知り合いなのですか」の意味。①は尋問調に響くので NG。

347　適切な質問 (6)

ご出身はどちらですか。

△① Where do you come from?
O ② Where are you from?

①は正しい文だが, ②の方がよく使われる。なお, Where did you come from? は「どこから来た [今までどこにいた] のですか」の意味。

---

348 命令文の使い方 (1)

お名前を教えてください。

X ① Tell me your name, please.

O ② May I have your name, please?

①は相手に指示を出しているように響くので NG。②は「お名前をうかがってもよろしいですか」というていねいな言い方。カジュアルな場面で「(ところで) 君の名前は何て言うの?」と尋ねるときは, (By the way,) what's your name? も使える。

＊相手の個人的な情報を尋ねるときは, May I ask 〜? より May I have 〜? が好まれる。

---

349 命令文の使い方 (2)

より詳しい情報は, 当社のフリーダイヤルにお電話ください。

X ① For further information, <u>could you please</u> call our toll-free number?

O ② For further information, <u>please call</u> our toll-free number.

このように**指示を出す状況**では, **命令文**を使うのが適切。①だと Yes・No の返答を求めることになるが, 相手にはフリーダイヤルに電話する以外の選択肢はない。

＊「フリーダイヤル」の英訳は toll-free number。toll は電話料金や道路の通行料のこと。

「この曲を知らないの？」「うん（知らないよ）」

X ① "Don't you know this song?" "<u>Yes(, I do)</u>."
O ② "Don't you know this song?" "<u>No(, I don't)</u>."

解説

not を含む疑問文（否定疑問文）には, not のない（普通の）疑問文（この例では Do you know this song?）と同様に答えればよい。知っていれば Yes, I do., 知らなければ No, I don't. と答える。

「この傘は君のじゃないよね？」「うん（違うよ）」

X ① "This umbrella isn't yours, is it?" "<u>Yes</u>."
O ② "This umbrella isn't yours, is it?" "<u>No</u>(, it isn't)."

解説

この問いかけのような形を**付加疑問（文）**と言う。「〜ですよね」と相手に念を押す尋ね方。否定疑問文と同様に, その傘が自分のものなら Yes, it is., 自分のものでなければ No, it isn't. と答える。

「窓を開けてもかまいませんか」「ええ，どうぞ」

X ① "Do you mind if I open the window?" "<u>Yes, please</u>."
O ② "Do you mind if I open the window?" "<u>No, not at all</u>."

解説

mind は「気にする，いやがる」の意味。問いかけの文は「もし私が窓を開けたらあなたはいやがりますか」と尋ねているので，承諾す

るときは「いいえ, いやではありません」の意味を表す否定の形（**No, not at all., Of course not.** など）で答える。
＊実際の会話では Sure. や OK. などを使うこともある。

353　適切な返答－その他 (1)

「運転免許を持っていますか」「はい, 持っています」

X ① "Do you have a driver's license?" "Yes, I <u>have</u>."

O ② "Do you have a driver's license?" "Yes, I <u>do</u>."

解説

have（～を持っている）は他動詞だから, 後ろに目的語が必要。
Yes, I have <u>one</u>. なら正しいが, Yes, I do. の方が簡潔。

354　適切な返答－その他 (2)

「ここに座ってもいいですか」「ええ, どうぞ」

X ① "May I sit here? "Yes, <u>please</u>."

O ② "May I sit here? "Sure, <u>go ahead</u>."

解説

please は基本的に**自分の利益になる**（「そうしてくれると私はありがたい[うれしい]」という）**状況**で使う。相手の利益にしかならない状況で please を使うのは不自然。

355　適切な返答－その他 (3)

「誰が電話してきたの？」「アキラだよ」

△① "Who called?" "<u>It's Akira</u>."

O ② "Who called?" "<u>Akira did</u>."

---

356 適切な返答−その他 (4)

「その双眼鏡はどこで買ったの？」「ネットオークションだよ」

△① "Where did you buy those binoculars?" "An online auction."

○② "Where did you buy those binoculars?" "<u>At</u> an online auction."

解説

質問の where（どこで）は副詞だから，副詞句で答えるのがベター。
(I bought them) <u>at an online auction</u>. ということ。

---

357 適切な返答−その他 (5)

「その監督の映画はあまり好きじゃない」「なぜ？」

△① "I don't really like the director's movies." "<u>Why</u>?"

○② "I don't really like the director's movies." "<u>Why not</u>?"

解説

否定文に対して「なぜそうではないのですか」と尋ねるときは，**Why not?** を使うのが普通。

---

358 適切な返答−その他 (6)

「こんにちは（元気かい）」「元気だよ」

△① "How are you?" "<u>I'm fine, thank you.</u>"
〇② "How are you?" "<u>Pretty good.</u>"

解説

①は昔の教科書によく出てきた形だが, 実際にはあまり使われない。**(I'm) (pretty [really]) good., Just great.** などがよく使われる表現。そのあとに And [How about] you?（君の方はどう？）などを加えるとよい。

＊ fine（よい）は意味の広い言葉なので,「今日はいい天気ですね」も It's fine today. とは普通言わない。Nice weather [day], isn't it? などがベター。

359　疑問詞 − how の誤用 (1)

彼の意見をどう思う？

X ① <u>How</u> do you think of his opinion?
〇② <u>What</u> do you think of his opinion?

解説

What do you think of [about] ～ ? ＝～をどう思いますか。日本語は「どう」だが, how は使わない。

360　疑問詞 − how の誤用 (2)

試合はあとどのくらいで始まりますか？

X ① <u>How long</u> does the game start?
〇② <u>How soon</u> does the game start?

解説

How soon ～ ? ＝あとどのくらいで～。how long は期間の長さを尋ねるのに使う。

ネットカフェで何時間過ごしたの？

X ① **How long hours** did you spend at the internet café?

O ② **How many hours** did you spend at the internet café?

解説

> 答えの文は I spent <u>three hours</u> at the internet café. のように
> なる。下線部を尋ねる疑問詞は how many hours または how
> long。how long hours とは言わない。

その置き物の値段はいくらですか？

X ① **How much** is the price of that ornament?

O ② **What** is the price of that ornament?

解説

> 尺度などに関係する名詞は, **What is the X of ～?** という形で
> 具体的な数字を尋ねる。X に入るのは, **price**（値段）, **height**
> （高さ）, **length**（長さ）, **population**（人口）など。①は How
> much is that ornament? なら正しい。

こんな大金をどうすればいいのかわからない。

X ① I don't know <u>how</u> to do with such a large sum of money.

O ② I don't know <u>what</u> to do with such a large sum of money.

解説

what to do with ～＝～について何をすべきか，～をどう（処理）すべきか。この表現では what が do の目的語の働きをするので，how は使えない。

364　疑問詞－ how の誤用 (6)

きのうなぜ電話をくれなかったの？

X ① How come <u>didn't you</u> call me yesterday?

O② How come <u>you didn't</u> call me yesterday?

解説

How come ～ ? は「なぜ～」の意味の口語表現で，後ろは〈S + V〉の語順にする。

＊ How does it come about that ...?（…ということはどのようにして起きたのか）が元になったもの。

365　疑問詞－ what の誤用 (1)

「ごちそうさま」を英語で何と言いますか？

X ① <u>What</u> do you say "gochisousama" in English?

O② <u>How</u> do you say "gochisousama" in English?

解説

How do you say ～ ? ＝～をどう [どのような方法で] 言いますか。What do you call ～ ?（～を何と呼びますか）との混同に注意。

366　疑問詞－ what の誤用 (2)

おたくの店は何時まで営業していますか？

△① <u>Until what time</u> are you open?

151

○② **When** do you close?

解説

①でもよいが, ②の方がシンプル。**How late** are you open?（どのくらい遅く（まで）営業していますか）でもよい。
（類例）**When** [△ How long ago] did you meet him?
（どのくらい前に [いつ] 彼に会ったの？）

---

367 疑問詞 − what の誤用 (3)

あなたの会社は保険業界で何位ですか？

△① **In what position is your company** in the insurance industry?

○② **Where does your company rank** in the insurance industry?

解説

①は直訳調だが自然な英語ではない。rank は「〜の順位を占める」の意味で, My company ranks <u>second</u> in the insurance industry. のように使う。②はこの下線部を where で尋ねる形。

---

368 疑問詞 − where の誤用 (1)

弟さんはどこの高校に通っていますか。

✕ ① **Where** high school does your brother go to?

○② **Where** does your brother go to high school?

解説

①は Which high school ...? なら正しい（where は副詞だから名詞を修飾できない）。②の直訳は「弟さんは<u>どこで</u>高校に通っていますか」だが, 高校名を尋ねる場合にも使える。

152

369 疑問詞 – where の誤用 (2)

オーストラリアで最大の都市はどこですか。

✗ ① <u>Where</u> is the largest city in Australia?
〇 ② <u>What</u> is the largest city in Australia?

解説

The largest city in Australia is <u>Sydney</u>. の下線部を what で尋ねる②が正しい。①の Where is S? は「S はどこにありますか」(この文の場合は「Sydney はオーストラリアのどのあたりにありますか」)という意味だから，日本語に合わない。

370 疑問詞 – why の誤用

なぜそんなに怒っているの？

△① <u>Why are you</u> so angry?
〇② <u>What makes you</u> so angry?

解説

①は「そんなに怒らなくてもいいじゃないか」と相手を責めているような響きになる。②は「何があなたをそんなに怒らせるのか」で，こちらの方が穏やかな言い方。

371 疑問詞と前置詞 (1)

息子さんは何年生ですか？

✗ ① <u>What grade</u> is your son?
〇② <u>What grade</u> is your son <u>in</u>?

解説

My son is in <u>the third grade</u>. (息子は3年生です)のような文の下線部を what で尋ねる疑問文。<u>In</u> what grade is your son? よりも口語的(→ 373)。

372 疑問詞と前置詞 (2)

おもちゃ売り場は何階ですか?

X ① **Which** floor is the toy department?
O ② **Which** floor is the toy department **on**?

解説

The toy department is on <u>the 7th floor</u>. (おもちゃ売り場は7階にあります)のような文の下線部を which floor で尋ねる疑問文。<u>On</u> which floor is the toy department? よりも口語的(→373)。

---

373 疑問詞と前置詞 (3)

誰と一緒に映画に行ったの?

△① **With whom** did you go to the movies?
O ② **Who** did you go to the movies **with**?

解説

I went to the movies <u>with</u> X. の X を尋ねる疑問文。下線部をひとまとめの疑問詞に置き換えたものが①だが,〈前置詞+疑問詞〉の形は堅苦しく響くので,話し言葉では②のように前置詞を文末に置くのが普通。
*前置詞(with)の後ろには目的格の代名詞を置くため, ①で With <u>who</u> ...? とは言わない。また②の本来の形は Whom did you ...? だが, 話し言葉では whom を who で代用するのが普通。

---

374 疑問詞と前置詞 (4)

プラスチックごみは何曜日に出せばいいですか?

△① **Which day** should I take out plastic garbage **on**?
O ② **On which day** should I take out plastic garbage?

take out plastic garbage <u>on Wednesday</u> という形の下線部を
on which day で尋ねる形。この文では on を文末に置くと which
day とのつながりがわかりにくくなるので，文頭に出すのがベター。

375　間接疑問の誤用 (1)

彼女の誕生日がいつか知っていますか。

X ① Do you know <u>when is her birthday</u>?
O ② Do you know <u>when her birthday is</u>?

解説

疑問文を別の文のパーツとして使った形を**間接疑問**と言う。間接疑
問内では〈S + V〉の語順を使う。この例は Do you know +
[When is her birthday]? と考える。[ ] を間接疑問にすると，S
(her birthday) + V (is) の語順になる。

376　間接疑問の誤用 (2)

ウクライナの首都がどこか知っていますか。

X ① Do you know <u>what is the capital of Ukraine</u>?
O ② Do you know <u>what the capital of Ukraine is</u>?

解説

What is <u>the capital of Ukraine</u>?（ウクライナの首都はどこです
か）という文は，日本語からもわかるとおり下線部が主語。したがっ
てこれを間接疑問にすると②の語順になる。

377　間接疑問の誤用 (3)

誰が MVP を受賞すると思いますか。

X ① <u>Do you think who</u> will win the MVP award?

○ ② <u>Who do you think</u> will win the MVP award?

Do you think + [who will win the MVP award]? と考える。[ ]
内の主語は who だから，間接疑問にしても語順は変わらない。次に，
この質問の焦点は「誰が」だから，who を文頭に出す。その結果，②
の文ができる。

---

378 間接疑問の誤用 (4)　　　　　★★

あの女性は誰だと思いますか。

X ① Do you think <u>who is that woman</u>?
○ ② <u>Who</u> do you think <u>that woman is</u>?

Do you think + [Who is that woman]? と考える。[ ]内の主語
は that woman だから，間接疑問は who that woman is。ここか
ら前問と同様に who を文頭に出すと，②の文ができる。

---

379 間接疑問の誤用 (5)　　　　　★★

ラッシュ時のこの駅の人の多さが想像できますか。

X ① Can you imagine <u>how many people</u> in this
station during rush hour?
○ ② Can you imagine <u>the number of people</u> in
this station during rush hour?

①のように疑問詞 (how many) を使う場合は，その後ろに SV の形
が必要。しかし①の how many の後ろには V に当たる語がないの
で，文法的に正しくない。②の the number 以下は「ラッシュ時の
この駅の人の数」という意味の名詞句で，これが imagine の目的語
の働きをする正しい形になっている。
＊①は ... how many people <u>there are</u> in this station ... なら正しい。

380　適切な文の選択 (1)

★/💬

すみませんが，あなたはここのスタッフですか。

X ① <u>I'm sorry</u>, but are you a staff member here?

O ② <u>Excuse me</u>, but are you a staff member here?

解説

日本語の「**すみません**」の英訳は，主に **I'm sorry.**（相手に謝る場合），**Excuse me.**（相手に声をかけて注意をひく場合），**Thank you.**（相手に感謝する場合）の３つを使い分ける必要がある。ここでは②が適切。

＊たとえば混雑した場所で「すみませんが（私たちを）ちょっと通してください」と言うときは，**Excuse us.** を使う。

381　適切な文の選択 (2)

★★/💬

これをください［これにします］。《店の客の言葉》

X ① Give me this.

O ② I'll have this.

解説

Give me 〜 . という表現はストレートすぎるので避ける方がよい（「無料で〜をください」のようにも響く）。②は I'll take this. でもよい。

＊「〜がほしいのですが」と店員に尋ねるときは，I'd like (to get) 〜 と言う。

382　適切な文の選択 (3)

★★★/💬

チェックインをお願いします。《ホテルの宿泊客の言葉》

X ① Check-in, please.

O ② I'd like to check-in.

②は「チェックインしたい（のですが）」の意味。①は「チェックイン（の手続き）をお願いします」の意味で，ホテルの受付係が客に対して使う。

---

383 適切な文の選択 (4)

★★/💬

まさか（うそでしょう？）。

X ① Don't tell a lie.
O ② You must be joking.

解説

lie（うそ）や liar（うそつき）は日本語の「うそ」よりも相手を非難する響きが強い語。①や You're telling a lie., You're a liar. などを会話で使わないこと。② は You're joking., You must be kidding, No kidding. などとも言う。

---

384 適切な文の選択 (5)

★/💬

はじめまして。

△① How do you do?
O ② Nice to meet you.

解説

①は堅苦しく響くので避ける方がよい。初対面のあいさつの表現は，(It's) nice to meet you. や (I'm) glad to meet you. などが一般的。

---

385 適切な文の選択 (6)

★★★/💬

このネコはなんてかわいいんだろう。

△① How cute this cat is!

○② This cat is really cute!

解説

②が無難な表現。①のような**感嘆文**は，芝居がかった大げさな表現にも聞こえるのでむやみに使わない方がよい。なお，「とても」は very でもよいが，会話では really をよく使う。

386　適切な文の選択 (7)　★★★

私がこの店を開いたのは 2005 年でした。
△① It was in 2005 that I opened this shop.
○② I opened this shop in 2005.

解説

①は**強調構文**。**It is X that ...**（…のは X だ）という形で，X を強調する。会話や作文ではこの形は使わず，②のように言うのがベター。
＊強調構文では X が新情報，that の後ろは旧情報。つまり①は，「私がこの店を開いた」ことを相手が既に知っている状況で，「いつ店を開いたのかと言えば，（ほかの年ではなく）2005 年だ」という意味を表す。一方②は，「私は 2005 年にこの店を開いた」の意味でも使えるし，（文末の in 2005 を情報の焦点として）「私がこの店を開いたのは 2005 年だ」の意味でも使える。

第4章

不定詞・分詞・動名詞・
関係詞

387　名詞的用法の不定詞 (1)

私は常に安全運転を心がけている。

X ① I always try <u>to safety drive</u>.
O ② I always try <u>to drive safely</u>.

解説

不定詞の基本形は〈**to ＋動詞の原形**〉(to do)。①の safety（安全）は名詞だから誤り。②は try（～を試みる）＋ <u>to drive</u> safely（安全に<u>運転すること</u>）。to drive は名詞的用法の不定詞。

388　名詞的用法の不定詞 (2)

この仕事を 1 週間で終えることは不可能だ。

△ ① <u>To finish this work in a week</u> is impossible.
O ② It is impossible <u>to finish this work in a week</u>.

解説

It is 形容詞 to do. ＝～することは…だ。it は後ろの不定詞を指す**形式主語**で,「それ」とは訳さない。②は①をもとにして作った形。英語では長い主語は避けられるので, ②の方が適切。①はほとんど使われない。

389　形容詞的用法の不定詞 (1)

中古のバイクを売っている店を探しています。

X ① I'm looking for a shop <u>to sell</u> used motorcycles.
O ② I'm looking for a shop <u>that sells</u> used motorcycles.

解説

〈X [名詞・代名詞] ＋ to do〉で「～するための X」などの意味を表

すことができる。この不定詞は前の名詞を修飾する形容詞的用法。一般に不定詞は「**これから行う[まだ行っていない]こと**」を表す。この例の場合,「現時点でバイクを売っている店」という意味だから, 不定詞ではなく関係詞(that [which])を使う。

*②の下線部は文法的には selling も可能だが,「中古のバイクを売りながら」という意味(分詞構文)にも感じられるので, この文では that sells がベター。

390 形容詞的用法の不定詞 (2)　★

私は勉強するための部屋がほしい。

X ① I want a room to study.
O ② I want a room to study <u>in</u>.

解説

study <u>in</u> a room (部屋(の中)で勉強する) → a room to study <u>in</u> ((その中で)勉強するための部屋)と考える。study には「〜を学ぶ, 研究する」という他動詞の用法もあるので, ①だと「研究の対象となる部屋がほしい」と言っているように響く。

391 形容詞的用法の不定詞 (3)　★★★

太いロープを切るためのナイフがほしい。

△① I want a knife <u>to cut</u> thick ropes <u>with</u>.
O② I want a knife <u>to cut</u> thick ropes.

解説

cut thick ropes <u>with</u> a knife (ナイフを使って太いロープを切る)がもとになった表現だから, 文法的には①が正しい。しかし 390 とは違って, この文では with がなくても意味を誤解されるおそれはない。このような場合は, 文末の前置詞を省く方が普通。

392 形容詞的用法の不定詞 (4)　★★★

その人々には住む家がない。
△① The people have no house <u>to live in</u>.
○② The people are homeless.

①は正しい文だが, 家は住むためのものに決まっているから to live in が不要に感じられる。
＊別の言い方をすると, ①は「住むための家」を他の目的で使う家 (たとえば売るための家) と区別するような状況で使う。

---

393 副詞的用法の不定詞－目的 (1) ★★★/

小説を何冊か借りるために図書館へ行った。

△① I went to the library <u>in order to borrow</u> some novels.

○② I went to the library <u>to borrow</u> some novels.

不定詞にはいろんな意味があるので,「〜するために」(目的) の意味を明確にしたいときは **in order to do** を使う。しかし「本を借りるために図書館へ行く」のは当たり前のことだから, わざわざ in order to do を使うのは大げさすぎて不自然。

---

394 副詞的用法の不定詞－目的 (2) ★★★/

忘れないように番号をメモしておきなさい。

X ① Write down the number <u>not to forget it</u>.

○② Write down the number <u>so (that) you won't forget it</u>.

「〜しないために」の意味で not to do の形を使うのは原則として誤り。
②の so that S won't [will not] 〜 は「S が〜しないように」の意味。
＊ Be careful not to fall. (転ばないように気をつけなさい) などは可。

395　副詞的用法の不定詞－感情の原因　★★/✎💬

彼女はその知らせを聞いて泣き出した。

X ① She began to cry <u>to hear</u> the news.
O ② She began to cry <u>when she heard</u> the news.

> **解説**
>
> **感情の原因**を表す不定詞（「～して」）は，**感情を表す形容詞**とセットで使う（例：I was **sad to hear** the news. ＝私はその知らせを聞いて悲しかった）。cry は形容詞ではないから①は誤り。「その知らせを聞いたとき」と表現する。

396　副詞的用法の不定詞－程度 (1)　★/✎💬

祖父は今でもゴルフができるくらい元気です。

X ① My grandfather is still <u>enough active</u> to play golf.
O ② My grandfather is still <u>active enough</u> to play golf.

> **解説**
>
> **enough ＋形容詞・副詞＋ to do ＝～できるほど（十分）…。**
> enough は形容詞・副詞の後ろに置くのが正しい。
> ＊ enough が名詞を修飾するときは，**enough money** to buy ～ (～を買えるだけのお金) のように名詞の前に置くことが多い。

397　副詞的用法の不定詞－程度 (2)　★★★/✎💬

彼は猛勉強したのでその試験に合格した。

△① He studied hard enough to pass the exam.
O② He studied so hard that he passed the exam.

②は「彼はとても熱心に勉強したのでその試験に合格した」の意味だが，①は「彼はその試験に合格できる程度の熱心さで勉強した」ということだから，「大して勉強しなかったが合格した」と言っているようにも響く。

---

398 副詞的用法の不定詞－程度 (3)

★★★/🖊💬

息子は運転免許が取れる年齢です。

X ① My son is <u>so old that he can get</u> a driver's license.

O ② My son is <u>old enough to get</u> a driver's license.

397 とは逆に，①は「息子はとても<u>年寄り</u>なので運転免許が取れる」という不自然な意味になる。②の old は「～の年齢だ」の意味。

---

399 副詞的用法の不定詞－程度 (4)

★★★/🖊💬

この部屋はとても広いので，私たちはパーティーができる。

△① This room <u>is so large that we can have</u> a party.

O② This room is <u>large enough for us to have</u> a party.

②は「この部屋は私たちがパーティーを開けるくらいの（十分な）広さがある」という意味。①は「この部屋はとても広い。(その気になれば) パーティーが開けるくらいだ」と言っているようにも響く (ただしその意味では could を使うのが普通)。

---

400 副詞的用法の不定詞－程度 (5)

★★/🖊💬

このパズルは難しすぎて解けない。

X ① This puzzle is too difficult to <u>solve it</u>.
O ② This puzzle is too difficult to <u>solve</u>.

解説

> S is too 〜 to do. が「S は〜するには…すぎる」という意味を表す
> 場合，S は文末の他動詞（や前置詞）の目的語を兼ねる。この文の場
> 合，文末の it（this puzzle を指す代名詞）は不要。
> ＊実際には①のような形が使われることもあるが，避けた方がよい。

---

401 副詞的用法の不定詞ー程度 (6)

このスカートはきつすぎて私にははけません。

△① This skirt is too tight for me <u>to wear</u>.
O ② This skirt is too tight for me.

解説

> スカートははくものに決まっているから，①の to wear は不要。
> （類例）This coffee is <u>too hot</u> [△ to drink].
> 　　　（このコーヒーは熱すぎて飲めない）
> （類例）I want to live in the country after I <u>retire</u> [× from work].
> 　　　（仕事を退職したら田舎に住みたい）

---

402 tough 構文 (1)

この予定を変更するのは難しい。

X ① This schedule is difficult <u>to change it</u>.
O ② This schedule is difficult <u>to change</u>.

解説

> ②は，It is difficult to chage <u>this schedule</u>.（この予定を変更す
> ることは難しい）の文末の目的語を，it（形式主語）の位置へ移動し
> て置き換えた形。**easy, difficult [hard, tough], impossible** な
> どの形容詞はこのような言い換えが可能で，②のような形は **tough
> 構文**と呼ばれる。

403 tough 構文 (2)

私のオフィスは気持ちよく仕事ができる。

X ① My office is comfortable <u>to work</u>.
O ② My office is comfortable <u>to work in</u>.

> 解説
>
> ②は tough 構文で，It is comfortable to work in <u>my office</u>.（私の
> オフィスで仕事をするのは心地よい）の下線部を文頭へ移動した形。

404 tough 構文 (3)

この計画は再検討する必要がある。

X ① This plan is necessary to reconsider.
O ② It is necessary to reconsider this plan.

> 解説
>
> necessary は tough 構文では使わない形容詞。②を①のように言
> い換えることはできない。

405 tough 構文 (4)

私は船酔いしやすい。

X ① I am easy to get seasick.
O ② I get seasick easily.

> 解説
>
> たとえば <u>This app</u> is easy to use.（このアプリは使いやすい← It
> is easy to use <u>this app</u>.）は可能。しかし①は It で始まる文で言い
> 換えられないので誤り。②は「私は簡単に船酔いする」の意味。
> ＊ tough 構文で使う形容詞は，原則として人間を主語にした文を作れな
> 　い。ただし，He is easy to please.（彼を喜ばせるのは簡単だ← It is
> 　easy to please him.）のように形式主語を使って言い換えられる場合

は人間を主語にできる。

406 不定詞の意味上の主語 (1)

そんなことで怒るなんて，彼は子どもみたいだ。

△① It's childish <u>for</u> him to get angry at something like that.
○② It's childish <u>of</u> him to get angry at something like that.

解説

It is ＋人の性格を表す形容詞＋ of X to do. ＝〜するとは X は…な人だ。この形で使う形容詞は，childish（子どもっぽい）のほか，clever [smart]（利口な），foolish [stupid]（愚かな），kind [nice]（親切な），polite（礼儀正しい），wise（賢明な）など。

＊②は「彼の性格は子どもっぽい」の意味だが，「彼の（１つの）行為が子どもっぽい」という意味で①を使うこともある。なお，childish は「（悪い意味で）子どもっぽい，幼稚な」，childlike は「（よい意味で）子どもらしい，純真な」の意味。

407 不定詞の意味上の主語 (2)

この本は小学生が読むには難しすぎる。

X ① This book is too difficult to read <u>for elementary school children</u>.
○② This book is too difficult <u>for elementary school children</u> to read.

解説

S is too 〜 for X to do. ＝ S は X が [X にとって] …するには〜すぎる。for X は不定詞が表す行為の主体で，「**不定詞の意味上の主語**」と言う。for X は不定詞の前に置くのが正しい。

めいに何か遊ぶ道具を買ってやるつもりです。

✗① I'm going to buy something to play with <u>for my niece</u>.

○② I'm going to buy something <u>for my niece</u> to play with.

解説

buy O <u>for X</u>（X に O を買ってやる）と something <u>for X</u> to do（X が〜するためのもの）のどちらの形を優先するか？という問題。後者を優先して②の形にするのが正しい。something for my niece to play with は「私のめいが遊ぶためのもの」。

そのスーツを着ると君はかっこよく見えるよ。

✗① That suit makes you <u>to look</u> cool.

○② That suit makes you <u>look</u> cool.

解説

make ＋ O ＋動詞の原形 [原形不定詞] ＝ O に〜させる。「そのスーツは [あなたがかっこよく見える] 状態を作る」ということ。この形では to は使わない。

この計画の詳細を説明させてください。

✗① <u>Make</u> me explain the details of this plan.

○② <u>Let</u> me explain the details of this plan.

解説

let ＋ O ＋動詞の原形＝ O が〜するのを許す。 make と let はどち

らも「〜させる」という意味を表す（使役）動詞だが，**make は「強制」，let は「許可」**のニュアンスを持つ。「私に〜させてください」は **Let me 〜.** で表す。

---

411   使役動詞 (3)

上司にレポートをチェックしてもらった。

X ① I had my boss <u>check</u> my report.
O ② I got my boss <u>to check</u> my report.

解説

have ＋ O ＋動詞の原形＝ O に（命じて）〜させる。この表現は，O が指示すれば必ずやってくれる人（部下や係員）の場合に使う。何らかの形で自分の努力を伴うときは，**get O to do**（O に〜してもらう）の形を使う。
＊アメリカ英語では①を使うこともあるが，避けた方が無難。なお，②の got を asked にした場合は「上司にレポートのチェックを頼んだ」という意味になり，上司が実際にチェックしたかどうかはわからない。

---

412   さまざまな形の不定詞 (1)

あの車庫は修理する必要がある。

X ① That garage needs <u>to repair</u>.
O ② That garage needs <u>to be repaired</u>.

解説

need to be ＋過去分詞＝〜される必要がある。This garage needs repairing [repair(s)]. とも言う。「車庫が修理する」わけではないから①は誤り。

---

413   さまざまな形の不定詞 (2)

（ホテルの部屋の）カードキーをなくしたらしい。

X ① I <u>seem to lose</u> my key card.
O ② I <u>seem to have lost</u> my key card.

解説

seem to do ＝～のように思われる，～らしい。この文の場合，「思われる」のは今のこと，「なくした」のは過去のこと。このように不定詞が「**(基準になる時点から見て) 過去のこと**」を表すときは，〈**to have ＋過去分詞**〉**(完了 (形) 不定詞)** を使う。
＊「カードキー」は，a card key でなく a key card と言うのが普通。

---

414 さまざまな形の不定詞 (3) ★★／

私はそのクラブには入らないことに決めた。

△① I've decided <u>to not join</u> the club.
O② I've decided <u>not to join</u> the club.

解説

not と不定詞を組み合わせる場合，**not は to の前に置く**のが基本。decide <u>not to do</u> で「～しないことを決める」という意味になる。
＊実際には①もしばしば使われる。

---

415 さまざまな形の不定詞 (4) ★★／

「忘年会に来られる？」「行きたいけれど，とても忙しいんだ」

X ① "Can you come to the year-end party?" "I'd love <u>to do</u>, but I'm so busy."

O② "Can you come to the year-end party?" "I'd love <u>to</u>, but I'm so busy."

解説

do (～をする) は他動詞だから，①は I'd love to do so, but ... なら正しい。しかし I'd love to <u>come to the year-end party</u> の下線部を省略して，**to だけを残した形 (代不定詞)** を使うのが普通。

416　ING 形（動名詞）の基本 (1)

予約をキャンセルするのはどう？

X ① How about <u>cancel</u> the reservation?

O② How about <u>canceling</u> the reservation?

解説

〈動詞＋ ing〉[ING 形] で「～すること」という意味を表すことができる。これを動名詞と言う。How about ～? (～ (をして) はどうですか) の about は前置詞。**前置詞の後ろに動詞を置くときは動名詞を使う。**

＊くだけた表現では How about (if) we cancel the reservation? と言うこともある。

417　ING 形（動名詞）の基本 (2)

野菜をたくさん食べるのは健康によい。

X ① Eating a lot of vegetables <u>are</u> good for your health.

O② Eating a lot of vegetables <u>is</u> good for your health.

解説

動名詞で始まる句（「～すること」）が主語の場合は，**単数扱い**する。直前の語は vegetables だが，are を使うのは間違い。

418　ING 形（動名詞）の基本 (3)

野菜を食べないのは体に悪い。

X ① <u>Not eat</u> vegetables is bad for your health.

O② <u>Not eating</u> vegetables is bad for your health.

「〜しないこと」は〈not ＋動名詞〉で表す。

---

419 NG形（動名詞）の基本 (4) ★

私は人前で話すのに慣れていません。

X ① I'm not used to <u>speak</u> in public.

O ② I'm not used to <u>speaking</u> in public.

be used to 〜（〜に慣れている）の **to は前置詞**だから, 後ろは動名詞を使って speaking in public（人前で話すこと）とする（→ 416）。助動詞の used to（〜するのが常だった）と混同しないこと。
（類例）I'm **looking forward to hearing**[× hear] from you.
（あなたからのお便りを楽しみにしています）

---

420 不定詞と ING 形の選択−本質的な意味の違い (1) ★★

その２つの島を結ぶ橋が完成した。

X ① The bridge <u>to connect</u> the two islands has been competed.

O ② The bridge <u>connecting</u> the two islands has been competed.

不定詞は「**これから行う[まだ行っていない]こと**」を表すのが基本（→ 389）。この文の場合, 橋は既に完成しているから, 不定詞ではなく **ING 形[現在分詞]**を使うのが正しい。connecting は that [which] connects で言い換えられる。

---

421 不定詞と ING 形の選択−本質的な意味の違い (2) ★★

私たちが最初にする必要のあることは, 出発日を決めることだ。

X ① What we need to do first is <u>fixing</u> our departure date.

O ② What we need to do first is <u>(to) fix</u> our departure date.

解説

「出発日を決める」のはこれから行うことだから, 不定詞を使うのが正しい。**ING 形 [動名詞]** は, 現在の [**一般的な**] ことや過去のことを表すのに使う。

---

422 不定詞と ING 形の選択－本質的な意味の違い (3) ★/

ネットで動画を見るのは楽しい。

△ ① <u>To watch</u> videos on the internet is fun.

O ② <u>Watching</u> videos on the internet is fun.

解説

不定詞も動名詞も「〜すること」の意味を表すが, ネットで動画を見ることは**一般的な行為**だから, **動名詞**を使うのが普通。

---

423 不定詞と ING 形の選択－本質的な意味の違い (4) ★★/

私の趣味は史跡を訪ねることです。

△ ① My hobby is <u>to visit</u> historic sites.

O ② My hobby is <u>visiting</u> historic sites.

解説

422 と同様に, 史跡の探訪は**一般的な行為**だから**動名詞**を使うのが普通。
* historic は「歴史上重要な, 由緒ある」, historical は「歴史に関する」の意味。

424　不定詞と ING 形の選択－本質的な意味の違い (5) ★★

私の目標はペットショップを経営することです。

△① My goal is <u>running</u> a pet shop.
○② My goal is <u>to run</u> a pet shop.

> **解説**
>
> ペットショップの経営は**これから行う具体的な行為**だから，**不定詞**を使うのが普通。

425　不定詞と ING 形の選択－本質的な意味の違い (6) ★★★

「スノーボードをするのはこれが初めて？」「うん，すごく難しいね」

△① "Is this your first time <u>to snowboard</u>?" "Yes.
　　It's really hard, isn't it?"
○② "Is this your first time <u>snowboarding</u>?" "Yes.
　　It's really hard, isn't it?"

> **解説**
>
> ①は「これからスノーボードをする」という状況なら使える。現にスノーボードをしている状況なら②を使うのが自然。

426　不定詞と ING 形の選択－動詞との結びつき (1) ★

彼の愉快なスピーチに笑いが止まらなかった。

✕① I couldn't stop <u>to laugh</u> at his funny speech.
○② I couldn't stop <u>laughing</u> at his funny speech.

> **解説**
>
> 「**～することを V する**」という意味を表す動詞は，〈V ＋不定詞〉または〈V ＋動名詞〉の形で使う。stop（やめる）の場合は，後ろに**動名詞**を置く形だけが正しい。
> ＊ like（好む），start（始める）などは，後ろに不定詞も動名詞も置ける。

427 不定詞と ING 形の選択－動詞との結びつき (2) ★

エアコンのスイッチを切り忘れた。

X ① I forgot <u>turning</u> off the air-conditioner.
O ② I forgot <u>to turn</u> off the air-conditioner.

解説

〈forget ＋動名詞〉は「～したことを忘れる」の意味で，I'll never forget ～ ing.（私は～したことを決して忘れない）の形で使うことが多い。〈forget ＋不定詞〉は「(これから) ～することを忘れる，～し忘れる」の意味。この例では②が適切。

428 不定詞と ING 形の選択－動詞との結びつき (3) ★

この小説は前に読んだ覚えがある。

X ① I remember <u>to read</u> this novel before.
O ② I remember <u>reading</u> this novel before.

解説

既に終わったことには動名詞を使うのが基本なので，「～したことを覚えている」は〈remember ＋動名詞〉で表す。

429 不定詞と ING 形の選択－動詞との結びつき (4) ★★★

今晩君に電話するのを覚えている［忘れていない］よ。

X ① I <u>remember to call</u> you this evening.
O ② I <u>haven't forgotten to call</u> you this evening.

解説

②は I'll call you for sure this evening. でもよい（for sure ＝確実に）。「(これから) ～することを覚えておく」の意味の remember は，命令文で使うことが多い（例：**Remember to call** me. ＝私に忘れず電話して）。

＊不定詞を後ろに置く remember は（命令文にできるから）動作動詞である。①の remember（動作動詞の現在形）は習慣的行為（「いつも覚えるようにしている」）を表すので，this evening と意味的に整合しない。

---

430 不定詞と ING 形の選択－動詞との結びつき (5) ★★★

外は雪が降ってきたようだ。

X ① It seems to be beginning <u>snowing</u> outside.

O ② It seems to beginning <u>to snow</u> outside.

> 解説
>
> begin（〜し始める）の後ろには不定詞も動名詞も置けるが，①は ING 形が続くので不自然。

---

431 不定詞と ING 形の選択－慣用表現 (1) ★

彼とは何を議論しようとしてもむだだ。

X ① It's no use <u>to try</u> to discuss anything with him.

O ② It's no use <u>trying</u> to discuss anything with him.

> 解説
>
> It is no use 〜 ing. ＝〜してもむだだ

---

432 不定詞と ING 形の選択－慣用表現 (2) ★

今日は仕事をしたくない気分だ。

X ① I don't feel like <u>to work</u> today.

O ② I don't feel like <u>working</u> today.

> 解説
>
> feel like 〜 ing ＝〜したい気分だ。この例のように，否定文で使うことも多い。

433 不定詞と ING 形の選択ー慣用表現 (3)

日曜日はたいてい海で釣りをして過ごします。

X ① I usually spend Sundays <u>to fish</u> in the sea.

O ② I usually spend Sundays <u>fishing</u> in the sea.

> 解説
>
> **spend O 〜 ing ＝〜して O [時] を過ごす**
> ＊こうした慣用表現の ING 形が動名詞か現在分詞かは, 特に考えなくてよい。

434 不定詞と ING 形の選択ー慣用表現 (4)

私たちはフードフェスティバルの準備で忙しい。

X ① We are busy <u>to prepare</u> for the food festival.

O ② We are busy <u>preparing</u> for the food festival.

> 解説
>
> **be busy 〜 ing ＝〜するのに忙しい**

435 不定詞と ING 形の選択ー慣用表現 (5)

私たちはそのレストランを見つけるのに苦労した。

X ① We had trouble <u>to find</u> the restaurant.

O ② We had trouble <u>finding</u> the restaurant.

> 解説
>
> **have trouble [difficulty] 〜 ing ＝〜するのに苦労する**

436 不定詞と ING 形の選択ー慣用表現 (6)

私たちは美しい湖の湖畔でキャンプを満喫した。

X ① We had a great time <u>to camp</u> by the shore of a beautiful lake.

O ② We had a great time <u>camping</u> by the shore of a beautiful lake.

解説

have a ... time ～ing ＝～して…な時を過ごす。time の前には good, great, wonderful, bad, terrible などの形容詞を置く。
＊ shore は「水辺, 岸辺」, coast は（大洋に面した）海岸［沿岸］地方, beach は海や湖に接した砂浜のこと。

---

437 不定詞と ING 形の選択－慣用表現 (7)

私の家族は交代で夕食を作ります。

X ① My family members take turns <u>to make</u> dinner.

O ② My family members take turns <u>making</u> dinner.

解説

take turns (in) ～ing ＝交代で～する

---

438 不定詞と ING 形の選択－慣用表現 (8)

お会いできてうれしかったです。《初対面の相手と別れるときのあいさつ》

△ ① It was nice <u>to meet</u> you.

O ② It was [It's been] nice <u>meeting</u> you.

解説

It was は省略してもよい。**初対面の相手へのあいさつ**は (It's) nice to meet you.（はじめまして）と言うが, **別れる**ときは②のように **動名詞**を使うことが多い。なお, 2 回目以降に会ったときの別れの あいさつは, (It was) nice seeing you. となる (→ 048)。

439 不定詞と〈前置詞 + ING 形〉の選択 (1)

私は小説を書いて生計を立てたい。

X ① I want to make a living <u>to write</u> novels.
O ② I want to make a living <u>by writing</u> novels.

解説

> 中学・高校生の作文に①のような誤りがよく見られる。副詞的用法の不定詞には「目的」「感情の原因」などいくつかの用法があり，どの用法にも当てはまらない場合には別の表現を使う必要がある。この例では「小説を書くことによって」と考えて，**by ~ ing**（~することによって）の形を使う。

440 不定詞と〈前置詞 + ING 形〉の選択 (2)

私は 5 キロの減量に成功した。

X ① I've succeeded <u>to lose</u> 5 kilograms.
O ② I've succeeded <u>in losing</u> 5 kilograms.

解説

> **succeed in ~ ing ＝~することに成功する**

441 不定詞と〈前置詞 + ING 形〉の選択 (3)

夕食に招待してくれてありがとう。

X ① Thank you <u>to invite</u> me to dinner.
O ② Thank you <u>for inviting</u> me to dinner.

解説

> **Thank you for ~ ing. ＝~してくれてありがとう。** Thank you for your help.（手伝ってくれてありがとう）のように，for の後ろには名詞も置く。

感染が拡大するのを止めることが最も大切だ。

X ① The most important thing is to stop the infection <u>to spread</u>.

O ② The most important thing is to stop the infection <u>from spreading</u>.

解説

stop [keep] O from 〜 ing ＝ O が〜するのを止める [防ぐ]

あなたのメールにもっと早く返事を出さなくてごめんなさい。

X ① I'm sorry <u>not to answer</u> your e-mail earlier.

O ② I'm sorry <u>for not answering</u> your e-mail earlier.

解説

I'm sorry の後ろには不定詞も動名詞も置けるが，**既に終わったことを詫びるときは for 〜 ing を使う**。「〜しない[しなかった]こと」は not 〜 ing で表す。
＊返事を出さなかったのは（現時点から見て）過去のことだから，②の下線部は理屈の上では for not having answered となるが，for not answering で代用している。

わが社が受注する見込みはほとんどない。

X ① There is little hope <u>for our company to get the order</u>.

O ② There is little hope <u>of our company getting the order</u>.

動詞の hope（望む）の後ろには不定詞を置くが，名詞の hope（見込み，可能性）は〈hope + of +（動）名詞〉で「〜（する）という可能性」の意味を表す。

445　不定詞と〈前置詞 + ING 形〉の選択 (7)　★★★

この布はパソコンの画面をふくのに役立ちます。

X ① This cloth is useful <u>to wipe</u> computer screens.

O ② This cloth is useful <u>for wiping</u> computer screens.

be useful for 〜 ing ＝〜するのに役立つ。この意味で不定詞を使うのは誤り。

446　不定詞と〈前置詞 + ING 形〉の選択 (8)　★★★

私は子どもの世話をする（今の）仕事が好きです。

X ① I like my job <u>to take</u> care of children.

O ② I like my job <u>of taking</u> care of children.

現に子どもの世話をしているのだから，（未来志向の）不定詞は使わない。a job of 〜 ing は「〜するという仕事」の意味。

447　不定詞と〈前置詞 + ING 形〉の選択 (9)　★★★

このアナウンサーの話し方をどう思う？

X ① What do you think of this announcer's way <u>to speak</u>?

O ② What do you think of this announcer's way

<u>of speaking</u>?

446 と同様。**a way to do** は「(これから)〜するための方法」で,不定詞はまだ行っていないことを表す。**a way of 〜ing** は「〜する(ことの)方法,〜のしかた」で,動名詞は一般的な行為を表す(→ 421)。

448　不定詞と〈前置詞＋ING 形〉の選択 (10)　★★★

彼女には花屋を経営するという夢がある。

△① She has a dream <u>to run</u> a flower shop.
○② She has a dream <u>of running</u> a flower shop.

one's dream of 〜ing ＝**〜するという夢**。この形では不定詞は普通使わない。

449　ING 形と名詞の選択 (1)　★★

私はスキーがあまり得意ではありません。

✗① I'm not very good at <u>ski</u>.
○② I'm not very good at <u>skiing</u>.

be good at(〜が得意だ)＋ skiing(スキーをすること)。skiing は ski(スキーをする)の動名詞。名詞の ski はスキーの板のこと。

450　ING 形と名詞の選択 (2)　★★★

私の趣味は旅行です。

✗① My hobby is <u>travel</u>.

○② My hobby is <u>traveling</u>.

解説

travel は基本的に動詞として使うので，「私の趣味は旅行をすることです」と表現するのが正しい。

451 　ING 形と名詞の選択 (3)

卒業したらアメリカへ行きたい。

△① I want to go to the U.S. after <u>graduating</u>.
○② I want to go to the U.S. after <u>graduation</u>.

解説

graduating は「卒業すること」，graduation は「卒業」（抽象名詞）。このように動名詞と抽象名詞の両方を使えるときは，抽象名詞を優先して使うのが基本。

452 　動名詞の意味上の主語 (1)

私は姉とその男性との結婚には反対です。

✗① I'm against my sister <u>marries</u> that man.
○② I'm against my sister <u>marrying</u> that man.

解説

against（前置詞）の後ろに SV の形は置けないから，①は誤り。②は〈X ＋動名詞〉で「X が～すること」の意味を表す。この X を動名詞の意味上の主語と言う。

453 　動名詞の意味上の主語 (2)

他人が私を批判するのは気にしません。

✗① I don't mind other people <u>to criticize</u> me.

〇② I don't mind other people <u>criticizing</u> me.

> **解説**
>
> ②の <u>other people</u> criticizing me は「他人が私を批判すること」の意味（下線部は動名詞の意味上の主語）。mind O to do という形はないので①は誤り。

454　動名詞の意味上の主語 (3)

私は上司がカラオケを歌うところが想像できない。

✕ ① I can't imagine my boss <u>to sing</u> karaoke.
〇② I can't imagine my boss <u>singing</u> karaoke.

> **解説**
>
> 453 と同様に，my boss は動名詞の意味上の主語。imagine O to do という形はないので①は誤り。

455　動名詞の意味上の主語 (4)

男の子が髪を染めるのは好きじゃない。

✕ ① I don't like boys <u>to dye</u> their hair.
〇② I don't like boys <u>dyeing</u> their hair.

> **解説**
>
> ②は like の後ろに〈意味上の主語 (boys) ＋動名詞 (dyeing)〉を置いた形。「O が〜するのを好む」の意味で like O to do を使うのは誤り。would like O to do（O に〜してもらいたい）と混同しないように。
>
> ＊②は I **dislike boys dyeing**[✕ to dye] their hair. とも言える。

456　動名詞の意味上の主語 (5)

私たちは次のバスが来るのを待っているところです。

X ① We are waiting for the next bus <u>coming</u>.
O ② We are waiting for the next bus <u>to come</u>.

解説

wait for X to do = X が～するのを待つ。①は for の後ろに〈意味上の主語＋動名詞〉を置いた正しい形にも見えるが, ②の形が優先される。

---

457 「～せざるを得ない」 ★★★/✎💬

私たちはその計画を断念せざるを得ない。

X ① We <u>cannot help giving up</u> the plan.
O ② We <u>have to give up</u> the plan.

解説

cannot help ～ing = (思わず)～しないではいられない (help = avoid (避ける))。この表現は, 自分の意志で選択できることには使えない。have to (～しなければならない) を使った②が適切。
＊ We <u>have no choice but to</u> give up the plan. でもよい (下線部は「～すること以外に選択肢を持たない→～せざるを得ない」の意味)。

---

458 「～することにしている」 ★★★/✎💬

私は日曜日には家族のために夕食を作ることにしている。

△① I <u>make it a rule to make</u> dinner for my family on Sundays.
O ② I <u>(usually) make</u> dinner for my family on Sundays.

解説

make it a rule to do は「～することにしている」の意味 (it は後ろの不定詞を指す形式目的語) だが, 堅苦しく響くので日常的には使わない。②は「習慣的に [たいてい] 作る」の意味。

459 「自分で〜した◯◯」

自分で作った動画を動画サイトに投稿する人が増えている。

△① More people are posting videos <u>of their own making</u> on video sites.

◯② More people are posting <u>their</u> (own) videos on video sites.

> **解説**
>
> **X of one's own 〜 ing**（自分で〜した X）は，具体的な物にはあまり使わない。videos (that) they make とも言えるが，their (own) videos で十分通じる。
>
> cf. That's a problem **of your own making**.
> 　（それは君が自分で起こした問題だ）

---

460 名詞を修飾する分詞 (1)

私は缶コーヒーは飲みません。

X ① I don't drink <u>can</u> coffee.

◯② I don't drink <u>canned</u> coffee.

> **解説**
>
> can（〜を缶詰にする）という動詞を過去分詞にして，**canned** coffee（缶詰にされたコーヒー）と表現する。
>
> （類例）a **boiled** egg（ゆで（られた）卵），**fried** chicken（フライドチキン［揚げられた鶏肉］）

---

461 名詞を修飾する分詞 (2)

招待された人のうち何人かはレセプションに来なかった。

X ① Some of the <u>invited</u> people didn't come to the party.

○② Some of the people <u>(who were) invited</u> didn't come to the party.

解説

名詞を修飾する分詞は, 形容詞の一種と考えることができる。一般に**形容詞は, 名詞の本来の性質を表すときは前に置き, 名詞の一時的な状態を表すときは後ろに置く。**したがって①の invited people は「招待されるのが仕事の人々」のような不自然な響きになる。②は「(一時的に) 招待されている人々」の意味を表す。

＊②では who were を入れる方が口語的。これを省いた形 (people invited) では, 1語の分詞が名詞の後ろに置かれることになる。

462　名詞を修飾する分詞 (3)

 ★★★

私は踊っているその女性の写真を撮った。

X ① I took a picture of <u>the dancing woman</u>.

○② I took a picture of <u>the woman (who was) dancing</u>.

解説

①の dancing woman は「ダンサーの女性」と解釈される。〈**ING 形＋ X**〉(〜している X) の形は, **X が人のときは使わない方がよい。**②の who was は省くこともできるが, 入れる方が普通。

＊X が人以外なら問題ない (例：increasing sales ＝増えつつある売り上げ) が, X が人の場合は少数の例 (例：a crying baby ＝泣いている赤ちゃん) でしかこの形は使えない。

463　名詞を修飾する分詞 (4)

 ★★

ベンチに座っているあの男性は誰ですか。

X ① Who is <u>that sitting man on the bench</u>?

○② Who is <u>that man sitting on the bench</u>?

②は that man + [(who is) <u>sitting</u> on the bench] の意味。この形から，sitting だけを名詞の前に移動することはできない。

464　名詞を修飾する分詞 (5)

★★★／

これは先週盗まれた私の自転車です。

△① This is my bicycle <u>stolen last week</u>.
○② This is my bicycle. <u>It was stolen</u> last week.

①は下線部が前の bicycle を限定するが，my bicycle が 1 台だけならそれ以上限定できない。実際には①を使うこともあるが，②のように 2 文に分ける方が無難。
＊①は文法的には This is my bicycle, **which was** stolen last week. とすべき。

465　名詞を修飾する分詞 (6)

★★★／

私には喫茶店を経営するおばがいます。

△① I have an aunt <u>running</u> a café.
○② I have an aunt <u>who runs</u> a café.

①の running と②の who runs は，この部分だけを見れば交換可能。しかし have O ～ing は「O に（一定期間）～させる」の意味で使うので，①は「私はおばに喫茶店を経営させている」の意味に誤解されるおそれがある。

466　SVOC の C として使う分詞−知覚動詞 (1)

★★／

1 匹の犬が何かを食べているのが見えた。

X ① I saw a dog <u>was eating</u> something.
O ② I saw a dog <u>eating</u> something.

解説

see・hear・feel などの**知覚動詞**は, 後ろに〈**O + C**〉または that
節を置く。②は「see（見える）+ O（1匹の犬が）+ C（何かを食
べている）」で, この場合は**直接自分の目で見た**ことになる。一方①
は I saw + [(that) a dog was eating something]. で, この形の
see は「**(頭で) わかる, 理解する**」という意味を表す (I see. 「わか
りました」の see と同じ)。

---

467 SVOC の C として使う分詞－知覚動詞 (2)　★★／

私は自分の名前が呼ばれるのが聞こえた。

X ① I heard my name <u>was called</u>.
O ② I heard my name <u>called</u>.

解説

466 と同様。〈**hear + O + C [過去分詞]**〉は「**O が～されるのが
(耳で) 聞こえる**」という意味。was を入れた形 (hear (that) …) は
「**…と (誰かから) 伝え聞く**」の意味で, 自分の耳で聞いたという意
味ではない。

---

468 SVOC の C として使う分詞－ keep・leave(1)　★★／

ドアに鍵をかけておきなさい。

X ① Keep <u>locking the door</u>.
O ② Keep <u>the door locked</u>.

解説

keep (on) ～ ing は「**～し続ける**」の意味だから, ①だと「ドアに
鍵をかけ続けなさい」という不自然な意味になる。②は **VOC** の形
で, 「O (ドア) を C (鍵がかけられた状態) に保つ」ということ。

運転中はシートベルトを締めなさい。

X ① <u>Fasten your seat belt</u> while driving.

O ② <u>Keep your seat belt fastened</u> while driving.

解説

keep ＋ O ＋過去分詞＝ O が〜されている状態を保つ。②の下線部は「あなたのシートベルトが締められている状態をキープしなさい」ということ。①は「運転中にシートベルトを締めなさい」という不自然な意味になるので誤り。

---

470 SVOC の C として使う分詞 – keep・leave(3) ★★

水を出しっぱなしにしてはいけません。

X ① Don't <u>keep</u> the water running.

O ② Don't <u>leave</u> the water running.

解説

keep も leave も VOC の形で使うが，**keep は「(よい状態を) 保つ」**，**leave は「(悪い状態を) 放置する」**の意味。ここでは意味的に leave を使うのが適切。

---

471 SVOC の C として使う分詞 – keep・leave(4) ★★★

冷蔵庫のドアを開けっぱなしにしてはいけない。

X ① Don't leave the fridge door <u>opened</u>.

O ② Don't leave the fridge door <u>open</u>.

解説

leave ＋ O ＋ C ＝ O を C のままに (放置) しておく。C の位置には形容詞や分詞を置くが，「開いている」という状態は **open** (形容詞) で表す。(be) opened は「開かれる」の意味。

472　SVOC の C として使う分詞 – have(1) ★★

私たちにはあまり時間が残っていない。

X ① We don't <u>have left much time</u>.
O ② We don't <u>have much time left</u>.

解説

have O left は VOC の形で、「O が残されている状態を持っている」と考えればよい。①は have left が現在完了形の形だから、前にdon't は置けない。

473　SVOC の C として使う分詞 – have(2) ★★★

３月に家をリフォームしました。

X ① We <u>remodeled our house</u> in March.
O ② We <u>had our house remodeled</u> in March.

解説

have ＋ O ＋過去分詞＝ O を〜してもらう。①は自分の手でリフォームしたように響くので使わない方がよい。
＊「(建物を)リフォームする」は、**remodel, refurbish, renovate** などで表す。reform は「改革する」の意味だから使えない。

474　SVOC の C として使う分詞 – have(3) ★★★

床屋へ行って髪を切ってもらわなくちゃ。

X ① I need to <u>cut my hair at the barber's</u>.
O ② I need to <u>get a haircut</u>.

解説

473 と同様に、①は自分で髪を切るように響くので使わない方がよい。I need to **have my hair cut** at the barber's.（床屋で髪を切ってもらう必要がある）でもよいが、**get [have] a haircut**（散

髪してもらう）を使うのが最も簡潔。

475　SVOCのCとして使う分詞 – have(4) ★★★

きのう自転車を盗まれた。

△① I **had my bicycle stolen** yesterday.
○② **My bicycle was stolen** yesterday.

解説

〈**have＋O＋過去分詞**〉には，(1)**O を～してもらう**，(2)**O を～される**，の２つの意味があるが，実際の用例は (1) が多い。「自転車を盗まれた」と言いたいときは，②（私の自転車が盗まれた）や Someone stole my bicycle.（誰かが私の自転車を盗んだ）の形を使うとよい。
＊厳密に言うと，①は「私に何が起きたか」，②は「私の自転車がどうなったか」を伝える文。

476　SVOCのCとして使う分詞 – have(5) ★★★

私はその事故で足を骨折した。

× ① I **had my leg broken** in the accident.
○② I **broke my leg** in the accident.

解説

「**足を骨折する**」は **break one's leg** が最も普通の言い方。「自分で自分の足を折った」という意味にはならない。
＊「被害」の意味を表す〈**have＋O＋過去分詞**〉は「自分の持ち物を～される」という意味で使うのが普通。「自分の体の一部を～される」は〈**get＋O＋過去分詞**〉で表すので，①は had を got に換えれば正しい文になる。

477　SVOCのCとして使う分詞 – find ★★★

自転車が盗まれて（なくなって）いるのを見つけた。

X ① I <u>found my bicycle stolen</u>.
O ② I <u>found (that) my bicycle had been stolen</u>.

解説

②は日本語の意味に合うが，①は stolen がいつの時点のことか不明確。

＊「自転車が（ちょうど）盗まれているところを見つけた」なら I found (that) my bicycle **was being stolen**. と言う（→ 308）。

478　分詞構文

マンガを読みながら食べてはいけません。

X ① Don't <u>eat reading the comic</u>.
O ② Don't <u>read the comic while [when] eating</u>.

解説

分詞で始まる句が副詞の働きをすることがある（**分詞構文**）。①の reading the comic は「マンガを読みながら」の意味に解釈できるが，eat と reading の間の意味の切れ目が明確でない。②は「食べている間にマンガを読んではいけない」の意味。

＊①は reading の前に while を補って考えると「マンガを読んでいる間に食べてはいけない」となるので，意味的にも不自然。

479　適切な関係詞の選択 (1)

イタリアは私が訪ねたい国の１つです。

X ① Italy is one of the countries <u>where</u> I want to visit.
O ② Italy is one of the countries <u>that</u> I want to visit.

解説

Italy is one of the countries. ＋ I want to visit <u>them [=the countries]</u>. ということ。下線部は（代）名詞だから where（関係副詞）では置き換えられない。関係代名詞の **that**（または **which**）を

480　適切な関係詞の選択 (2)　

イタリアは私が住みたい国の１つです。

X ① Italy is one of the countries <u>that</u> I want to live.

O ② Italy is one of the countries <u>where</u> I want to live.

▶解説

Italy is one of the countries. ＋ I want to live <u>there [=in the countries]</u>. ということ。下線部は副詞（句）だから **where**（関係副詞）で置き換える。where の代わりに **in which** も使える（in that は誤り）。

481　適切な関係詞の選択 (3)　

９月１１日は私にとって忘れられない日です。

X ① September 11 is the day <u>when</u> I cannot forget.

O ② September 11 is the day <u>that</u> I cannot forget.

▶解説

September 11 is the day. ＋ I cannot forget <u>it [=the day]</u>. ということ。下線部は（代）名詞だから when（関係副詞）では置き換えられない。関係代名詞の **that**（または **which**）を使うのが正しい。

482　適切な関係詞の選択 (4)　

私は人が死ぬ映画は見たくない。

X ① I don't want to see a movie <u>that</u> people die.

○② I don't want to see a movie <u>in which</u> people die.

解説

I don't want to see a movie. + People die <u>in it</u> [=the movie].
ということ。下線部を **in which** で置き換えた②が正しい。

＊文法的には where も使えるが, 映画には「場所」のイメージはないので
in which がベター。

483　適切な関係詞の選択 (5)　★

彼がそのチケットを手に入れた方法を知りたい。

✕① I want to know <u>the way how</u> he got the ticket.

○② I want to know <u>how</u> he got the ticket.

解説

the way (that [in which]) S V = how S V = Ｓが Ｖ する方法。
the way how という形はない。

484　適切な関係詞の選択 (6)　★★

私は牛肉で有名な松阪の出身です。

✕① I'm from Matsusaka <u>which</u> is famous for its beef.

○② I'm from Matsusaka<u>, which</u> is famous for its
beef.

解説

関係詞には, (1) **制限 [限定] 用法**, (2) **非制限 [継続] 用法**と呼ばれ
る２つの使い方がある。(1) は**先行詞の意味を限定する**働きを, (2)
は**先行詞に補足説明を加える**働きを持つ。人名や地名は１つしかな
くそれ以上意味を限定できないから, (2) を使う (この用法の関係
詞の前にはコンマを置く)。

適切な関係詞の選択 (7)

私は料理が得意な男性が好きです。

△① I like men <u>that</u> are good at cooking.
○② I like men <u>who</u> are good at cooking.

解説

①は正しいが, **先行詞が人**のときは(書き言葉でも話し言葉でも)
that より **who** を使うのが普通。
＊先行詞が人以外の場合, 話し言葉では which より that を使うことが多い。

---

486 適切な関係詞の選択 (8)

彼女が好きな男の子はケンタです。

△① The boy <u>whom she loves</u> is Kenta.
○② The boy <u>she loves</u> is Kenta.

解説

①は書き言葉なら使うこともあるが, このような日常的で短い文の
場合は**目的格の関係代名詞を省く**のが普通。

---

487 適切な関係詞の選択 (9)

私が一緒に働いていた人たちは, とても親切だった。

△① The people <u>with whom I worked</u> were very kind.
○② The people <u>I worked with</u> were very kind.

解説

〈前置詞＋関係代名詞〉の形は書き言葉では使うが, 日常的には**前置
詞を後ろへ回す(関係代名詞は省略する)**のが普通。

488 先行詞の前の冠詞の選択 (1)

 ★★/✐

あれは自然食品を売っている店です。

X ① That's <u>the shop</u> that sells organic food.
O ② That's <u>a shop</u> that sells organic food.

解説

488 ～ 491 では，先行詞の前に置く a/an と the の選択を説明する。この文の場合，「自然食品を売っている店」はたくさんあり，「あれ[あの店]はその1つだ」ということ。ただし，「a は『～のうちの1つ』という意味を表す場合に使う」とは必ずしも言えない。

489 先行詞の前の冠詞の選択 (2)

 ★★/✐

これは祖母が作ってくれたエプロンです。

X ① This is <u>the apron</u> my grandmother made for me.
O ② This is <u>an apron</u> my grandmother made for me.

解説

488 と 489 で a/an を使うのは，shop や apron が新情報（相手にとって初めて知る情報）だから。**一般に a/an は新情報の，the は旧情報の目印である**（→ 024）。この文の場合，「祖母が作ってくれたエプロン」が1枚しかなくても the は使わない。

490 先行詞の前の冠詞の選択 (3)

 ★★/✐

あれが自然食品を売っている店です。

X ① That's <u>a shop</u> that sells organic food.
O ② That's <u>the shop</u> that sells organic food.

解説

日本語からわかるとおり，この文では「あれ」が新情報，「自然食品を売っている店」は旧情報。その店のことは既に話題に出ている状

況だから，**the** を使う。

491　先行詞の前の冠詞の選択 (4)　

新海誠は「君の名は。」を作った映画監督です。

X ① Makoto Shinkai is <u>a movie director</u> who made "Your name."

○② Makoto Shinkai is <u>the movie director</u> who made "Your name."

> 解説
>
> 488 ～ 490 は，「～は→ a」，「～が→ the」という関係になっている。一方この文では，「～は→ the」となる。これは，「君の名は。」という映画を作った監督は（合作映画でない限り）1 人に特定できるから。
> ＊逆に言うと，①のように a を使うと「新海誠は『君の名は。』を作った映画監督のうちの 1 人だ」と言っているように響く。

492　関係詞を使わない簡潔な表現 (1)　

あの赤い屋根の建物は何ですか。

△① What's that house <u>whose roof is red</u>?
○② What's that house <u>with the red roof</u>?

> 解説
>
> ①は文法的には成り立つが，②の方が自然。**関係詞の whose はむやみに使わない方がよい。**whose はもともと人を尋ねる疑問詞だから，ネイティブスピーカーの中には〈物＋ whose〉の形を嫌う人もいる。
> ＊状況的に「屋根」は 1 つに特定できるので，②では a red roof でなく the red roof を使っている。

493　関係詞を使わない簡潔な表現 (2)　

200

祖父はほとんど笑顔を見せない人でした。

△① My grandfather <u>was a man who</u> hardly ever smiled.

○② My grandfather hardly ever smiled.

解説

①は書き言葉なら使えるが，祖父が man（男性）であることは自明なので，話し言葉では②の方が簡潔でよい。

---

494 関係詞を使わない簡潔な表現 (3)

彼女は「グリーン」という名前の喫茶店で働いています。

△① She works at a café <u>whose name is Green</u>.

○② She works at a café <u>named Green</u>.

解説

①は正しい文だが，**X named [called] Y**（Y という名の X）の形を使う方が簡潔。

---

495 関係詞を使わない簡潔な表現 (4)

たばこをすう人の方が高血圧になりやすい。

△① <u>People who smoke</u> are more likely to get high blood pressure.

○② <u>Smokers</u> are more likely to get high blood pressure.

解説

①でもかまわないが，「～する人」を 1 語（たとえば②の smoker ＝ 喫煙者）で表せる場合は，そちらを使う方が簡潔。
（類例）I don't like liars [△ people who tell lies].
　　　（うそをつく人はきらいだ）

496　関係詞を使わない簡潔な表現 (5)

★★★／✎💬

私はゲームソフトを開発する会社で働きたい。

△① I want to work for <u>a company that develops game software</u>.

○② I want to work for <u>a game developer</u>.

> 解説
>
> ①は正しいが，②の方が簡潔。同様に a factory that makes cars（自動車を作る工場）は a car factory（自動車工場）とも表現できる。

497　関係詞を使わない簡潔な表現 (6)

★★／✎💬

大谷翔平は私が一番好きな野球選手だ。

△① Shohei Otani <u>is the baseball player (whom) I like the best</u>.

○② Shohei Otani is <u>my favorite baseball player</u>.

> 解説
>
> favorite は「一番好きな」という意味なので，②は①とほぼ同じ意味になる（→ 877）。

498　関係詞を使わない簡潔な表現 (7)

★★／✎💬

私が働いているオフィスは品川にあります。

△① <u>The office I work at</u> is in Shinagawa.

○② <u>My office</u> is in Shinagawa.

> 解説
>
> ①は文法的には正しいが，「**私が働いているオフィス**」は **my office** でよい。
>
> ＊ my office は「私が所有するオフィス」の意味にもなりうるが，常識的に考えて②は許容される。同様に「私たちが乗る予定の飛行機（の便）」

は <u>our</u> flight でよい。また「3 時 20 分発の電車」は the 3:20 [three twenty] train と言う。

499　関係詞を使わない簡潔な表現 (8)

貧困が自殺の原因となるケースが多い。

△① **There are many cases where** poverty causes suicide.

○② **Suicide is often caused by poverty.**

解説

日本語を直訳するよりも、「自殺はしばしば貧困によって引き起こされる」と表現すれば十分。

500　関係詞を使わない簡潔な表現 (9)

私には弁護士をしている友人がいる。

△① I have <u>a friend who is a lawyer</u>.

○② I have <u>a lawyer friend</u>.

解説

①を使っても問題ないが，「**弁護士 [医者，…] の友人**」は a lawyer [doctor, ...] friend と言える。

501　関係詞を使わない簡潔な表現 (10)

私には英語圏の国の出身の友人が何人かいる。

△① I have some friends who are from <u>countries where people speak English</u>.

○② I have some friends who are from <u>English-speaking countries</u>.

①は正しい文だが, ②の方が簡潔。**English-speaking** countries は「(人々が)英語を話す[英語圏の]国々」。

---

502 関係詞と他の表現との選択 (1)

★★★

私がきのう見たアクション映画は, とてもわくわくした。

X ① <u>The action movie</u> I watched yesterday was really exciting.

O ② I watched <u>an action movie</u> yesterday. It was really exciting.

解説

②は「私はきのうアクション映画を見た。それは面白かった」の意味で, 話し手[書き手]は**その映画のことを初めて話題に出している**。そのような状況で, ②の代わりに①を使うことはできない。①は「その(話し手が見た)アクション映画」のことを相手が既に知っている状況で使う。

---

503 関係詞と他の表現との選択 (2)

★★★

早期に発見されたガンのほとんどは治療できる。

△① Most cancers <u>that are detected in an early stage</u> can be cured.

O② Most cancers can be cured <u>if they are detected in an early stage</u>.

解説

①のような主語(Most ... stage)の長い文は避ける方がよい。②は「もし早期に発見されればほとんどのガンは治療できる」の意味で, こちらの方がベター。
＊①の that are, ②の they are は省略可能。

504 関係詞と他の表現との選択 (3) ★★★

彼は以前の彼ではない（人が変わった）。

△① He isn't what he used to be.
○② He has changed a lot.

解説

①は受験参考書などによく出て来る文だが，**what he used to be** は「以前の彼（の地位・財産・能力など）」を表す。「性格が変わった」の意味なら②がベター。He has become a different person.（彼は別人になった）とも言う。

505 連鎖関係詞節 ★★

私が最悪だと思ったその映画は大ヒットした。

X① The movie which <u>was</u> I thought was the worst became a big hit.
○② The movie which I thought was the worst became a big hit.

解説

The movie became a big hit. + I thought <u>it</u> was the worst (movie). と考える。下線部を which に置き換えて先行詞（The movie）に続けると②になるから，①の was は不要。このような形を連鎖関係詞節と言う。

506 複合関係詞などに関する誤り (1) ★★

あの100円ショップで何でも買えます。

X① You can get <u>whatever</u> at that 100-yen shop.
○② You can get <u>anything</u> at that 100-yen shop.

〈疑問詞＋ever〉の形を**複合関係詞**と言い，「**どんな〜でも**」の意味を表す。複合関係詞は，whatever he says（彼の言うことは何でも）のように（SVの形を含む）節を作るので，①のように単独では使えない。②のanything（何でも）は代名詞。
（類例）Tell me **anytime** [× whenever] if you need help.
（助けが必要ならいつでも私に言ってください）

507　複合関係詞などに関する誤り (2)　★★/

仕事が見つかるところならどこへでも行きます。

× ① I'll go <u>to wherever</u> I can find a job.
〇 ② I'll go <u>wherever</u> I can find a job.

解説

wherever は「どこへ[で]〜しても，〜するところならどこでも」の意味の副詞節を作る。**副詞の前に前置詞は不要**だから，①の to は取り除く必要がある。

508　複合関係詞などに関する誤り (3)　★★/

たとえ誰が彼を説得しようとしても，彼は心変わりしないだろう。

△① <u>Whoever may try</u> to persuade him, he won't change his mind.
〇② <u>No matter who tries</u> to persuade him, he won't change his mind.

解説

〈疑問詞＋ever〉（複合関係詞）と〈no matter ＋疑問詞〉はどちらも「**たとえ〜でも**」（譲歩）の意味で使われるが，後者の方が口語的。また譲歩を表す節中では①のように may を使えるが，これを省いた②の方が口語的。
＊譲歩を表す節中では，未来のことでも will は使わない（→ 257）。

509 複合関係詞などに関する誤り (4) ★★／✎💬

あなたがどんなに金持ちでも, 彼女の愛を買うことはできない。

X ① <u>No matter how you are rich</u>, you can't buy her love.

O ② <u>No matter how rich you are</u>, you can't buy her love.

解説

How rich you are!（あなたは何と金持ちなのか）という感嘆文からもわかるとおり, **how は形容詞・副詞とセットで使う。** how と rich を切り離した①は誤り。

＊however には「しかし」の意味もあるので,「たとえどんなに〜でも」の意味は no matter how で表すことが多い。

第5章

名詞・冠詞・代名詞

510 名詞の単複の選択 (1)

ペットボトルはリサイクルできますよね？

X ① Plastic <u>bottle</u> can be recycled, right?
O ② Plastic <u>bottles</u> can be recycled, right?

解説

名詞には，数えられるもの (C=可算名詞) と数えられないもの (U=不可算名詞) とがある。Cを「〜一般」の意味で使うときは，**無冠詞複数形**にするのが原則。
＊「ペットボトル」の英訳は **plastic bottle**。pet bottle だと「ペット用のボトル」のように響く。

---

511 名詞の単複の選択 (2)

結婚披露宴には何人来るの？

X ① How many <u>peoples</u> are coming to the wedding reception?
O ② How many <u>people</u> are coming to the wedding reception?

解説

people は person（人）の複数形だから，s は不要。
＊「国民，民族」の意味では可算名詞扱いして a people, peoples と言う。

---

512 名詞の単複の選択 (3)

この CD に入っている曲は全部好きです。

X ① I like every <u>songs</u> on this CD.
O ② I like every <u>song</u> on this CD.

解説

every（すべての）の後ろには**単数形のC**を置くのが原則。

513　名詞の単複の選択 (4)

 ★★/✏💬

私は半年ごとに健康診断を受けている。

X ① I get a health checkup <u>every six month</u>.

O ② I get a health checkup <u>every six months</u>.

> 解説
>
> 512とは違って，「～ごとに」の意味は〈every ＋数字＋複数形の[C]〉で表す。
>
> ＊「1つおきに」は〈every other ＋単数形の[C]〉で表し，every other day（1日おきに）のように言うのが普通。

514　名詞の単複の選択 (5)

 ★★/✏💬

あの店では新鮮な野菜や果物を売っている。

X ① That shop sells fresh <u>fruit and vegetable</u>.

O ② That shop sells fresh <u>fruit(s) and vegetables</u>.

> 解説
>
> fruit は基本的には[U]だが，果物の種類を意識して使うときは fruits とも言う。vegetable は[C]だから，（1つの野菜でない限り）複数形にする必要がある。
>
> ＊日本語では「野菜や果物」と言うが，英語では fruit(s) and vegetables の順に並べる。

515　名詞の単複の選択 (6)

 ★/✏💬

スマホは世界中で使われている。

X ① <u>A smartphone is</u> used around the world.

O ② <u>Smartphones are</u> used around the world.

> 解説
>
> 「X 一般」は，X ＝[C]なら無冠詞複数形で表すことが多い（→ 510）。

②は「いろんな種類のスマホがあるが，どのスマホもすべて」という
ニュアンス。①の a smartphone は「ある（特定の）1 台［1 機種］
のスマホ」と解釈されるので誤り。

516　名詞の単複の選択 (7)

スマホは偉大な発明品だ。

△① <u>Smartphones</u> are a great invention.
○② <u>The smartphone</u> is a great invention.

解説

この文では，スマホを1つの発明品と考えて②を使うのがベター。②
の the は「**総称の the**」で，「あなたも知っている例の smartphone
という機器」という響きを持つ（→ 633）。

517　名詞の単複の選択 (8)

私は小説を読むのが好きです。

✕① I like reading <u>a novel</u>.
○② I like reading <u>novels</u>.

解説

②は「どんな小説であれ小説というものを読むのが好きだ」という
こと。①は「ある（特定の）1 つの小説を読むのが好きだ」と解釈さ
れるので誤り。

518　名詞の単複の選択 (9)

私は電車の中で小説を読むのが好きです。

△① I like reading <u>novels</u> on the train.
○② I like reading <u>a novel</u> on the train.

解説

「電車の中で１冊の小説を読む」という**具体的な場面**をイメージして②を使うのが適切。①は 517 と同様に「電車の中で（どんな小説であれ）小説を読むのが好きだ」という意味で使えるが,「電車の中で複数の小説を読む」ようにも響く。

519　名詞の単複の選択 (10)　 ★★

ぼくには兄弟がいない。

X ① I don't have <u>a brother</u>.
O ② I don't have <u>(any) brothers</u>.

解説

①は「１人の兄弟はいない」という意味だから, 論理的に言えば「２人以上の兄弟ならいる」という可能性を排除できない。「１人もいない」と言いたければ②のように〈not ＋ any ＋複数名詞〉の形を使う。any は省いてもよい。

520　名詞の単複の選択 (11)　 ★★

ぼくには彼女がいない。

△① I don't have <u>(any) girlfriends</u>.
O ② I don't have <u>a girlfriend</u>.

解説

「１人もいない」と表現すると, 複数の girlfriend（恋人）がいる可能性を念頭に置いていることになる。恋人は普通１人だから, ②が適切。
（類例）This door doesn't have **a knob** [× knobs].
　　　（このドアにはノブがついていない）
＊英語の boyfriend [girlfriend] は「男 [女] 友だち」ではなく「恋人」の意味。

フィリピンでは何語が話されていますか？

X ① What <u>language is</u> spoken in the Philippines?
O② What <u>languages are</u> spoken in the Philippines?

解説

①は「フィリピンで話されている言語は1つだ」という想定の質問。
②は複数の言語が話されている可能性を想定しており，こちらが適切。

（類例）Do you have **any hobbies** [**x** a hobby]?
（何か趣味はありますか）

2つの案の違いは次のように要約できる。

X ① The <u>difference</u> between the two plans can be summarized as follows.

O② The <u>differences</u> between the two plans can be summarized as follows.

解説

要約するなら違いは複数あるはずだから，②を使う。**difference**
は[C]・[U]両方の使い方があるが，個々の違いを意識するときは[C]として使う。**experience**（経験），**knowledge**（知識）なども同様。

何かいい考えはありますか？

X ① Do you have any good <u>idea</u>?
O② Do you have any good <u>ideas</u>?

> **解説**
>
> **idea**（考え，アイデア）は**C**。相手がアイデアを1つだけ持っていると想定すれば①を，複数のアイデアを持っている可能性を想定すれば②を使うことになる。適切なのは当然後者。このように否定文や疑問文中の**C**は，**1つしかないものは単数形，複数ありうるものは複数形**にする。

524　名詞の単複の選択 (15)　

彼がなぜ降格させられたか心当たりはありますか？

X ① Do you have any <u>ideas</u> why he was demoted?
O ② Do you have any <u>idea</u> why he was demoted?

> **解説**
>
> この **idea** は**U**で，「理解，見当」の意味（have no idea（全然わからない）の idea と同じ）。したがって複数形にはできない。

525　名詞の単複の選択 (16)　

私たちは6人乗りのタクシーに乗った。

X ① We took a <u>six-people</u> taxi.
O ② We took a <u>six-person</u> taxi.

> **解説**
>
> 〈数字＋名詞〉をハイフンでつないで1つの形容詞として使う場合は，名詞を**単数形**にする。people の単数形は person。a **two-week** trip（2週間の旅行），a **six-year-old** boy（6歳の少年）なども同様。

526　名詞の単複の選択 (17)　

セブン‐イレブンは日本の主なコンビニチェーンの一つだ。

X ① Seven-eleven is one of the leading convenience <u>stores</u> chains in Japan.

O ② Seven-eleven is one of the leading convenience <u>store</u> chains in Japan.

解説

〈名詞＋名詞〉がひとまとまりの意味を表す形（**複合名詞**）では，前の名詞は単数形。複数形を作るときは**後ろの名詞だけを複数にする**。たとえば「２つのコンビニチェーン」は two convenience **store chains**。

527　名詞の単複の選択 (18)

この箱の重さは 0.8 キログラムだ。

X ① This box weighs 0.8 <u>kilogram</u>.

O ② This box weighs 0.8 <u>kilograms</u>.

解説

小数の後ろの名詞は，**小数が 1 未満であっても複数形にする**のが普通。
＊ 0.8 は zero point eight と読む。

528　名詞の単複の選択 (19)

映画と言えば，最近何か映画を見ましたか？

X ① Talking of <u>a movie</u>, have you seen any movies recently?

O ② Talking of <u>movies</u>, have you seen any movies recently?

解説

talking [speaking] of [about] X は，既に話題になっていることに関連して，「X 一般について言えば」と新しい話題を提供するのに使う。したがって X が C のときは**複数形**を使う。

529 名詞の単複の選択 (20) ★★★/

インターネットは私たちの生活をはるかに便利にしてくれた。

△① The internet has made our <u>life</u> a lot more convenient.

○② The internet has made our <u>lives</u> a lot more convenient.

解説

> our が（自分を含む）一般の人々を指すのであれば, 各人にはそれぞれの生活があるので lives（複数形）を使う。our が「私と私の家族」の意味なら①を使う。

530 名詞の単複の選択 (21) ★★/

ネコはかわいい動物だ。

△① Cats are <u>a cute animal</u>.

○② Cats are <u>cute animals</u>.

解説

> ①はネコを1種類の動物と考えた正しい文だが, **S is C の S が複数形なら C も複数形にすることが多い。**
> ＊ただし複数形の S が1つの集団なら, The Lions are <u>a good team</u>. （ライオンズはいいチームだ）のように C は単数になる。

531 名詞の単複の選択 (22) ★★★/

その小説は今までに4回映画化されている。

△① The novel has been made into <u>movies</u> four times.

○② The novel has been made into <u>a movie</u> four times.

解説

531〜534 では，**具体的な状況や場面をイメージして使う単数形**の例を見ていく。この文の場合，1 回の映画化で作られる映画は 1 本だから，②がベター。①だと 4 回の映画化のそれぞれで複数の映画が作られたように響く。

532　名詞の単複の選択 (23)

このサイトは就職活動をしている人に人気がある。

△① This website is popular with people looking for <u>jobs</u>.

○② This website is popular with people looking for <u>a job</u>.

解説

1 人が探す［就こうとしている］仕事は普通 1 つだから，②がベター。①だと同時に複数の仕事をしようとしているように響く。

533　名詞の単複の選択 (24)

自転車に乗ってスマホを使うのは危険だ。

△① It is dangerous to use <u>smartphones</u> on <u>bicycles</u>.

○② It is dangerous to use <u>a smartphone</u> on <u>a bicycle</u>.

解説

「1 台の自転車に乗って 1 つのスマホを使う」という具体的な場面をイメージして②を使うのがベター。①だと同時に複数の自転車に乗って複数のスマホを使うような響きになる。

534　名詞の単複の選択 (25)

インド映画は一度も見たことがない。

△① I have never seen <u>Indian movies</u>.

○② I have never seen <u>an Indian movie</u>.

第5章 名詞・冠詞・代名詞

> **解説**
>
> 一度に見る映画は1本だから，単数形を使うのが適切。**ever** や **never** を使って「〜を見たことがある（か）」という意味を表す文中では，（同時に複数のものを見る状況を想定していない限り）**単数形**を使う。「聞いた［食べた］ことがある（か）」なども同様。

535 慣用的な複数形 (1)

新宿駅で乗り換えが必要です。

✗① You need to change <u>the train</u> at Shinjuku Station.

○② You need to change <u>trains</u> at Shinjuku Station.

> **解説**
>
> 「乗り換える」ためには2本の電車が必要だから，②のように複数形を使う。このように2者の存在を前提とした複数形を，**相互複数**と言う。**shake hands**（握手する）なども同様。

536 慣用的な複数形 (2)

彼女とは子どもの頃からずっと仲良しです。

✗① I've been <u>a friend</u> with her since we were children.

○② I've been <u>friends</u> with her since we were children.

> **解説**
>
> **be [make] friends with 〜**＝〜と仲がいい［仲よくなる］。これも相互複数の例。

537 慣用的な複数形 (3)

きのう映画を見に行った。

X ① I went to the <u>movie</u> yesterday.

O ② I went to the <u>movies</u> yesterday.

> **解説**
>
> **go to the movies** ＝映画を見に行く。イギリス英語では go to the cinema と言う。I went to see a movie yesterday. も可 (→ 637)。①は「きのうその映画を観に行った」の意味。

---

538 慣用的な複数形 (4)

私は健康診断の結果をけさ受け取った。

X ① I received my checkup <u>result</u> this morning.

O ② I received my checkup <u>results</u> this morning.

> **解説**
>
> 試験や検査の「結果」を表す **result** は，**複数形**で使う (たとえば健康診断には多くの項目があるから)。そのほか，**circumstances** (事情, 状況)，**costs** ((会社などの) 経費)，**expectations** (予期, 期待)，**manners** (行儀作法)，**repairs** ((家などの) 修理作業) なども，複数の要素から成ると考えられるので複数形にする。

---

539 単複同形 (1)

私のオフィスには3人の中国人と2人のインド人がいます。

X ① There are three <u>Chineses</u> and two Indians in my office.

O ② There are three <u>Chinese</u> and two Indians in my office.

Chinese や Japanese は、複数形も同じ形（**単複同形**）。そのほか、dollar（ドル）の複数形は **dollars** だが、yen（円）の複数形は **yen**。

---

540 単複同形 (2)

魚は何匹釣れたの？

X ① How many <u>fishes</u> did you catch?
O ② How many <u>fish</u> did you catch?

解説

fish は、魚の数を数えるときは**複数形**も **fish**。（fruit と同様に）魚の種類を意識して fishes という複数形を使うこともある。

---

541 可算名詞と不可算名詞 (1)

この部屋には家具が多すぎる。

X ① There are too <u>many furnitures</u> in this room.
O ② There is too <u>much furniture</u> in this room.

解説

Ⓤには、集合名詞・物質名詞・抽象名詞・固有名詞の4種類がある。**furniture**（家具）は、chair, table などいろんな品を1つにまとめた言い方。furniture や **baggage**（手荷物）、**mail**（郵便）など、物や人の集合体を表す名詞を**集合名詞**と言う。これらはⓊだから、many で修飾したり複数形にしたりすることはできない。

---

542 可算名詞と不可算名詞 (2)

スタッフの1人が私にいすを持って来てくれた。

X ① <u>One of the staff</u> brought me a chair.

◯② <u>A staff member</u> brought me a chair.

> 解説
>
> **staff**（スタッフ, 職員団）, **crew**（班）, **police**（警察）など人間の集団を表す名詞は集合名詞。one of ～の後ろには複数形の名詞を置くが, staff は複数形にできない。したがって one of the staff/staffs はどちらも誤り。「スタッフの1人」は **a staff member** または **one of the staff members** で表す。

---

543 可算名詞と不可算名詞 (3)

その店では多くの種類の文房具を売っている。

X ① The shop sells many kinds of <u>stationeries</u>.
◯② The shop sells many kinds of <u>stationery</u>.

> 解説
>
> **stationery**（文房具）は集合名詞だから複数形にはできない。そのほか, **machinery**（機械類）, **poetry**（詩歌）, **jewelry**（宝石類）, **scenery**（風景）などの -(e)ry で終わる語も集合名詞。

---

544 可算名詞と不可算名詞 (4)

きのうの夕食にチキンを食べた。

X ① I had <u>a chicken</u> for dinner yesterday.
◯② I had <u>some chicken</u> for dinner yesterday.

> 解説
>
> **water**（水）, **rice**（米）, **cheese**（チーズ）など, 一定の形を持たない自然物（およびその加工品）を**物質名詞**と言う。物質名詞はすべて U。chicken は「ニワトリ」の意味では C,「鶏肉」の意味では U（物質名詞）。①だと「1羽のニワトリを食べた」という意味になる。
> ＊②は some を入れる方が自然。I had chicken だと「他の食べ物ではなく鶏肉を食べた」という響きになる（→ 619）。

545 可算名詞と不可算名詞 (5)

私は常勤の仕事を探しています。

X ① I'm looking for a full-time <u>work</u>.

○② I'm looking for a full-time <u>job</u>.

解説

work（仕事）は⛁（抽象名詞）だから前に a は置けない。**job** は具体的な仕事や職業を意味する可算名詞。このように 1 つの日本語を 2 通りの英語で表せる場合，一方が⛃，他方が⛁の場合があるので注意。

*たとえば「交通渋滞」は，**a traffic jam** または **traffic congestion**（jam は⛃，congestion は⛁）。

546 可算名詞と不可算名詞 (6) ★★★

神社にいた女性の多くが着物を着ていた。

X ① Many women in the shrine were wearing <u>kimono</u>.

○② Many women in the shrine were wearing <u>a kimono</u>.

解説

kimono は⛃だから，単数形の前には a が必要。

* kimonos でも間違いではないが，1 人が着る着物は 1 枚だから a kimono が自然 (→ 532)。

547 主語の単複と動詞の一致 (1)

私たちが直面している深刻な問題の 1 つは，資金不足だ。

X ① One of the serious problems we face <u>are</u> a lack of money.

223

〇② One of the serious problems we face <u>is</u> a
  lack of money.

548　主語の単複と動詞の一致 (2)

インターネットには多くのフェイクニュースがある。

✕① There <u>are</u> a lot of fake news on the internet.
〇② There <u>is</u> a lot of fake news on the internet.

549　主語の単複と動詞の一致 (3)

「ぼくのズボンはどこにあるの？」「そのかごの中よ」

✕① "Where <u>is</u> my pants?" "<u>It's</u> in that basket."
〇② "Where <u>are</u> my pants?" "<u>They're</u> in that
　 basket."

550　主語の単複と動詞の一致 (4)

エンゼルスは私の好きなチームです。

✕① The Angels <u>is</u> my favorite team.

○② The Angels <u>are</u> my favorite team.

解説

> the Angles は 1 つのチームだが, 形が複数形なので**複数扱い**する
> のが普通。
> ＊①が使われることもあるが, 避ける方がよい。

---

551 主語の単複と動詞の一致 (5) ★★/✎💬

社員の 3 割近くがインフルエンザにかかっている。

X ① Almost 30 percent of the employees <u>has</u> caught the flu.

○② Almost 30 percent of the employees <u>have</u> caught the flu.

解説

> 「社員の 30%」は複数の人々だから, 複数扱いする。all [some,
> half] of the X などが主語の場合も, **X が単数なら単数扱い, 複
> 数なら複数扱い**する。
> (例) Half of the **apple is** rotten. (そのリンゴは半分腐っている)
> 　　 Half of the **apples are** rotten. (リンゴのうち半数が腐っている)

---

552 主語の単複と動詞の一致 (6) ★★/✎💬

私たちにはより多くの時間とお金が必要です。

X ① More time and money <u>is</u> necessary for us.

○② More time and money <u>are</u> necessary for us.

解説

> time も money も不可算名詞だが, **and** で結ばれると主語が 2 つ
> のものになるので, **複数扱い**する。

553　主語の単複と動詞の一致 (7)

あそこで警察が車の検問をしている。

X ① The police <u>is</u> checking cars over there.

O ② The police <u>are</u> checking cars over there.

解説

　the police（警察）は,（人の集団と考えて）常に**複数扱い**する。

554　主語の単複と動詞の一致 (8)

歓迎会には誰が来るの？

△① Who <u>are</u> coming to the welcome party?

O ② Who <u>is</u> coming to the welcome party?

解説

　２人以上来ることを前提とした質問なら①も使えるが, 疑問代名詞 の who や what は**単数扱い**することが多い。

555　名詞の数え方 (1)

私は朝食にトーストを２枚食べる。

X ① I have <u>two toasts</u> for breakfast.

O ② I have <u>two pieces of toast</u> for breakfast.

解説

　toast（トースト）は, bread（パン）と同様に U。「１枚のトース ト」は **a piece [slice] of toast** と言い,「２枚」なら piece [slice] を複数形にする。

556　名詞の数え方 (2)

私はジーンズを３本持っている。

X ① I have <u>three jeans</u>.

O ② I have <u>three pairs of jeans</u>.

> 解説
>
> **jeans**（ジーンズ），**pants**（ズボン），**glasses**（めがね），**shoes**（靴），**scissors**（はさみ）など２つの部分から成るものは，**a pair of ～**で数える。

557　名詞の数え方 (3)

 ★★★

ユキはふちのないめがねをかけている。

X ① Yuki wears <u>a pair of</u> rimless glasses.

O ② Yuki wears rimless glasses.

> 解説
>
> めがねを２つ以上かける人はいないから，わざわざ「１つのめがね」と（数を強調して）言うのは不自然。

558　名詞の数え方 (4)

 ★★

（私は）コーヒーをください。《喫茶店で》

△① <u>A cup of coffee</u>, please.

O ② <u>Coffee</u>, please.

> 解説
>
> ②は I'll have coffee, please. なども可。１人が注文するコーヒーは普通１杯だから，わざわざ a cup of と言う必要はない。
> ＊ワインを注文する場合は，ボトルかグラスかを区別するために **A glass [bottle] of** wine, please.（ワインをグラス［ボトル］でください）と言うこともある。

3月3日はひな祭りの日です。

X ① March 3 is the day of the <u>Girl's</u> Festival.
○ ② March 3 is the day of the <u>Girls'</u> Festival.

解説

「女の子たちの祭り」だから，girls を所有格にする。s で終わる語の所有格は，girls's ではなく **girls'** と表記する（**アポストロフィの後ろの s を省く**）。

560　所有格の名詞の使い方 (1)

あれが父の職場です。

X ① That's <u>the office of my father</u>.
○ ② That's <u>my father's office</u>.

解説

「A [人] の B」は，A's B の形で表すのが原則。B of A とは言わない。

561　所有格の名詞の使い方 (2)

冷蔵庫のドアを開けっぱなしにしたのは誰？

X ① Who left the <u>fridge's</u> door open?
○ ② Who left the <u>fridge</u> door open?

解説

「A [物] の B」は，A B の形で表せる。たとえば「車の鍵」は a <u>car</u> key，「冷蔵庫のドア」は a <u>fridge</u> door。下線部を所有格にはしない。

562　所有格の名詞の使い方 (3)

今日の会議には出席できません。

X ① I can't attend <u>the meeting of today</u>.

O ② I can't attend <u>today's meeting</u>.

解説

「A [時・場所] の B」は，A's B の形で表せる。たとえば「明日の会議」は tomorrow's meeting，「日本の人口」は Japan's population。①は of を省いて the meeting today とすれば正しい（→ 563）。

---

563 所有格の名詞の使い方 (4) ★★★/✎💬

私の今日の昼食はハンバーガー2個でした。

X ① <u>My today's lunch</u> was two hamburgers.

O ② <u>My lunch today</u> was two hamburgers.

解説

名詞の前に置いて使う**冠詞**，**所有格**，**this/that** などを，まとめて**限定詞**と言う。限定詞を**2つ並べて使うことはできない**（例：this my car は誤り）。①は2つの限定詞（所有格）を並べているので誤り。②は today（副詞）が前の lunch を修飾している。

＊ the climate **here**（当地の気候），on my way **home**（帰宅の途中で）なども，（時や場所を表す）副詞が前の名詞を修飾する形。

---

564 所有格の名詞の使い方 (5) ★★★/✎💬

これは私のめいの（写っている）写真です。

△① This is <u>my niece's photo</u>.

O ② This is <u>a photo of my niece</u>.

解説

①は「めいが所有する写真」「めいが写した写真」「めいが写っている写真」の3つの意味があるのであいまい。②には「めいが写っている写真」の意味しかない。

565 所有格の名詞の使い方 (6)

★★/✎💬

ナオコの歌はとても上手だ。

△① **Naoko's songs are very good**.
○② **Naoko is a very good singer**.

解説

所有格は「～が所有する [～に所属する]」という意味を含むので，①は「ナオコが作った歌はとてもいい歌だ」と解釈される。②は「ナオコはとても上手な歌い手だ」で，こちらが適切な表現。

566 「イギリス」

★/✎💬

ジュリアはイギリス出身です。

△① Julia is from <u>England</u>.
○② Julia is from <u>the U.K.</u>

解説

England には「イングランド（地方）」の意味もあるので，「イギリス」は **the U.K.** や **Britain** で表すのがベター。同様に **America** には「アメリカ大陸」の意味もあるので，アメリカ合衆国は **the U.S.** などで表すのがよい。

567 「運動」

★★/✎💬

あなたはふだん何か運動をしていますか。

△① Do you usually <u>play any sports</u>?
○② Do you usually <u>get any exercise</u>?

解説

sports は日本語の「スポーツ」より意味が広い（釣りやハンティングなども含む）が，「（体を動かす）運動」は **exercise** で表す。
＊「運動する」は take exercise とも言うが，get exercise がよく使われる。

568 「会社」

★★/✎💬

駅から私の会社まで歩いて10分です。

X ① It takes 10 minutes to walk from the station to my <u>company</u>.

O ② It takes 10 minutes to walk from the station to my <u>office</u>.

解説

company は組織としての会社を表す。会社の建物は office。

569 「顔」

★★/✎💬

バスの窓から顔を出してはいけない。

X ① Don't poke your <u>face</u> out of the bus window.

O ② Don't poke your <u>head</u> out of the bus window.

解説

face は顔の表面。この文では「頭部を出す」という意味だから head を使う。

570 「体」

★★★/✎💬

体に気をつけてね。

X ① Take care of <u>your health</u>.

O ② Take care of <u>yourself</u>.

解説

①は相手が不健康であることを前提とした言い方で, 病人に対して使う。別れのあいさつなどでは②が適切。単に Take care. とも言う。なお, Take care of your <u>body</u>. とは言わない。

571 「サイン」

私のシャツのここにサインをください。《有名人のサインをもらう状況》

X ① <u>Sign</u> here on my shirt, please.

O ② Can I have your <u>autograph</u> here on my shirt, please?

解説

sign は「(契約書などに)署名する」の意味だが、①のようにも使える。ただし命令文だと相手に指示しているように響くので失礼。有名人のサインは autograph と言う(auto「自分の」+ graph「書いたもの」)。

---

572 「障害者」

私たちの町にはより多くの障害者向けの施設が必要だ。

X ① We need more facilities for <u>handicapped</u> people in our town.

O ② We need more facilities for <u>disabled</u> people in our town.

解説

「障害者」は disabled people, people with disabilities などで表すのが般的。handicapped people は古風な表現で、今日では使われない。
* 知的障害者は mentally disabled people, 視覚障害者は visually impaired people。

---

573 「〜人」(1)

私は日本人です。

△ ① I'm <u>a Japanese</u>.

O ② I'm <u>Japanese</u>.

Japanese は①では「日本人」(名詞), ②では「日本人の」(形容詞)。このような場合は, **形容詞**を使うのがニュートラルな言い方。①のように名詞を使うと, 他の国民と日本人との違いを強調しているように響く。

(類例) She **works part-time** [△ She is a part-timer].
　　　(彼女は非正規職員です)〈part-time ＝非常勤で (副詞)〉

＊同様に「彼は黒人だ」を He is a black. と言うのは避けるべき。He is black. は使えるが, He is **African-American**. (彼はアフリカ系アメリカ人だ) の方が穏当な言い方。

574　「〜人」(2)

イギリス人は天気の話をするのが好きと言われる。

△① People say that <u>the British</u> like talking about the weather.

○② People say that <u>British people</u> like talking about the weather.

〈**the ＋形容詞＝形容詞＋ people**〉だが, ①は避ける方がよい。the は「1つ」に特定する働きがあるので, イギリス人全体をステレオタイプ的にとらえた悪口に聞こえるおそれがある。同様に「アメリカ人」は American people が無難な表現。

575　「〜人」(3)

私たち日本人は, 時間を守る国民です。

X ① <u>We Japanese</u> are a punctual people.

○② <u>Japanese people</u> are punctual.

we Japanese は「あなたたち外国人とは違って私たち日本人は」という排他的な響きを持つ言い方であり, 使うべきではない。

＊②も自分が日本人を代表して語っているように感じられるので，気軽な会話以外では使わない方がよい。

576　「～人」(4)　★★★/

そのホテルの宿泊客のほとんどは外国人だった。

△① Most of the guests at the hotel were <u>foreigners</u>.

○② Most of the guests at the hotel were <u>people from other countries</u>.

> ### 解説
> **foreign**（外国の）や **foreigner**（外国人）は，（特に外国から来た人の前で使うと）「よそ者」というネガティブな響きを持つことがある。「外国人」は **people from abroad [other countries]** などが無難な表現。

577　「日本語」　★★★/

日本語を何か知っていますか。

X ① Do you know any <u>Japanese</u>?

○② Do you know any <u>Japanese words</u>?

> ### 解説
> **Japanese** には「**日本語**」「**日本人**」の2つの意味があるので，①は「日本人の知り合いはいますか」の意味に誤解される。②は「日本語の単語を知っていますか」の意味。日本語一般は **the Japanese language** で表す。
> ＊②では，日本語の単語を2つ以上知っている可能性を想定して words を使うのが自然（→ 521）。

578　「パン」　★★★/

私の朝食はパンとコーヒーです。

X ① I have <u>bread</u> and coffee for breakfast.

O ② I have <u>toast</u> and coffee for breakfast.

解説

①は日本語の直訳だが, 英語では「トーストとコーヒー」と表現する。

---

579 「約束」

午後 3 時に依頼主と（面会の）約束があります。

X ① I have <u>a reservation</u> with a client at 3 p.m.

O ② I have <u>an appointment</u> with a client at 3 p.m.

解説

面会の約束は appointment。reservation はレストランやホテルなどの「予約」。

---

580 「休み」

来週 1 日休みを取りたい。

X ① I want to take <u>a holiday</u> next week.

O ② I want to take <u>a day off</u> next week.

解説

take a day [two days] off = 1 日 [2 日] の 休 み を 取 る。
holiday は「祝日」。
＊ holidays は「休暇」の意味でも使う（イギリス英語）。アメリカ英語では「休暇」は vacation。

---

581 「旅行」

私たちは温泉旅行を計画しています。

X ① We are planning a <u>travel</u> to a hot spring resort.

O ② We are planning a <u>trip</u> to a hot spring resort.

解説

「(小) 旅行」は trip で表す。travel は基本的に動詞として使う。

---

582 その他の注意すべき名詞 (句) (1) ★★★/

姉に先週男の赤ちゃんが生まれた。

X ① My sister had a <u>boy baby</u> last week.

O ② My sister had a <u>baby boy</u> last week.

解説

「男 [女] の赤ちゃん」は, **a baby boy [girl]** が普通の言い方。
＊「オスのネコ」は a **male [he]** cat,「メスの子犬」は a **female [she]** puppy と言う。

---

583 その他の注意すべき名詞 (句) (2) ★★★/

消防士は地方公務員だ。

X ① <u>Firemen</u> are employed by the local government.

O ② <u>Fire fighters</u> are employed by the local government.

解説

いわゆる **PC** (political correctness ＝政治的妥当性) の例。消防士には女性もいるので, fireman は差別的な言葉と言える。chairman → **chairperson** (議 長), stewardess → **flight attendant** (客室乗務員) なども同様。

584 the を入れるかどうかの選択 (1)

自然を守ることは大切です。

X ① It is important to preserve <u>the nature</u>.

O ② It is important to preserve <u>nature</u>.

> 解説
>
> **抽象名詞**が「〜一般」を表す場合は、**無冠詞 (単数形)** にする。①だと「その (特定の) 自然」と解釈される。

585 the を入れるかどうかの選択 (2)

「子どもたちはどこにいるの？」「外で遊んでいるよ」

X ① "Where are <u>children</u>?" "They are playing outside."

O ② "Where are <u>the children</u>?" "They are playing outside."

> 解説
>
> 特定の子どもたちを念頭に置いて話しているので、the が必要。①だと「子ども (と名のつくもの) はどこにいるのか」という不自然な意味になる。

586 the を入れるかどうかの選択 (3)

ご飯をたき忘れた。

X ① I forgot to cook <u>the rice</u>.

O ② I forgot to cook <u>rice</u>.

> 解説
>
> 不可算名詞を**別のものと区別する**ことに意識が向いている場合は、**無冠詞**にする。この例は「(ほかのものではなく) 米を調理する [たく] のを忘れた」という状況。①だと「その (特定の) 米をたくのを忘

れた」という意味になる。

587　the を入れるかどうかの選択 (4)

去年はあなたにとっていい年でしたか。

X ① Was <u>the last year</u> a good year for you?

O ② Was <u>last year</u> a good year for you?

解説

last・next で始まる時を表す句が現時点を基準にしているときは,前に **the をつけない**。過去(や未来)のある時点から見て「その前年」の意味で使うときは the last year と言う。

588　the を入れるかどうかの選択 (5)

弟は大学を卒業しました。

X ① My brother graduated from <u>the college</u>.

O ② My brother graduated from <u>college</u>.

解説

graduate from college =大学を卒業する。①は「その(特定の)大学を卒業した」と解釈される。「大学に入る」は enter [get into] college,「大学に通う」は go to college。

＊ graduate from はアメリカ英語では大学以外にも使うが, イギリス英語では大学にしか使わないので,「高校を卒業する」は **finish** high school が無難な表現 (leave high school は「高校を中退する」と誤解されるおそれがある)。

589　the を入れるかどうかの選択 (6)

ここから学校までどのくらい距離がありますか。

X ① How far is it from here to <u>school</u>?

○② How far is it from here to <u>the school</u>?

解説

学校を（教育の場所という）抽象的な意味でとらえるときは，go to school のように無冠詞で使う。一方，この文の school は学校の建物がイメージされているので，普通名詞扱いして the をつける。

---

590 the を入れるかどうかの選択 (7)

それぞれの学生が英語でスピーチをした。

X ① Each of <u>students</u> make a speech in English.
○② Each of <u>the students</u> make a speech in English.

解説

X of Y が「**Y のうちの X**」の意味を表す場合，Y は（特定の集団だから）前に **the（などの限定詞）**をつける。この形で使う X に当たる語は，**each** のほか some, any, none, either, neither, both, most など。

---

591 the を入れるかどうかの選択 (8)

あなたは将棋をしますか。

X ① Do you play <u>the shogi</u>?
○② Do you play <u>shogi</u>?

解説

play shogi [chess, go] ＝将棋 [チェス，囲碁] を（プレイ）する。play tennis などスポーツ名に the をつけないのと同様。
＊ play the guitar のように楽器名に（総称）の the をつけるのは，たとえば「ギター」には共通の具体的な形のイメージがあるから。一方 tennis や shogi には共通のイメージがないので the をつけない（→ 633）。

私は新宿駅で時々道に迷う。

X ① I often get lost in <u>the Shinjuku Station</u>.

O ② I often get lost in <u>Shinjuku Station</u>.

解説

〈固有の名前＋普通名詞〉が 1 つの物の名称を表す場合，the の有無は慣用によって決まっている。基本的には **the をつけることが多い**。たとえば **the Ueno Zoo**（上野動物園），**the Tone (River)**（利根川）など。一方，**Mt. Fuji**（富士山），**Lake Biwa**（琵琶湖），**Tokyo Station**（東京駅）などには the をつけない。

誰が議長に任命されるだろうか。

X ① Who will be appointed <u>the chairperson</u>?

O ② Who will be appointed <u>chairperson</u>?

解説

appoint（任命する），**elect**（(選挙で) 選ぶ），**run for**（〜に立候補する）などの後ろに**役職名**を表す名詞を置くときは**無冠詞**にする。②の chairperson は「議長の役職」という抽象的な意味を表す。
＊②は ... appointed as chairperson. とも言う。なお同じ役職の人が複数いる場合は，... appointed (as) a committee member（委員会のメンバーに任命される）のように a を入れる。

クリスマスイブの予定はある？

X ① Do you have any plans for <u>the Christmas Eve</u>?

○② Do you have any plans for <u>Christmas Eve</u>?

解説

eve は「前夜」の意味の普通名詞として使うが，Christmas Eve の
ように固有名詞の一部として使うときは the をつけない。
＊「大みそか」は New Year's Eve,「元日」は New Year's Day。

---

595 the を入れるかどうかの選択 (12)　　★★★/

池田総理をどう思いますか？

X ① What do you think of <u>the Prime Minister
Ikeda</u>?
○② What do you think of <u>Prime Minister Ikeda</u>?

解説

人物の前に置いて身分や官職などを表す［敬称として使う］名詞の
前には冠詞をつけない。**President Obama**（オバマ大統領），
Professor Yamada（山田教授），**Uncle John**（ジョンおじさ
ん）なども同様。

---

596 the を入れるかどうかの選択 (13)　　★★★/

台風 8 号は九州に向けて進んでいる。

X ① <u>The typhoon No.8</u> is heading for Kyushu.
○② <u>Typhoon No.8</u> is heading for Kyushu.

解説

たとえば「（本の）第 3 章」は Chapter 3 と言い，the はつけない。
このように〈名詞＋数字〉が 1 つの名称を表す場合，名詞の前には
the をつけない。

---

597 the を入れるかどうかの選択 (14)　　★★★/

自殺者の数が増えてきている。

X ① The number of <u>the people</u> who kill
themselves has been increasing.

O ② The number of <u>people</u> who kill themselves
has been increasing.

the number [amount] of（～の数［量］）に続く名詞には,（後ろ
に修飾語があっても）**the はつけない。**
＊ <u>the</u> number of <u>the</u> ... のように the がくり返される形を避けるためと
考えられる。

---

598 the を入れるかどうかの選択 (15) ★★★/

この物語は事実に基づいている。

X ① This story is based on <u>the fact</u>.

O ② This story is based on <u>fact</u>.

fact（事実）は C ・ U 両方の用法を持つが, 事実とフィクションを
対比する文脈では U 扱いする。①は「その（特定の具体的な）事実」
という意味になる。

---

599 the を入れるかどうかの選択 (16) ★★★/

コピー用紙が切れそうだ。

X ① We're running out of <u>the copy paper</u>.

O ② We're running out of <u>copy paper</u>.

この文では copy paper を抽象的なものと考えて無冠詞にする。①
は「その（特定の）コピー用紙が切れそうだ」の意味。

600 the を入れるかどうかの選択 (17) ★★★/✎💬

コピー用紙が切れそうだ。

X ① **Copy paper** is running out.
O ② **The copy paper** is running out.

解説

特定のコピー用紙がイメージされているので the をつける。①だと「コピー用紙というものが（世の中から）なくなりつつある」という響きになる。

601 the を入れるかどうかの選択 (18) ★★/✎💬

私はクラシックを聞くのが好きです。

X ① I like listening to <u>the classical music</u>.
O ② I like listening to <u>classical music</u>.

解説

music は U。〈形容詞＋ X ［名詞］〉が「X 一般」の意味を表す場合，X が U なら無冠詞にする。①は「その（特定の）クラシック音楽」の意味。
＊「クラシック（音楽）」は **classical** [× classic] **music**。

602 the を入れるかどうかの選択 (19) ★★★/✎💬

あなたは地球温暖化に関心がありますか。

X ① Are you interested in <u>the global warming</u>?
O ② Are you interested in <u>global warming</u>?

解説

warming（温暖化）は U だから，601 と同様に無冠詞にする。①は「その（特定の）地球温暖化」の意味。

603 the を入れるかどうかの選択 (20)

日本語には多くの方言がある。

X ① <u>Japanese language</u> has a lot of dialects.
O② <u>The Japanese language</u> has a lot of dialects.

解説

> language は C ・ U 両方の用法を持つが, 個々の言語は C 。可算名詞の単数形は無冠詞では使えないから,「日本語」は the Japanese language と言う。
>
> ＊ the は後ろの名詞を同種の他のものと対比して1つに特定する働きがある（総称の the もこれに当たる）。②の the は日本語を他の言語と対比している。the east（東）や in the summer（夏に）の the と同様。

604 the を入れるかどうかの選択 (21)

死刑をどう思いますか。

X ① What do you think of <u>death penalty</u>?
O② What do you think of <u>the death penalty</u>?

解説

> penalty（刑罰）は C で, 無冠詞単数形では使えない。そこで, 603 と同様に「対比」の働きを持つ the を加える。601〜604 からわかるとおり,〈形容詞［名詞］＋ X ［名詞］〉が「X 一般」の意味を表す場合, X ＝ U なら the は不要, X ＝ C なら the が必要。

605 the を入れるかどうかの選択 (22)

日本政府は困難な状況に直面している。

X ① <u>The Japan's government</u> faces a difficult situation.

O② <u>The Japanese government</u> faces a difficult

situation.

> **解説**
>
> the と **Japan's**（所有格）はどちらも限定詞だから，①のように**並べて使うことはできない**（→ 563）。「日本（の）政府」は Japan's government とも言うが，the Japanese government が一般的な表現（government は C だから the が必要）。

---

606 a/an を入れるかどうかの選択 (1)

人生はゲームだ。

X ① Life is <u>game</u>.
○ ② Life is <u>a game</u>.

> **解説**
>
> game は C だから，無冠詞単数形では使えない。a game は「ゲームと呼ばれる（多くの）もののうちの1つ」ということ。

---

607 a/an を入れるかどうかの選択 (2)

そんな議論は時間のむだだ。

X ① Such <u>discussion</u> is <u>waste</u> of time.
○ ② Such <u>a discussion</u> is <u>a waste</u> of time.

> **解説**
>
> discussion（議論）や waste（浪費）は具体的な形を持たないが，「1つの議論［浪費］」と考えて C 扱いする。

---

608 a/an を入れるかどうかの選択 (3)

大ニュースがあるよ！

X ① I have <u>a good news</u>!

○② I have <u>good news</u>!

日本語では「1つのニュース」と言えるが，英語の **news** は切り分けることができないものと考えて$\boxed{U}$扱いする。**information**（情報）なども同様。

609　a/an を入れるかどうかの選択 (4)

これはステーキ用の特別なソースです。

X ① This is <u>special sauce</u> for beef steak.
○② This is <u>a special sauce</u> for beef steak.

water（水），juice（ジュース），sauce（ソース）などの液体は基本的には$\boxed{U}$だが，商品としての（種類が意識された）ソースは$\boxed{C}$扱いするので冠詞が必要。

610　a/an を入れるかどうかの選択 (5)

今日は昼食にカレーを食べたい。

X ① I want to have <u>a curry and rice</u> for lunch today.
○② I want to have <u>curry and rice</u> for lunch today.

curry も **rice** も$\boxed{U}$。②の curry and rice は「一皿のカレーライス」という具体的な料理ではなく，「カレーライスという食べ物」という抽象的な意味を表す。

611　a/an を入れるかどうかの選択 (6)

私たちは一緒に昼食をとった。

X ① We had <u>a lunch</u> together.
O ② We had <u>lunch</u> together.

解説

> breakfast（昼食）, lunch（昼食）, dinner（夕食）は U。meal（食事）は C。

612　a/an を入れるかどうかの選択 (7)　

私たちは一緒に遅い昼食をとった。

X ① We had <u>late lunch</u> together.
O ② We had <u>a late lunch</u> together.

解説

> 多くの U（不可算名詞）は，前に形容詞をつけると具体性が増して C になる。611 と比較して言えば，lunch は U だが a late lunch の lunch は C。a heavy rain（大雨），a long history（長い歴史）なども同様。

613　a/an を入れるかどうかの選択 (8)　

その台風は関東地方に大きな害を引き起こした。

X ① The typhoon has caused <u>a great damage</u> to the Kanto region.

O ② The typhoon has caused <u>great damage</u> to the Kanto region.

解説

> 612 の lunch などとは違って，前に形容詞があっても C にならない（常に不可算の）名詞がある。damage（損害）や music のほか，heavy traffic（激しい交通），good news（よい知らせ），good weather（好天），make rapid progress（急速に進歩する）なども，形容詞の前に a はつけない。

247

614　a/an を入れるかどうかの選択 (9)

★★/✎💬

デザートのためにお腹の余裕を残しておきます。

X ① I'll leave <u>a room</u> for desert.
O ② I'll leave <u>room</u> for desert.

解説

room は「部屋」の意味では[C]，「余地，スペース」の意味では[U]（抽象名詞）。

615　a/an を入れるかどうかの選択 (10)

★★/✎💬

メールで連絡を取り合いましょう。

X ① Let's keep in touch <u>by an e-mail</u>.
O ② Let's keep in touch <u>by e-mail</u>.

解説

by（〜によって）の後ろに**交通・通信の手段**を表す名詞を置くときは，**無冠詞**にする。②の e-mail は「メールという通信手段」という抽象的な意味を表す。**by car**（車で）なども同様。なお「電話で」は**on the phone**。

616　a/an を入れるかどうかの選択 (11)

★★/✎💬

私はその映画を DVD で見た。

X ① I watched the movie on <u>a DVD</u>.
O ② I watched the movie on <u>DVD</u>.

解説

on DVD は，DVD の機能を抽象的にとらえた表現（watch television の無冠詞と同様）。on a DVD だと「DVD の上に乗って映画を見た」ように響く。

617　a/an を入れるかどうかの選択 (12) ★★/✎💬

戦争のない世界に住みたい。

X ① I want to live in a world without <u>a war</u>.

○② I want to live in a world without <u>war</u>.

> **解説**
>
> 個々の戦争を表すときは war を C として使うが，この文の war は「戦争状態」という抽象的な意味を表すので無冠詞にする。

618　a/an を入れるかどうかの選択 (13) ★★★/✎💬

日本語でこの魚を「コイ」と言います。

X ① We call this fish <u>a "koi"</u> in Japanese.

○② We call this fish <u>"koi"</u> in Japanese.

> **解説**
>
> この文の "koi" は（個別のコイではなく）**抽象的な名称**だから，抽象名詞と同様に前に a はつけない。

619　some を入れるかどうかの選択 (1) ★★★/💬

コーヒーでも飲みたいな。

△① I'd like <u>coffee</u>.

○② I'd like <u>some coffee</u>.

> **解説**
>
> 「いくつか[いくらか]の〜」（不特定の数量）の意味を表す some は，a/an に似た働きをする。この文では，coffee は U だから前に a/an を置くことはできない。代わりに some を置いた②が普通の文。①は coffee と他のものとの対比が意識されて，「他の飲み物ではなく<u>コーヒーが</u>ほしい」というニュアンスになる。

★★★/💬

コーヒーをください。《喫茶店で》

X ① I'd like <u>some coffee</u>, please.

O ② I'd like <u>coffee</u>, please.

解説

619 で説明したとおり，②はコーヒーを注文する際に適している（単に Coffee, please. でもよい）。①は some が不特定の数量を表すので不自然。

---

621 some を入れるかどうかの選択 (3)

★★★/✏️💬

スーパーでビニール袋を買わなくちゃ。

△① I need to buy <u>plastic bags</u> at the supermarket.

O② I need to buy <u>some plastic bags</u> at the supermarket.

解説

「1 枚のビニール袋を買う」なら buy a plastic bag。複数枚なら buy **some** plastic bags とする（→ 619）。①は「（他の素材の袋ではなく）ビニール製の袋」という響きになる。
＊「ビニール袋」は a **plastic** bag，「ポリバケツ」も a **plastic** bucket。

---

622 a と an の選択

★/✏️💬

これは役に立つアプリだ。

X ① This is <u>an useful</u> app.

O② This is <u>a useful</u> app.

解説

an は**母音**で始まる名詞の前に置く。母音とは音であり，a・i・u・

e・oの文字(**母音字**)と混同しないことが大切。文字が母音字でも,音が母音だとは限らない。useful [júːsf(ə)l] の最初の音は [j](子音)だから, an ではなく a を使う。

＊逆に hour [auər](時間)の最初の文字(h)は子音字だが, 音が母音なので an を前に置く。

623　a と the の選択 (1)

 ★/✎/💬

私はロイヤルズのファンです。

X① I'm <u>the fan</u> of the Royals.
O② I'm <u>a fan</u> of the Royals.

解説

〈X [名詞]＋修飾語〉の前に置く冠詞は, その全体が「**1つしかないもの**」なら the を使い, 「**複数あるもののうちの1つ**」なら a/an を使うのが基本。「ロイヤルズのファン」はたくさんおり,「私」はそのうちの1人だから②が正しい。①だと「ロイヤルズのファンは私1人だけだ」と言っていることになる。

＊同様に I'm Lady Gaga's fan. は「私はレディ・ガガのただ1人のファンだ」のように聞こえるので, I'm a fan of Lady Gaga. が適切な表現。

624　a/an と the の選択 (2)

 ★/✎/💬

彼らのコンサートのチケットが取れなかった。

X① I couldn't get <u>the ticket</u> for their concert.
O② I couldn't get <u>a ticket</u> for their concert.

解説

623 と同様。「コンサートのチケットのうちの1枚」という意味だから a を使う。

625　a/an と the の選択 (3)

 ★★★/✎/💬

数学の試験で満点を取ったよ。

X ① I got <u>the perfect score</u> on the math test.
O ② I got <u>a perfect score</u> on the math test.

解説

get a good score（よい点を取る）の good を perfect に置き換えて考えるとわかりやすい。「満点」は数字としては 1 つしかないが，the を使ってはいけない。

626　a/an と the の選択 (4)　

けさは日の出を見るために 5 時に起きた。

X ① I got up at 5 this morning to see <u>a sunrise</u>.
O ② I got up at 5 this morning to see <u>the sunrise</u>.

解説

1 つに特定できるものには the をつける。sun（太陽）や moon（月）は 1 つしかないから，the をつける。sunrise（日の出，朝日），sunset（日没，夕日）も同様。

627　a/an と the の選択 (5)　

窓の外に満月が見えた。

X ① I saw <u>the full moon</u> out of the window.
O ② I saw <u>a full moon</u> out of the window.

解説

月は 1 つしかないが，満月（という形）はくり返し現れる。そのうちの 1 つが見えた，という意味だから a を使う。

628　a/an と the の選択 (6)

この本はきっとベストセラーになるだろう。

X ① This book is sure to become <u>the</u> best seller.

O ② This book is sure to become <u>a</u> best seller.

> **解説**
>
> ベストセラーの本はたくさんある。そのうちの１つになる，という意味だから，適切な冠詞は a。「best の前だから the を使う」と考えないこと。

---

629 a/an と the の選択 (7)

この映画はアカデミー賞を取りそうだ。

X ① This movie is likely to win <u>the Academy Award</u>.

O ② This movie is likely to win <u>an Academy Award</u>.

> **解説**
>
> アカデミー賞にはいろんな部門があり，取るのはそのうちの１つだから an を使う。win a [× the] gold medal（金メダル（の１つ）を取る）なども同様。

---

630 a/an と the の選択 (8)

私は一人息子です。

X ① I'm <u>the only son</u>.

O ② I'm <u>an only son</u>.

> **解説**
>
> 「一人息子」は世の中にたくさんいる。「私はそのうちの１人だ」の意味だから，②が正しい。「彼は X 氏の一人息子だ」なら，１人に特定できるので，He is <u>the</u> only son of Mr. X. と言う。

---

631 a/an と the の選択 (9)

私は横浜の郊外に住んでいます。

X ① I live in <u>the suburb</u> of Yokohama.
O ② I live in <u>a suburb</u> of Yokohama.

解説

「横浜の郊外（地区）」はたくさんあるので、「そのうちの１つ（の場所）に住んでいる」という意味でａを使う。the だと横浜には郊外が１つしかないように響く。なお，「郊外に住む」は live in the suburbs と言う。

632　a/an と the の選択 (10)　

神戸の夜景を見たことがありますか。

X ① Have you ever seen <u>a</u> night view of Kobe?
O ② Have you ever seen <u>the</u> night view of Kobe?

解説

night view が of Kobe で限定されるので the をつける。631 と違って「（たくさんある）神戸の夜景のうちの１つを見る」というイメージは湧きにくいので①は誤り。

＊ Have you ever seen a night view <u>in</u> Kobe? は可能だが，夜景は普通高いところから見るので in Kobe（神戸の中で）はやや違和感がある。

633　a/an と the の選択 (11)　

バスに傘を置き忘れた。

△① I left my umbrella on <u>a bus</u>.
O ② I left my umbrella on <u>the bus</u>.

解説

①は「あるバス」の意味で使えるが，②の方が普通。②は「その（特定の１台の）バス」ではなく「バスという乗り物」の意味。このような the は「**総称の the**」と呼ばれる。**誰もが共通の形をイメージできる名詞**の前には，総称の the をつけて「一般に〜と呼ばれているもの」

という意味を表すことができる。

634　a/an と the の選択 (12)　★★

UFO とは未確認飛行物体です。

X ① <u>The UFO</u> is an unidentified flying object.

O ② <u>A UFO</u> is an unidentified flying object.

解説

UFO と聞いて思い浮かべる形は人によって違うから，総称の the は使えない。①は「その（特定の１つの）UFO」の意味に解釈される。
* over the radio（ラジオで）や on the phone（電話で）で総称の the を使えるのは，ラジオや電話は誰もが共通の形を思い浮かべることができるから。

635　a/an と the の選択 (13)　★★★

弁護士になるには，司法試験に合格しなければならない。

X ① To be a lawyer, you have to pass <u>a bar exam</u>.

O ② To be a lawyer, you have to pass <u>the bar exam</u>.

解説

総称の the は，形のないものにも使える。②の the は司法試験を他の試験と対比して１つに特定する働きをしている（特定の１回のテストを指しているのではない）。同様に「TOEIC テストを受ける」は take the TOEIC test が普通の言い方。

636　a/an と the の選択 (14)　★★★

すみません，（電話）番号を間違えました。

X ① I'm sorry. I have <u>a wrong number</u>.

○② I'm sorry. I have <u>the wrong number</u>.

解説

right（正しい）・wrong（間違った）の前には **the** をつけるのが原則。

637　a/an と the の選択 (15)

昼食の後で映画を見に行こうよ。

X ① Let's go to see <u>the movie</u> after lunch.
○② Let's go to see <u>a movie</u> after lunch.

解説

「映画を見に行く」は、「映画館へ行く」の意味では **go to the movies**（→ 537）。「1 本の映画を見に行く」は go to see a movie。①は「（君も既に知っている）その映画を見に行こう」という意味になる。

638　a/an と the の選択 (16)

その川では多くの魚が水質汚染の結果死んだ。

X ① A lot of fish in the river died <u>as the result of</u> water pollution.
○② A lot of fish in the river died <u>as a result of</u> water pollution.

解説

as a result (of 〜) =（〜の）結果として。この成句では the は使わない。

639　the と this/that の選択 (1)

「スピード」は今年最高の映画だと思う。

△① I think "Speed" is the best movie <u>of this year</u>.

○② I think "Speed" is the best movie <u>of the year</u>.

解説

②が自然な表現。①は this year と他の年との対比が意識されて、「今年については『スピード』が最高の映画だが，他の年にはもっとよい映画があった」と言っているように感じられる。

---

640 the と this/that の選択 (2)

私は将来外国で働きたい。その目的のために数か国語を勉強している。

△① I want to work abroad in the future. <u>For the purpose</u>, I study several languages.

○② I want to work abroad in the future. <u>For that purpose</u>, I study several languages.

解説

②は **that** が前文の内容を指しており、「その目的」という意味が明確になる。①の the purpose は「（あなたも知っている）例の目的」の意味で、前の内容を指すとは限らない。

---

641 the と所有格の代名詞の選択

喫煙は健康に悪い。

△① Smoking is bad for <u>the</u> health.

○② Smoking is bad for <u>your</u> health.

解説

①は間違いではないが堅苦しい表現。②の **your** は**一般の人々**を指す。

マリコには彼氏がいるらしい。

X ① Mariko seems to have <u>her boyfriend</u>.

○② Mariko seems to have <u>a boyfriend</u>.

解説

所有格には「所有」の意味があり、たとえば her X は「彼女の持っている X」という意味を表す。①は **have と her の両方に「持っている」という意味がある**ので不自然に響く。同様に「ぼくは彼女がほしい」は I want a [× my] girlfriend. と言う。

彼は今職を探している。

X ① He is looking for <u>his job</u> now.

○② He is looking for <u>a job</u> now.

解説

なくしたものを探すなら He is looking for <u>his</u> car key.（彼は車の鍵を探している）のように言うが、his job は「彼が（既に）持っている仕事」という意味だから、「探している」という内容に合わない。

ゆうべは友だちの家に泊まった。

X ① I stayed with <u>my friend</u> last night.

○② I stayed with <u>a friend</u> last night.

解説

「ある友人の家に泊まった」と言いたいときは②を使う。①の my friend は特定の友人（たとえば特に親しい友人や、既に話題に出ている友人）を意味する。また I stayed with <u>my friend Takashi</u> last

night.（ゆうべは友人のタカシの家に泊まった）のような使い方も
する（→ 1018）。

645　a/an と所有格の代名詞の選択 (4)

★★★/✎☺

姫路は美しいお城で有名です。

X ① Himeji is famous for <u>a beautiful castle</u>.
O ② Himeji is famous for <u>its beautiful castle</u>.

解説

「姫路が美しい城を持っている」という意味で，所有格を使うのが適
切。①は文法的には正しいが，姫路に城が複数あるように響くので
不適切。

646　a/an と所有格の代名詞の選択 (5)

★★★/✎☺

ちょっと手を貸してくれる？

X ① Can you <u>give me your hand</u>?
O ② Can you <u>give me a hand</u>?

解説

give O a hand ＝〜に手を貸す，〜を手伝う。この成句では a を使う。

647　some と所有格の代名詞の選択

★★★/✎☺

先週末に友人たちとキャンプに行った。

△①I went camping with <u>my</u> friends last weekend.
O②I went camping with <u>some</u> friends last weekend.

解説

一緒に行った友人が 1 人なら with my friend より with a friend
の方が自然（→ 644）。同様に一緒に行った友人が複数なら，with
my friends より with **some** friends の方が自然。①は「友人たち

全員とキャンプに行った」ようにも響く。

648 冠詞の位置 (1)

この文書をコピーするのに 1 時間半かかった。

X ① It took me <u>one and half an hour</u> to copy these documents.

O ② It took me <u>one and a half hours</u> to copy these documents.

解説

「30 分」は half an hour だが,「1 時間 30 分」は **one and a half hours** または **one [an] hour and a half** と表現する。

649 冠詞の位置 (2)

データは全部チェックしました。

X ① I've checked <u>the all data</u>.
O ② I've checked <u>all the data</u>.

解説

all・both・half・double・twice などは,**限定詞（冠詞・所有格・this/that など）の前**に置く。②は all (of) the data の of を省略した形と考えてもよい。

650 冠詞の位置 (3)

こんな暑い日には外出したくない。

X ① I don't want to go out <u>on a such hot day</u>.
O ② I don't want to go out <u>on such a hot day</u>.

解説

such + a/an +形容詞+ X [名詞]＝これほど [とても]〜な X
＊フォーマルな書き言葉では，so hot a day という形もある。

651　冠詞の注意すべき使い方 (1)

 ★★★

私は１日に最低３回コンビニへ行く。

X ① I go to the convenience store at least three times <u>in a day</u>.

O ② I go to the convenience store at least three times <u>a day</u>.

解説

a/an は「〜につき」の意味で使う（堅い言葉で言えば **per**）。in a day は「今から１日後に」または「１日かかって」の意味だから①は誤り。

652　冠詞の注意すべき使い方 (2)

 ★★★

これは子どもが解くには難しすぎるパズルだ。

X ① <u>This is too difficult puzzle</u> for children to solve.

O ② <u>This puzzle is too difficult</u> for children to solve.

解説

副詞の too の後ろに名詞を置くときは，〈**too ＋形容詞＋ a(n) ＋名詞**〉の語順になる。この形では a(n) が必須であり，X は**可算名詞の単数形**でなければならない。①は too の後ろに a を入れれば正しい文になるが，②の方が口語的で自然。

653　名詞と代名詞の選択 (1)

 ★

私の父は弁護士です。私は父を尊敬しています。

△① My father is a lawyer. I respect <u>my father</u>.

○② My father is a lawyer. I respect <u>him</u>.

解説

①は中学生の作文などで非常によく見られる不自然な文。英語では同じ名詞の繰り返しを避けるので，２番目の文では my father を代名詞の him で言い換える。

654　名詞と代名詞の選択 (2)　★★/✎◇💬

英語を学ぶ最善の方法は，英語が話されている国に住むことだ。

△① The best way to learn English is to live in a place where <u>English</u> is spoken.

○② The best way to learn English is to live in a place where <u>it</u> is spoken.

解説

英語では同じ言葉のくり返しを避ける傾向が強い。この例の場合，English の繰り返しを避けるために，２つめの English は it で代用するのがベター。

655　名詞と代名詞の選択 (3)　★★★/💬

たまには別の歌を歌ったら？

△① Why don't you sing <u>another song</u> for a change?

○② Why don't you sing <u>something else</u> for a change?

解説

①でも問題ないが，sing a song には意味の重複が感じられるので，②のように「何か別のもの」と表現するとよい。eat breakfast

の代わりにしばしば have breakfast を使うのも，eat だと「朝食を食べる」のように響くから（→ 125）。

656　適切な代名詞の選択 (1)

君が手に持っているそれは何？

X ① What's <u>it</u> in your hand?
O ② What's <u>that</u> in your hand?

> **解説**
>
> 「it ＝それ」「that ＝あれ」と覚えるのは間違い。**it は前に出てきたものを指す**ので，会話の切り出しに「それ」の意味で it を使うことはできない。自分から見て近いものには **this**，遠いものには **that** を使う。相手が持っているものを指して「それ」と言うときは，（自分から遠いので）that を使う。

657　適切な代名詞の選択 (2)

★★／💬

誰にでも自分のライフスタイルがある。

X ① Everyone has <u>his</u> own lifestyle.
O ② Everyone has <u>their</u> own lifestyle.

> **解説**
>
> everyone には男性も女性も含まれるから，両方を含む **their** を使う。every は単数扱いするので，フォーマルな表現では Everyone has **his or her** own lifestyle. と言う。

658　適切な代名詞の選択 (3)

「ミホは先月昇進したそうだ」「そうなの？それは知らなかった」

△① "I heard Miho was promoted last month."
　　"Was she? I didn't know <u>it</u>."

〇② "I heard Miho was promoted last month."
"Was she? I didn't know <u>that</u>."

it（それ）は特定の名詞を指して使うことが多い。発言の内容などを指して「そのこと」と言うときは，**that** を使うのが普通。

---

659 適切な代名詞の選択 (4)

明日何が起きるかは決してわからない。

△① <u>We</u> can never tell what will happen tomorrow.

〇② <u>You</u> can never tell what will happen tomorrow.

解説

一般の人は **you** や **people** で表すのがよい。we は自分たちと別の集団との対比を意識した語で，①は「（明日のことがわかる人もいるかもしれないが）私たちにはわからない」と言っているようにも感じられる。

---

660 適切な代名詞の選択 (5)

誰にでも間違いはあるよ。

X① <u>You</u> all make mistakes.

〇② <u>We</u> all make mistakes.

解説

①は一般論を語っているように聞こえるので，失敗した人を慰めるような状況では不適切。主語を **we** にする方が，「自分も含めて」という共感のこもった言い方になる。

---

661 適切な代名詞の選択 (6)

中古車でも，車がないよりはましだ。

X ① Even a used car is better than <u>nothing</u>.

O ② Even a used car is better than <u>none</u>.

解説

②の **none** は no car の意味。①の nothing は「何もない」で，日本語の英訳としては不適切。

662　代名詞の格の選択 (1)

私の意見はあなたとは違います。

X ① My opinion is different from <u>you</u>.

O ② My opinion is different from <u>yours</u>.

解説

②の **yours**（所有代名詞）は，(opinion のくり返しを避けるために) your opinion を言い換えたもの。①は my opinion と you を比べることになるので誤り。

663　代名詞の格の選択 (2)

ここだけの話だけれど，山口さんは転勤するそうだ。

X ① Between you and <u>I</u>, I heard Mr. Yamaguchi will be transferred.

O ② Between you and <u>me</u>, I heard Mr. Yamaguchi will be transferred.

解説

前置詞 (between) の後ろに人称代名詞を置くときは，**目的格** (me) を使う。with <u>me</u>（私と一緒に）などの目的格と同じ。

664　代名詞の格の選択 (3)

兄の友人の1人はプロのミュージシャンです。

X ① A friend of <u>my brother</u> is a professional musician.

O ② A friend of <u>my brother's</u> is a professional musician.

解説

「私の友人の1人」は a friend of **mine** と言う。この mine（所有代名詞）は「私のもの」という意味。同様に「私の兄のもの」は **my brother's** だから，②が正しい。

---

665 再帰代名詞 (1)

自分をあまり責めないで。

X ① Don't be so hard on <u>you</u>.

O ② Don't be so hard on <u>yourself</u>.

解説

「自分自身」は oneself（再帰代名詞）の形で表す。「あなた自身」は **yourself**。
（類例）He killed **himself**. （彼は自殺した [自分自身を殺した]）

---

666 再帰代名詞 (2)

上司に頼り過ぎてはいけない。君は自分で判断すべきだ。

X ① Don't depend too much on your boss. You should judge <u>yourself</u>.

O ② Don't depend too much on your boss. You should judge <u>for [by] yourself</u>.

解説

①の yourself は「（ほかの人ではなく）あなた自身が」の意味（フォーマルな表現では You **yourself** should judge.）。しかし judge

には他動詞の用法もあり，judge yourself は「あなた自身を判断する」ように響くので②を使う。**for oneself** は「自分で，自分のために」，**by oneself** は「独力で」の意味。

（類例）I cook **for myself** [× I cook myself] to save money.
（お金を節約するために自炊している）

---

667 代名詞を入れるかどうかの選択 (1) ★★/💬

「宿題は終わったの？」「今やってるところだよ」

X ① "Have you finished your homework?" "I'm <u>doing</u> now."

O ② "Have you finished your homework?" "I'm <u>doing it</u> now."

do（～をする）は他動詞だから，目的語が必要。②を使って「それ[宿題]を今やっている」と表現するのが正しい。

---

668 代名詞を入れるかどうかの選択 (2) ★★★/✎💬

兄はその大学を卒業したことを誇りに思っている。

X ① My brother is proud of <u>his</u> having graduated from that university.

O ② My brother is proud of having graduated from that university.

解説

①の his は動名詞の意味上の主語だが（→ 452），これを入れると my brother と his が別人だと解釈されるので誤り。

（類例）Thank you for [× for your] coming all the way.
（わざわざ来てくれてありがとう）

669　代名詞を入れるかどうかの選択 (3)

私は電車で通勤しています。

X ① I go to my work by train.

O ② I go to work by train.

解説

go to work ＝仕事に行く。この work は抽象的な意味を表す。go to school（学校へ行く）と同様。

670　代名詞を入れるかどうかの選択 (4)

医者は私に減量するようにと言った。

X ① The doctor told me to lose my weight.

O ② The doctor told me to lose (some) weight.

解説

①は「体重を全部失う」ように響くので間違い。

（類例）Have you ever donated **blood** [× your blood]?
　　（献血をしたことがありますか）

671　所有格の代名詞に関する誤り (1)

彼女が歌っている歌は何ていうタイトルなの？

X ① What's the title of her singing song?

O ② What's the title of the song (that) she is singing?

解説

〈現在分詞＋X［名詞]〉が「～している X」の意味を表す場合，「X が～している」という関係が成り立つ。たとえば a barking dog（ほえている犬）は「犬がほえている」ということ。しかし「歌が歌っている」わけではないから①は誤り。

672　所有格の代名詞に関する誤り (2)

★

ぼくのこのナイフを使っていいよ。

X ① You can use <u>this my knife</u>.

O ② You can use <u>this knife of mine</u>.

> **解説**
>
> my も this も限定詞だから，2 つ並べては使えない（→ 563）。このように所有格の名詞・代名詞と他の限定詞が重複するときは，前者（my）を所有代名詞（mine）に変えて後ろへ回す。(×) a my friend → (○) a friend of mine と同様（→ 664）。

673　所有格の代名詞に関する誤り (3)

★

私の両親はどちらも東京生まれです。

X ① <u>My both parents</u> were born in Tokyo.

O ② <u>Both my parents</u> were born in Tokyo.

> **解説**
>
> both・all・half などは，限定詞（冠詞・所有格など）の前に置く（→ 649）。

674　所有格の代名詞に関する誤り (4)

★★★

友人の 3 人がインフルエンザにかかった。

X ① <u>My three friends</u> have caught the flu.

O ② <u>Three of my friends</u> have caught the flu.

> **解説**
>
> 「私の友人のうちの 3 人」と表現するのが適切。①は「私には 3 人しか友人がいない」ように響く。

675　it に関する誤り (1)

けさはとても寒かった。

X ① <u>This morning</u> was very cold.
O ② <u>It</u> was very cold <u>this morning</u>.

解説

天候・時・寒暖・明暗などは，it を主語にして表す。
（類例）It's getting dark [warm]. （暗く [暖かく] なってきた）

676　it に関する誤り (2)

君は手遅れにならないうちに試験の準備を始めた方がいい。

X ① You should start preparing for the exam
　 before <u>you are</u> too late.

O ② You should start preparing for the exam
　 before <u>it is</u> too late.

解説

②の it は**その場の状況を漠然と表す**。①のように人間を主語にして
late を使うと，「遅刻する」という意味になる。

677　it に関する誤り (3)

カタログを送っていただけるとありがたいのですが。

X ① I would appreciate if you would send me a
　 catalog.

O ② I would appreciate <u>it</u> if you would send me
　 a catalog.

解説

I would appreciate it if you would ～＝～していただけると
ありがたいのですが。この it は，その場の状況を漠然と表す。主に

270

書き言葉で使う改まった表現。

---

678 it に関する誤り (4) ★★/✎💬

ビーチまでは歩いておよそ10分です。

X ① It'<u>s</u> about ten minutes to walk to the beach.

O ② It <u>takes</u> about ten minutes to walk to the beach.

> **It takes 時間 to do.** =**～するのに…（の時間が）かかる。**①の it は形式主語と解釈されるが，S（ビーチまで歩くこと）≠ C（約10分）だから誤り。to walk を省けば正しい文になる。
>
> *②の it は後ろの不定詞を指す形式主語とも考えられるが，定型表現として覚えればよい。

---

679 this/that などに関する誤り (1) ★/✎💬

この靴は私の足に合わない。

X ① <u>This</u> shoes <u>doesn't</u> fit my feet.

O ② <u>These</u> shoes <u>don't</u> fit my feet.

> 1足の靴は品物としては1つでも形が複数形（shoes）だから，「この靴」は **these** shoes として**複数扱い**する。glasses（めがね）なども同様で，「このめがね」は these glasses と言う。

---

680 this/that などに関する誤り (2) ★/✎💬

アメリカの大学生活は日本とは全く異なる。

X ① College life in the U.S. is quite different from <u>Japan</u>.

○② College life in the U.S. is quite different from <u>that in Japan</u>.

アメリカの大学生活と比べるのは日本の大学生活。… from <u>college life</u> in Japan. とも言えるが,同じ言葉のくり返しを避けるために下線部を代名詞の that で置き換える。

---

681 this/that などに関する誤り (3) ★

当社の売り上げは競合他社よりも少ない。

X① Sales of our company are lower than <u>our competitors</u>.

○② Our company's sales are lower than <u>our competitors'</u>.

「当社の売り上げ」と「競合他社の売り上げ(our competitors' (sales))」を比べる。Sales of our company are lower than <u>those of</u> our competitors. とも言える。

---

682 this/that などに関する誤り (4) ★★★

こんなことは言いたくないけれど,君は言葉に気をつける方がいい。

X① I hate to say <u>that</u>, but you should watch your language.

○② I hate to say <u>this</u>, but you should watch your language.

this(このこと)は,**前または後ろの内容**を指す。②の this は but の後ろの内容を指している。**that**(そのこと)は前の内容を指すことができるが,後ろの内容を指す用法はない。

683　this/that などに関する誤り (5) ★★★/✎💬

株価はここ３か月下がっている。

△① Stocks have been falling <u>these three months</u>.

○② Stocks have been falling <u>for the last [past] three months</u>.

解説

for the last [past] ～＝**最近[過去]～の間**。②の下線部は for three months でもよい。①は間違いではないが，今日ではあまり使われない。

684　one に関する誤り (1) ★★/✎💬

バイクがほしいけれど，買うお金がない。

✕① I want a motorcycle, but I can't afford <u>it</u>.

○② I want a motorcycle, but I can't afford <u>one</u>.

解説

… but I can't afford <u>a motorcycle</u>. とも言えるが，同じ言葉のくり返しを避けるために下線部を代名詞の **one** で言い換える。
＊①は正しい文だが，「私はある (特定の) バイクがほしいが，それを買うお金がない」という意味。なお「オートバイ」は，アメリカ英語では motorcycle, イギリス英語では motorbike。

685　one に関する誤り (2) ★★/✎💬

その話は私が子どもの頃に聞いた話とは違います。

△① The story is different from the <u>story</u> I heard when I was a child.

○② The story is different from the <u>one</u> I heard when I was a child.

①は正しいが，story のくり返しを避けるために **one** を使うのがベター。

686　one に関する誤り (3)

彼女の車は私の車より快適に運転できた。

X ① Her car was more comfortable to drive
than <u>my one</u>.

O ② Her car was more comfortable to drive
than <u>mine</u>.

解説

〈**所有格＋ one**〉**の形は誤り**。代わりに「～のもの」の意味を表す所有代名詞 (mine) を使う。

＊「私の車より」が「私の母の車より」なら，… than my mother's (car).。この car を省略した形 (my mother's) を独立所有格と言う。また，my <u>new</u> one のように形容詞を加えた形は正しい。

687　one に関する誤り (4)

私はフランス料理よりイタリア料理の方が好きです。

X ① I prefer Italian food to French <u>one</u>.

O ② I prefer Italian (food) to French <u>food</u>.

解説

one はもともと「１つ」の意味だから，**不可算名詞**（この文では food）**の代わりに one を使うことはできない**。②の最初の food は省いてもよい。I prefer Italian food to French. も可。

＊ food が可算名詞なら，an Italian food または Italian foods となるはず。

688　one に関する誤り (5)

卵が必要なら，ぼくが買いに行くよ。

X ① If you need eggs, I'll go and get <u>ones</u>.

O ② If you need eggs, I'll go and get <u>some</u>.

解説

one は単独でも使えるが，複数形の ones は修飾語（形容詞など）とセットで使う。②の some は some eggs の意味。

---

689 one に関する誤り (6)

「彼女の小説を読んだことはある？」「いや，１冊もないよ」

X ① "Have you ever read her novel?" "No, I've never read <u>one</u>."

O ② "Have you ever read her novel?" "No, I've never read <u>any</u>."

解説

②は never と any が結びついて「今までに１つも～ない」の意味になる。… read **any of them** [her novels]. でもよい。

---

690 one に関する誤り (7)

この問題は，私たち皆が真剣に考えるべきものだ。

X ① This issue is <u>the one</u> that all of us should consider seriously.

O ② This issue is <u>one</u> that all of us should consider seriously.

解説

代名詞を使わずに書くなら下線部は an issue となるはずだから，①の the は不要。修飾語があるからといって，one に必ず the がつくとは限らない。

＊複数の問題が話題になっている状況で，「この問題（こそ）が，私たち皆

が真剣に考えるべきものだ」と言いたいときは①を使う。その場合は This（新情報）に強勢を置く。

691　one に関する誤り (8)

★★／

私の家族の誰もスポーツが得意ではない。

X ① <u>No one of</u> my family members are good at sports.

O ② <u>None of</u> my family members are good at sports.

解説

「X のうち誰も〜ない」は，**none of X** で表す。no one of X は誤り。

692　some に関する誤り

★★／

その遊園地には数回行ったことがある。

X ① I've been to that amusement park <u>some</u> times.

O ② I've been to that amusement park <u>several</u> times.

解説

several は 3 〜 6 程度の**具体的な数字**をイメージして使う。**some** は漠然と「**いくつかの**」の意味を表すが，some times だと「時々」と誤解されるのでよくない。なお **a few** times なら「回数は少ないけれど行ったことはある」という響きになる。

693　any に関する誤り (1)

★★／

テーブルの上のものを何でも取って食べてください。

X ① Please help yourself to <u>everything</u> on the table.

276

○② Please help yourself to <u>anything</u> on the table.

解説

anything は「どれを選んでも（よい）」の意味。①だと「テーブルの上のものを全部取って食べてください」という不自然な意味になる。

694　any に関する誤り (2)

子どもは誰でもこのアニメが好きだ。

X① <u>Any</u> child likes this anime.
○② <u>Every</u> child likes this anime.

解説

any は「たとえどの１つを選んでも」という仮定の意味を含むので，**事実を表す文の主語としては使えない**。述語に助動詞が含まれていれば any を使ってよい。

（例）× Anyone <u>uses</u> a smartphone.
　　（誰でも［みんな］スマホを使っている）
　　○Anyone <u>can use</u> this smartphone.
　　（このスマホは誰にでも使える）

695　any に関する誤り (3)

スマホがどこにも見当たらない。

X① I can't find my smartphone <u>everywhere</u>.
○② I can't find my smartphone <u>anywhere</u>.

解説

not + anywhere ＝どこにも～ない。①は not と every が部分否定の意味になり，「全部の場所にあるわけではない」という不自然な意味になる。

277

696 　any に関する誤り (4)

★★★／✎😊

サッカーファンなら誰でもその試合を見たいと思うだろう。

X ① Any soccer <u>fans</u> would want to see the game.

O ② Any soccer <u>fan</u> would want to see the game.

解説

> **any** は「(たとえ) どの 1 つを選んでも」の意味だから, 肯定文で使うときは後ろに**単数形の名詞を置く**。

697 　any に関する誤り (5)

★★★／✎😊

愛国者は自分の国が他のどの国よりも優れていると信じる。

X ① Patriots believe that their country is superior to any other <u>countries</u>.

O ② Patriots believe that their country is superior to any other <u>country</u>.

解説

> 696 と同様に, 肯定文の **any (other)** の後ろには単数形の名詞を置く。be superior to any other country は「どの 1 つの国を選んでも, その国より優れている」ということ。

698 　any に関する誤り (6)

★★★／✎😊

ほかに何か質問はありますか。

X ① Do you have any other <u>question</u>?

O ② Do you have any other <u>questions</u>?

解説

> 複数の質問が出ることを想定して②を使うのが適切。

699 any に関する誤り (7)

★★★

冷蔵庫に卵が残っていない。

X ① There aren't <u>eggs</u> left in the refrigerator.
O ② There aren't <u>any eggs</u> left in the refrigerator.

解説

There are no eggs left in the refrigerator. とも言う。no = not + any の関係があるので，この文では any を使うのが普通。698・699 からわかるとおり，**否定文・疑問文中で〈any + X ［可算名詞］〉の形を使う場合，複数ありうる X は複数形にする。**

700 any に関する誤り (8)

★★

私に何か言いたいことがあるんじゃないの？

X ① Don't you have <u>anything</u> to tell me?
O ② Don't you have <u>something</u> to tell me?

解説

イエスの答えを想定した質問では，疑問文でも some(thing) を使う。たとえば「コーヒーでも飲む？」と勧める場合は，Would you like **some** coffee? が普通。any だと「コーヒーを飲みたい？ それとも飲みたくない？」という質問になる。

701 no などに関する誤り (1)

★★

この数学の問題は誰にも解かれていない。

X ① This math problem has been solved by <u>nobody</u>.
O ② This math problem has<u>n't</u> been solved by <u>anybody</u>.

by nobody という形は誤り。「**否定語はなるべく前に置く**」という
ルールに従って，②のように not ... by anybody の形にする
(→ 329)。

702　no などに関する誤り (2)

おなかがすいた。朝から何も食べていないんだ。

△① I'm hungry. I've eaten <u>nothing</u> since morning.

○② I'm hungry. I have<u>n't</u> eaten <u>anything</u> since
morning.

①は間違いではないが，701 と同様に not を前に出した②がベター。

703　no などに関する誤り (3)

私はとても疲れていたので何も食べられなかった。

✕① I was too tired to eat <u>nothing</u>.

○② I was too tired to eat <u>anything</u>.

too 〜 to do は「〜すぎて…できない」の意味。この中に否定 (not)
のニュアンスが含まれるので，②は〈not + anything〉(何も〜ない)
の意味になる。

704　no などに関する誤り (4)

バスには空席が 1 つもなかった。

△① There <u>was no empty seat</u> on the bus.

○② There <u>were no empty seats</u> on the bus.

解説

any の場合と同様に (→ 699)，no の後ろの可算名詞は「**1つある
のが普通か，複数ありうるか**」という常識的な判断によって単数か
複数かを決める。バスの中の空席は複数ありうるので，seats（複
数形）を使う方が自然。

*逆に，たとえば I have no <u>girlfriends</u>. と言うと「複数の恋人を持つこ
ともありうる」という前提に立っていることになる。

705　other などに関する誤り (1)

金曜日は忙しいんだ。別の日にするのはどう？

X ① I'm busy on Friday. How about <u>other</u> day?

O ② I'm busy on Friday. How about <u>another</u> day?

解説

other（他の）は形容詞だから，day（可算名詞）の前には冠詞が必
要。**another** は an + other で，「別の（不特定の）1つ（の）」とい
う意味を表す。

706　other などに関する誤り (2)

このはさみはよく切れないよ。別のを持ってる？

X ① These scissors don't cut well. Do you have
　　<u>another</u>?

O ② These scissors don't cut well. Do you have
　　<u>another pair</u>?

解説

「1本のはさみ」は a pair of scissors，「別の1本のはさみ」は
another pair <u>of scissors</u>。前の文に scissors があるので下線部は
省略できるが，pair は省略できない（another scissors とは言え
ないから）。また，「別のはさみをいくつか持ってる？」の意味なら
Do you have <u>some</u>? と言う。

707　other などに関する誤り (3)

バス乗り場は駅の反対側にあった。

X ① The bus stop was on <u>another</u> side of the station.

O ② The bus stop was on <u>the other</u> side of the station.

解説

the other は「2つのうちの残りの1つ」の意味。「反対側」は「残りの一方の側」だから，the other を使う。

708　other などに関する誤り (4)

私はその案に反対したが，他のメンバーはみんな賛成した。

X ① I was against the plan, but all <u>other</u> members were for it.

O ② I was against the plan, but all <u>the other</u> members were for it.

解説

other members は another member の複数形で，「他の (不特定の複数の) メンバーたち」という意味。「残りの全員」は特定できるので，**the other** members と言う。

709　other などに関する誤り (5)

他人が私について何を言おうと私は気にしない。

X ① I don't care what <u>the other</u> people say about me.

O ② I don't care what <u>other</u> people say about me.

解説

other people = others =他人 [他の (不特定の複数の) 人々]。①は「(私以外の) 他の全員」という意味になるので不自然。

---

710 other などに関する誤り (6) ★★

ほかに何か必要なものはありますか？

X ① Do you need <u>any other things</u>?
O ② Do you need <u>anything else</u>?

解説

〈some [any, no] other + X [名詞]〉という形は可能だが，X が thing(s) や one(s) のときは else（他の）を使う。たとえば「他の誰か」は some other one ではなく someone else，「他の何も〜ない」は no other thing ではなく nothing else と言う。

---

711 other などに関する誤り (7) ★★

彼らはお互いに会って話し合うべきだ。

X ① They should talk <u>each other</u> face to face.
O ② They should talk <u>to each other</u> face to face.

解説

each other（お互い）は代名詞なので，副詞のようには使えない。talk <u>to</u> him（彼と話す）と同様に，「お互いと話す」は talk <u>to</u> each other と言う。
＊「〜と話す」は talk [speak] to [with] 〜で表すが，with より to の方がよく使われる。

第6章

形容詞・副詞・比較

712 形容詞の語順 (1)

★★/✎💬

私の会社には英語が得意な社員が多い。

X ① There are many <u>good employees at English</u> in my company.

O② There are many <u>employees (who are) good at English</u> in my company.

解説

〈名詞＋ X［形容詞句］〉の形から，X の最初の形容詞だけを名詞の前に移動できるかどうかは，形容詞によって異なる。be good at (～が得意だ) の場合，②(who are を省いた形) から good だけを名詞 (employees) の前に出すことはできない。分詞にも同様の制約がある (→ 461)。

＊②の who are は省略可能だが，入れる方が口語的。比較級の形容詞などは名詞の前に移動できる。たとえば「私の家より大きな家」は a <u>bigger</u> house than mine と言える。

713 形容詞の語順 (2)

★★★/✎💬

何か大切なことを忘れてるんじゃないの？

X ① Aren't you forgetting <u>some important thing</u>?

O② Aren't you forgetting <u>something important</u>?

解説

〈some [any, no] ＋形容詞＋ thing〉は誤り。代わりに〈**something [anything, nothing] ＋形容詞**〉の形を使う。

714 形容詞の語順 (3)

★★★/✎💬

これは年間ベスト 10 に入る小説の 1 つだと思う。

X ① I think this is one of the <u>best ten</u> novels of the year.

○② I think this is one of the <u>ten best</u> novels of the year.

解説

「10 冊の優れた小説」は ten <u>good</u> novels（数字は形容詞の前に置く）。この good を best に置き換えた形。

715　形容詞の語順 (4)　★★/

寿司は日本の伝統料理です。

△① Sushi is a <u>Japanese traditional</u> food.
○② Sushi is a <u>traditional Japanese</u> food.

解説

名詞の前に２つ以上の形容詞を並べる場合は、**本来の性質に近い形容詞ほど後ろ [名詞の近く] に置く。**たとえば「背の高い日本人男性」は a <u>tall</u> Japanese man（Japanese は不変の性質だから）。この例も同様。また、**主観的な評価を表す形容詞は前に置く。**たとえば「彼女の美しい黒髪」は her <u>beautiful</u> <u>black</u> hair。

716　数量の大小を表す形容詞 (1)　★/

その道路は交通量があまり多くない。

X ① There isn't <u>many</u> traffic on the road.
○② There isn't <u>much</u> traffic on the road.

解説

many は「数が多い」の意味で、C [可算名詞]（複数形）の前に置く。**much** は「量が多い」の意味で、U [不可算名詞]（単数形）の前に置く。traffic（交通量）は U だから much を使う。

717　数量の大小を表す形容詞 (2)　★/

冷蔵庫にジュースが少し残っているよ。

X ① There's <u>little</u> juice left in the refrigerator.

O ② There's <u>a little</u> juice left in the refrigerator.

解説

little（量が少ない）は⬚Uの前に置く。**little** は「少ししかない」という否定的な意味を，**a little** は「少しはある」という肯定的な意味を表す。①は「冷蔵庫にジュースはほとんど残っていない」という意味。

718　数量の大小を表す形容詞 (3)

雨が降っていたが，ビーチには人が少しいた。

X ① It was raining, but there were <u>a little</u> people on the beach.

O ② It was raining, but there were <u>a few</u> people on the beach.

解説

few（数が少ない）は⬚Cの前に置く。717 の little・a little と同様に，**few** は「ほとんどない」，**a few** は「少しはある」という意味。
＊「少し」がどの程度の数を表すかは状況によって異なるが，たとえば a few days は「2，3日」程度を表すことが多い。

719　数量の大小を表す形容詞 (4)

あなたの市の人口はどのくらいですか。

X ① How <u>much</u> is the population of your city?

O ② How <u>large</u> is the population of your city?

解説

number（数），**amount**（量），**population**（人口［人数］），**audience**（聴衆）など，それ自体が数量の概念を含む名詞は，「多い」「少ない」を **large・small** で表す。たとえば a large number of = many（多数の）。

720　数量の大小を表す形容詞 (5)

このスマホの値段は高すぎる。

X ① The price of this smartphone is too <u>expensive</u>.
O ② The price of this smartphone is too <u>high</u>.

解説

「高い[安い]値段」は high [low] price。**price**（値段），**cost**（費用），**income**（収入），**salary**（給料）など「お金の量」に関連する名詞は，**high・low** で「高い」「安い」の意味を表す（名詞によっては large・small も使う）。

* expensive [cheap] は「値段が高い[安い]」という意味だから，an expensive [cheap] price だと「値段が高い[安い]値段」となり，「値段」の意味が重複してしまう。

721　数量の大小を表す形容詞 (6)

★★★/

大金をかせぐユーチューバーもいる。

△① Some YouTubers earn <u>much</u> money.
O ② Some YouTubers earn <u>a lot of</u> money.

解説

X =Uの場合，「多くの X」は much [a lot of] X などで表す。ただし肯定文中で **much** を使うと堅苦しく響くので，この文では **a lot of** を使うのが普通。

* very, so, too などの副詞が前にあるときは，肯定文でも much を使う。

722　数量の大小を表す形容詞 (7)

★★★/

ドイツ語はほとんど話せません。

△① I can speak <u>little</u> German.
○② I can speak <u>only a little</u> German.

解説

German は Ⓤ だから, ①は文法的には正しい (→ 717)。ただし話し言葉では a の有無だけでは音が区別しづらいので,「**少ししかない**」の意味を表すにはしばしば **only a little** (Ⓒ の前では **only a few**) を使う。

723　分詞から派生した形容詞 (1)

私は試験の結果にショックを受けた。

X ① I <u>shocked</u> at my exam results.
○② I <u>was shocked</u> at my exam results.

解説

surprise（〜を驚かせる）, **excite**（〜を興奮させる）など, 英語には「人に〜な感情を起こさせる」という意味の他動詞がたくさんある。**shock**（〜にショックを与える）もその１つ。これらの動詞を受動態で使うと, たとえば be shocked は「(人が) ショックを与えられる [ショックを受ける]」という意味になる。このタイプの過去分詞は, 形容詞と考えてもよい。

724　分詞から派生した形容詞 (2)

このビデオゲームは実にわくわくする。

X ① This video game is really <u>excited</u>.
○② This video game is really <u>exciting</u>.

解説

723 で挙げた動詞に ing を加えると,「(事物が) 人に〜な感情を起こさせるような (性質を持つ)」という意味の形容詞になる。たとえば **exciting** は「(事物が) 人を興奮させる [わくわくする] ような」の意味。①の **excited** は「(人が) 興奮させられて [興奮して] いる」。

725 分詞から派生した形容詞 (3)

今日そのレストランは休みです。

X ① The restaurant is <u>closing</u> today.
O ② The restaurant is <u>closed</u> today.

解説

②の **closed** は「閉じられた状態だ」の意味の形容詞。①は is closing が「閉じつつある」という不自然な意味になるので誤り。
cf. The restaurant is **open** [x opened] today.
（今日そのレストランは営業している）

726 「空いている」(1)

この席は空いていますか？《乗り物の中で》

X ① Is this seat <u>empty</u>?
O ② Is this seat <u>free [taken]</u>?

解説

目の前にある席が empty である［誰も座っていない］かどうかは見ればわかるので，①のようには言わない。②の free は「(席が) 空いている」の意味。**taken** は take a seat（席につく）をもとにした表現で，「この席には誰かが座っていますか」ということ。occupied（占有されている）とも言う。
＊新幹線などの「自由席」は，unreserved [non-reserved] seat（予約されていない席）と言う。

727 「空いている」(2)

明日の午後は空いておられます［お会いできます］か？《ビジネスでの会話》

△① Are you <u>free</u> tomorrow afternoon?

○② Are you <u>available</u> tomorrow afternoon?

available は「忙しくない，時間が取れる，会える」という意味の丁寧な言葉。同僚との会話なら①でよいが，顧客や上司には②を使う。
＊ I'm available now. は「恋人募集中だ」の意味でも使う（くだけた表現）。

---

728 「田舎の」

田舎暮らしはあなたが想像するほど簡単ではない。

X ① <u>Local</u> life isn't as easy as you imagine.
○② <u>Country [Rural]</u> life isn't as easy as you imagine.

local は「その土地の，地元の」の意味。「都会」と「田舎」を比較するときは，live in **the city [country]**（都会[田舎]で暮らす），**an urban [a rural]** life（都会[田舎]暮らし）などを使う。
＊ a local train は「(各駅停車の)普通列車」。

---

729 「薄い（コーヒー）」

コーヒーは薄くしてください。

X ① I'd like my coffee <u>thin</u>.
○② I'd like my coffee <u>weak</u>.

霧の濃さや板の厚さなどには thick（濃い，厚い）・thin（薄い）を使うが，コーヒーやお茶が「濃い」は **strong**，「薄い」は **weak** で表す。
＊「アメリカンコーヒー」は和製英語。②の weak を American に変えても意味が通じない。

---

730 「おいしい」

そのホテルの料理はとてもおいしい。

△① That hotel serves very <u>delicious</u> food.

○② That hotel serves very <u>good</u> food.

解説

「おいしい」は **good** で表すのが一般的。**delicious** はそれ自体が「極めておいしい」という意味を表すので，very で修飾するのは避ける方がよい。

---

731 「大きな（声）」

そんなに大声で話すのはやめなさい。

X① Stop talking in such a <u>big</u> voice.

○② Stop talking in such a <u>loud</u> voice.

解説

in a loud [low] voice ＝大声 [小声] で。「小声」は a small voice とも言うが，「大声」を a big voice とは言わない。

---

732 「遅れている」

あの時計は 2, 3 分遅れている。

X① That clock is a few minutes <u>late</u>.

○② That clock is a few minutes <u>slow</u>.

解説

時計が「進んでいる」は **fast**，「遅れている」は **slow** で表す。
cf. That clock **gains [loses]** a few minutes every day.
　（あの時計は毎日 2, 3 分進む [遅れる]）

---

733 「重い（病気）」

重病にかかっている子どもたちもいる。

X ① Some children are suffering from <u>heavy</u>
illnesses.

O ② Some children are suffering from <u>serious</u>
illnesses.

解説

a serious illness ＝深刻な［重い］病気。a heavy illness とは言わない。また「大雨」は **(a) heavy rain**、「激しい交通量」は **heavy traffic**、「交通の激しい通り」は **a busy street** と言う。

---

734 「おもしろい（マンガ）」

これはおもしろいマンガだ。

△ ① This is <u>an interesting</u> comic.
O ② This is <u>a great</u> comic.

解説

interesting は主に知的な興味をひくものに使う。そういうマンガもあるが、「楽しく読める」という一般的な意味では **good**、**great**、**amusing**、**funny**（こっけいな）などを使うのがよい。また活動的な遊びなどが「楽しい」は **fun** で表せる。

---

735 「確実な」(1)

この会社の株が上がることは確実だ。

X ① <u>It's sure</u> that this company's stock price will
rise.

O ② <u>I'm sure</u> that this company's stock price will
rise.

解説

it is sure that ～という形は誤り。it is certain that ～（～とい

うことは確実だ）なら正しい。②の **I'm sure that 〜**は「私は〜と いうことを確信している」の意味。This company's stock price **is sure to** rise. とも言える（→ 277）。

736 「確実な」(2) ★★/

金曜日までに必ず報告書を提出します。

X ① <u>I'm sure to</u> submit the report by Friday.
O ② <u>I'll certainly</u> submit the report by Friday.

解説

②の **I'll certainly 〜**は「確実に〜します」の意味。be sure to do は「確実に［必ず］〜するだろう」という自分の推測を表すので、① は「私は必ず金曜日までに報告書を提出するだろう」という不自然 な意味になる。

737 「確実な」(3) ★★★/

この曲はきっと大ヒットするだろう。

△① This song <u>will surely become</u> a big hit.
O ② This song <u>is sure to become</u> a big hit.

解説

①は will certainly become なら問題ないが、be sure to do（必 ず〜するだろう）の意味で will surely を使うことは少ない。

738 「きれいな」 ★★★/

その小川の水はきれいだが、飲まない方がいい。

X ① The water in the stream is <u>clean</u>, but you shouldn't drink it.

O ② The water in the stream is <u>clear</u>, but you

295

shouldn't drink it.

clean は dirty の反意語で「清潔な」の意味。clean water なら飲むことができる。一方 **clear** は「(水などが)澄んでいる」の意味で, 清潔かどうかはわからない。

---

739 「故障している」

私のパソコンは故障している。

X ① My computer is <u>out of order</u>.
O ② My computer is <u>broken</u>.

解説

out of order(故障している)は, 公共性の高い機械(エレベーター, エアコンなど)について使う。個人の持ち物の故障には **be broken** を使うのが適切。
＊「パソコン」は単に computer と言うのが一般的(personal computer, PC は古臭く響く)。

---

740 「個人的な」

私は週に2回英語の個人レッスンを受けている。

X ① I take <u>personal</u> English lessons twice a week.
O ② I take <u>private</u> English lessons twice a week.

解説

「個人専用の」の意味は **private** で表す。**personal** は「個人所有の」の意味で, my personal opinion [identification number](私の個人的意見[暗証番号])のように使う。なお private は public の反意語でもあり, a public [private] school(公立[私立]学校)のようにも使う。

741 「こわい」 ★★

ゆうべテレビでこわい映画を見た。

X ① I watched <u>an afraid</u> movie on TV last night.
O ② I watched <u>a scary</u> movie on TV last night.

> 解説
>
> 接頭辞の a- で始まる形容詞（**afraid**, **alive**, **asleep** など）を，①のように**名詞の前に置いて使うことはできない**。たとえば「眠っている赤ちゃん」は a **sleeping** [× an asleep] baby，「生きている魚」は a **live** [× an alive] fish。

742 「幸せな」(1) ★★

こんなに多くの人がツイッターで私をフォローしてくれて幸せです。

X ① <u>It's happy</u> that so many people follow me on Twitter.
O ② <u>I'm happy</u> that so many people follow me on Twitter.

> 解説
>
> happy は「(人が) 幸せだ，うれしい」の意味なので，**It is happy that 〜は誤り**。I'm happy that 〜は「〜して (私は) うれしい」の意味で，that は because の意味。なお，①は It's **fortunate** that 〜(〜ということは幸運だ) なら正しい。

743 「幸せな」(2) ★★

あんなかわいい彼女がいてケンジは幸せ者だ。

X ① Kenji is <u>happy</u> to have such a cute girlfriend.
O ② Kenji is <u>lucky</u> to have such a cute girlfriend.

②の be lucky to do は「〜して幸運だ」。①は「そんなかわいい彼女がいてケンジはうれしく思っている」の意味で、to have は happy（うれしい）という感情の原因を表す不定詞（→ 395）。

744 「スマートな」

その服を着ると君はスマートに見えるよ。

X ① That dress makes you look <u>smart</u>.

O ② That dress makes you look <u>slim</u>.

解説

smart は「利口な、頭がいい」の意味。「ほっそりした」の意味では slim や slender を使う。

745 「すみません」(1)

ご迷惑をおかけしますが、もう少し待っていただけますか。

X ① I'm sorry <u>for bothering</u> you, but could you wait a little more?

O ② I'm sorry <u>to bother</u> you, but could you wait a little more?

解説

be sorry for 〜 ing （〜してすみません）は、今起きていることや既に終わったことについて使う。たとえば (I'm) sorry for interrupting. は「(今) お邪魔してすいません」の意味。一方、これから起こる出来事は②のように不定詞で表す。

746 「すみません」(2)

遅れてすみません。

△① I'm sorry <u>to be late</u>.
○② I'm sorry <u>I'm late</u>.

解説

遅刻して相手に謝るような状況では，(I'm sorry for being late. とも言うが）②が最も普通の表現。I'm sorry to keep [have kept] you waiting.（お待たせしてすみません）もよく使われる。①はあまり使わない。なお，②で I <u>was</u> late は誤り（「遅れた」ことが過去の事実になってしまうから）。

---

747 「正確な」(1)

★★★／

私の時計は正確です。

X ① My watch is <u>exact</u>.
○② My watch is <u>accurate</u>.

解説

「正確な時刻」は the exact time と言うが，「（時計が）正確に時を刻む」は **accurate** で表す。

---

748 「正確な」(2)

★★★／

天気予報がいつも正確だとは限らない。

△① Weather forecasts are not always <u>correct</u>.
○② Weather forecasts are not always <u>right</u>.

解説

correct は「基準や数値に照らして誤りがない」という意味を表すのが普通で，a correct answer（正解）のように使う。**right** は「事実に合っている」あるいは「判断の点で正しい」という意味を表す。

---

749 「狭い」

★／

このオフィスは私たちには狭すぎる。

X ① This office is too <u>narrow</u> for us.
O ② This office is too <u>small</u> for us.

解説

narrow は **wide** の反意語で,「幅が狭い」の意味。「面積が狭い [広い]」は **small [large]** で表す。

---

750 「全部の」

その部屋の家具は全部高そうだった。

X ①<u>Every</u> furniture in the room looked expensive.
O ②<u>All (the)</u> furniture in the room looked expensive.

解説

every や **each** は (「1つずつ」という数が意識されるので) **可算名詞の単数形の前に置く**。furniture は不可算名詞だから①は誤り。**all** は可算名詞・不可算名詞の両方に使える。

---

751 「近くの」

近くのコンビニまでご案内しましょう。

X ① I'll take you to a <u>near</u> convenience store.
O ② I'll take you to the convenience store.

解説

near は ① のように形容詞としては使えない。a neaby convenience store は可能だが,「近くの」は言わなくてもわかるので②がベター。
*②の the convenience store は「(あなたも知っている) そのコンビニ」ではなく,「コンビニという種類の店」を意味する(総称の the)(→633)。

752　「長髪の」

面接官は長髪の女性だった。

X ① The interviewer was a <u>long-hair</u> woman.
O ② The interviewer was a <u>long-haired</u> woman.

解説

〈形容詞＋ハイフン＋名詞＋ ed〉を1つの形容詞として使うことがある。たとえば long-haired（長髪の），blue-eyed（青い目の），left-handed（左利きの），near-sighted（近視の）など。

753　「都合がいい」

何日なら都合がいいですか。

X ① Which day <u>are you</u> convenient?
O ② Which day <u>is</u> convenient <u>for you</u>?

解説

convenient（都合がよい）は人間を主語にしては使えない。たとえば「金曜日は（私にとって）都合がいい」は，Friday is convenient for me. や It's convenient for me on Friday. で表し，I'm convenient on Friday. とは言わない。

754　「遠い」

私のオフィスは駅から遠い。

△① My office is <u>far</u> from the station.
O ② My office is <u>a long way</u> from the station.

解説

肯定文中で「〜から遠くにある」と言うときは，a long way from 〜を使う。far from 〜は否定文や疑問文で使い，Is your office far from the station?（あなたのオフィスは駅から遠いですか）の

ように言う。

755 「年取った」 ★★★/

一人暮らしのお年寄りは詐欺の被害にあいやすい。

△① <u>Aged</u> people living alone are likely to fall victim to fraud.

○② <u>Older</u> people living alone are likely to fall victim to fraud.

解説

older は「年長の」ということ。①も間違いではないが，**aged** は「〜歳の」「(ワインなどが) 熟成した」などの意味で使うことが多い。また **elderly** は older よりも高齢の人々 (たとえば 80 歳以上) をイメージさせるので，一般的に「お年寄り」と言いたいときは older people を使うのがよい。

756 「似ている」 ★★/

そのアイドル歌手たちはそっくりに見える。

✗① The pop idols look very much <u>like</u>.

○② The pop idols look very much <u>alike</u>.

解説

like（〜に似ている）は，**like X**（X に似ている）の形で使う。**alike** は「似ている」の意味の形容詞で，**similar** とも言う。
＊ alike や the same（同じ）などの前の (very) much は，「ほとんど (almost)」の意味。

757 「恥ずかしい」 ★★/

彼女と一緒にいるところを見られて恥ずかしかった。

X ① I was <u>shy</u> when I was seen with my girlfriend.

O ② I was <u>embarrassed</u> when I was seen with my girlfriend.

解説

「恥ずかしい，ばつが悪い」は **embarrassed** で表す。**shy** は「(人と接するとき) 内気だ」，**ashamed** は「(良心に照らして) 恥ずかしい」という意味。

---

758 「病気の」

彼は病気のお母さんの世話をしている。

△ ① He is taking care of his <u>ill</u> mother.

O ② He is taking care of his <u>sick</u> mother.

解説

ill も **sick** も「病気の」の意味だが，**名詞の前に置くときは sick を使う**のが普通。

---

759 「普通の」

これは英語学習者によく見られる誤りだ。

X ① This is a <u>popular</u> mistake among English learners.

O ② This is a <u>common</u> mistake among English learners.

解説

common は「普通の，よく見られる」，**popular** は「人気のある」の意味。

760 「太った」

★★★/✎💬

ぼくはふくよかな女性が好きだ。

△① I like <u>fat</u> women.
○② I like <u>plump</u> women.

> �解説

fat（太った）はしばしばネガティブな響きを持つので，**plump**
（（女性や子どもが健康的に）ふっくらした）を使うのがベター。男性
の場合は，fat の代わりに **stout**（がっしりした，恰幅がいい）など
を使う。

761 「古本（屋）」

★/✎💬

この本は古本屋で買いました。

X① I bought this book from <u>an old bookstore</u>.
○② I bought this book from <u>a used bookstore</u>.

> ▎解説

「古本屋」は（a secondhand bookstore とも言うが）a used
bookstore が普通の言い方。an old bookstore だと「（築年数が）
古い本屋」と解釈される。

762 「ほとんどの」(1)

★/✎💬

ほとんどの若者はスマホを使っている。

X① <u>Almost</u> young people use smartphones.
○② <u>Most</u> young people use smartphones.

> ▎解説

almost（ほとんど）は副詞。副詞は原則として名詞を修飾できない
から，almost young people は誤り。almost all young people
（ほとんどすべての若者）なら正しい（この almost は形容詞の all

を修飾する)。②の **most** は「ほとんどの」の意味の形容詞。

763　「ほとんどの」(2)

★★／

従業員のほとんどは 30 歳未満です。

X ① <u>Most employees</u> are under 30.

O ② <u>Most of the employees</u> are under 30.

解説

most of the X = X (という特定の集団) のうちのほとんど。①の most employees は「世の中のほとんどの従業員」と解釈される。なお、②を Most of employees ... とするのは誤り (→ 590)。

764　「間違った」

★／

私は乗る電車を間違えた。

X ① I <u>mistook</u> a train.

O ② I took <u>the wrong</u> train.

解説

wrong は right の反意語で、事実やルールなどに照らして「間違っている」という意味を表す。**mistake** は「思い違いをする」の意味で、I was mistaken for my brother. (私は兄 [弟] と間違えられた) のように使う。

765　「喜んで」

★★★／

喜んでご一緒します。

△ ① <u>I'm willing</u> to join you.

O ② <u>I'd be happy</u> to join you.

解説

be willing to do は「～するのがいやではない、～してもかまわな

い」という意味であり，積極的に何かをしたい場合は別の表現を使うのがベター。**I'd [=I would] be happy [glad] to do.** は「喜んで～します」の意味の決まり文句。

766 「弱い」

★★★

私は打たれ弱いので，SNS には近づかない。

X ① <u>I'm weak at</u> criticism, so I keep away from social media.

O ② <u>I'm sensitive to</u> criticism, so I keep away from social media.

解説

be sensitive to ～＝～に敏感だ。be weak at は「～に弱い，～が苦手だ」の意味で，I'm weak at math.（私は数学が苦手だ）のように使う。

＊英語では SNS という言葉は普通使わない。SNS の適切な英訳は social media。

767 形容詞と進行形の選択 (1)

★★

（スマホの）電池が切れかかっている。

X ① My battery is <u>dead</u>.

O ② My battery is <u>dying</u>.

解説

②の is dying は die（死ぬ）の現在進行形で，「（電池が）死に［切れ］かけている」の意味。①は「（電池が）死んで［切れて］いる」の意味だから日本語に合わない。同様に「花が枯れかけている」は The flowers are <u>dying</u>.，「花が枯れた」は The flowers are <u>dead</u> [have died]. と言う。

768　形容詞と進行形の選択 (2) ★★★

外は雨だよ。止むまで待とう。

X ① It's <u>rainy</u> outside. Let's wait until it stops.
O ② It's <u>raining</u> outside. Let's wait until it stops.

解説

rainy は「一定の期間内に（よく）雨が降る」という意味を表す。It's rainy today. とは言うが，「（現時点で）雨が降っている」と言いたいときは現在進行形を使う。

769　形容詞と副詞の選択 (1) ★

支払いは別々にしたいのですが。

X ① We'd like to pay <u>separate</u>.
O ② We'd like to pay <u>separately</u>.

解説

separate は形容詞，separately は副詞。一般に〈**形容詞＋ly ＝副詞**〉という関係がある。この文の場合，pay（支払う）はそれだけで意味が完結しているので，後ろには修飾語の働きをする副詞の separately を置く。Separate checks, please. とも言う。

770　形容詞と副詞の選択 (2) ★

その男の子はとても上手にギターをひく。

X ① The boy plays the guitar very <u>good</u>.
O ② The boy plays the guitar very <u>well</u>.

解説

good（上手な）は形容詞，well（上手に）は副詞。The boy plays the guitar. で文の形が完成しているので，後ろには副詞を置く。

そのスーパーマーケットでは地元産の野菜を売っている。

X ① The supermarket sells <u>local grown</u> vegetables.

O ② The supermarket sells <u>locally grown</u> vegetables.

解説

locally（地元で）＋ **grown**（栽培された）の意味。このように〈副詞＋過去分詞〉が1つの形容詞の働きをすることがある。たとえば **a commonly used** expression（よく使われる表現）、**a well-known** novel（よく知られた小説）など。

私は毎日公園で犬を散歩させる。

X ① I walk my dog in the park <u>everyday</u>.

O ② I walk my dog in the park <u>every day</u>.

解説

everyday（毎日の）は形容詞、**every day**（毎日）は副詞。動詞の walk（散歩させる）を修飾するのは副詞の every day。

私は時々夜勤があります。

△ ① I work the night shift <u>sometimes</u>.

O ② I <u>sometimes</u> work the night shift.

解説

頻度を表す副詞（たとえば **sometimes**, **often**, **usually**, **never**）は、一般動詞（work）の前に置くのが基本。

＊副詞が情報の焦点になる場合は，I work on the night shift <u>only</u> <u>sometimes</u>.（夜勤は時々しかありません）のように文末に置く（→ 784）。

774　副詞（句）の位置 (2)

★★★/

私は台所をいつもきれいにしています。

X ① I keep the kitchen <u>always</u> clean.

O ② I <u>always</u> keep the kitchen clean.

解説

always（いつも）は頻度を表す副詞だから，一般動詞（keep）の前に置く。

775　副詞（句）の位置 (3)

★★/

このブランコは幼児専用です。

X ① This swing is for <u>only</u> small children.

O ② This swing is <u>only</u> for small children.

解説

only（〜だけ）＋ for small children（幼児のため）という形にする。only の意味を強調したいときは，This swing is for small children <u>only</u>. とする。①は only が small を修飾するので「小さいだけの子ども」という不自然な意味になる。

776　副詞（句）の位置 (4)

★★/

私たちのバスは予定より 20 分遅れて着いた。

X ① Our bus came behind schedule <u>for 20 minutes</u>.

O ② Our bus came <u>20 minutes</u> behind schedule.

〈X［数字＋名詞］＋Y［形容詞・副詞（句）］〉の形では，X が Y を修飾する副詞の働きをする。①の for 20 minutes は「20 分間（ずっと）」の意味だから誤り。

（類例）He is <u>five centimeters</u> taller than I am.

（彼は私より 5 センチ背が高い）

777 　副詞（句）の位置 (5)

そのコピー機は壊れているよ。上の階のを使って。

X ① That copy machine is broken. Use <u>the upstairs one.</u>

〇② That copy machine is broken. Use <u>the one upstairs</u>.

副詞の **upstairs**（上の階に［で］）が前の one を修飾する形（→ 563）。upstairs は形容詞ではないから，①のように名詞の前に置くことはできない。

778 　副詞（句）の位置 (6)

札幌には以前一度行ったことがある。

X ① I've <u>once</u> been to Sapporo before.

〇② I've been to Sapporo <u>once</u> before.

①の位置の **once** は「かつて」の意味を表すので，before の意味と重複する。「一度」の意味の once では文末に置く。once before は「以前に一度」。

779 　副詞（句）の位置 (7)

「この単語はどういう意味ですか」「辞書で調べなさい」

X ① "What does this word mean?" "Look <u>up it</u> in your dictionary."

O ② "What does this word mean?" "Look <u>it up</u> in your dictionary."

解説

look up（（単語などを）調べる）の up は副詞。〈動詞＋副詞〉がまとまった意味を表す場合，**代名詞の目的語 (it)** は副詞の前に置く。名詞の目的語は副詞の前後どちらに置いてもよい。たとえば「その単語を調べる」は look <u>the word</u> up または look up <u>the word</u>。

---

780 副詞（句）の位置 (8) ★★★

私たちは客を見送りに空港へ行った。

X ① We went to the airport to see <u>off our guests</u>.

O ② We went to the airport to see <u>our guests off</u>.

解説

see off（〜を見送る）は例外的な動詞で，目的語が名詞であっても①の語順は誤り。

---

781 副詞（句）の位置 (9) ★★

その地震は 2011 年 3 月 11 日午後 2 時 46 分に起こった。

X ① The earthquake happened <u>in 2011, March 11, at 2:46 p.m</u>.

O ② The earthquake happened <u>at 2:46 p.m. on March 11, 2011</u>.

解説

英語では一般に「**小さい情報→大きい情報**」の順に配列する。人名を「名＋姓」の順に並べるのも同様。

782 副詞 (句) の位置 (10)

きのうあの交差点で自動車事故があった。

△① There was a car accident <u>yesterday at that intersection</u>.

○② There was a car accident <u>at that intersection yesterday</u>.

> 解説
>
> 文末に置く副詞 (句) は「**場所＋時**」の順が基本。①は間違いではないが、(文末焦点の原理によって)「きのう自動車事故があったのは<u>あの交差点だ</u>」という意味に解釈されやすい。

783 副詞 (句) の位置 (11)

この前の日曜日にサッカーの試合を見に行った。

△① <u>Last Sunday</u> I went to see a soccer game.

○② I went to see a soccer game <u>last Sunday</u>.

> 解説
>
> 時を表す副詞句の定位置は文末。①は他の日曜日との対比を意識した言い方で、「<u>この前の日曜日 (に)</u> はサッカーの試合を見に行った」という意味を表す。

784 副詞 (句) の位置 (12)

この装置は注意して使わなければならない。

△① This device must be <u>carefully</u> used.

○② This device must be used <u>carefully</u>.

> 解説
>
> **受動態に加える副詞は、しばしば過去分詞の前に置く**(例: This device is **widely** used. ＝この装置は広く使われている)。しかしこの

> 文では carefully が中心的な情報なので, これを文末に置くのがベター。

785　副詞と前置詞 (1)

注意して聞きなさい。

X ① Listen <u>to</u> carefully.
O ② Listen carefully.

解説

listen to = listen（耳を傾ける）+ to（〜に）。to（前置詞）の後ろには目的語（名詞）が必要なので①は誤り。②は Listen（耳を傾けなさい）+ carefully（注意深く）ということ。

786　副詞と前置詞 (2)

私は外国, たとえばフランスに住みたい。

X ① I want to live <u>in abroad</u>, for example France.
O ② I want to live <u>abroad</u>, for example in France.

解説

副詞の前には前置詞をつけない。abroad（外国へ[に, で]）は副詞。同様に「外国へ行く」は go [× to] abroad。
＊前置詞が重要な意味を持つときは, return **from abroad**（外国から戻る）のように名詞的な使い方をする（→ 789）。

787　副詞と前置詞 (3)

家まで車で送るよ。

X ① I'll drive you <u>to home</u>.
O ② I'll drive you <u>home</u>.

> **解説**
>
> home（家へ[に, で]）は副詞だから前置詞は不要。
>
> ＊ stay (at) home（家にいる）のように名詞的な使い方をすることもある。

788 副詞と前置詞 (4)

 ★★／✎💬

空を見上げるとたくさんの星が見えた。

X ① I <u>looked up</u> the sky and saw a lot of stars.

O ② I <u>looked up at</u> the sky and saw a lot of stars.

> **解説**
>
> ②は **look at**（～を見る）に副詞の **up**（上の方を）を加えた形。このように副詞と前置詞を並べて使う表現では, 前置詞の入れ忘れに注意。
>
> （類例）go back **to** one's hometown（里帰りする）, get off **at** Ueno Station（上野駅で電車を降りる）

789 副詞と前置詞 (5)

 ★★／✎💬

弟は中学生の頃に家出したことがある。

X ① My brother <u>ran away home</u> when he was in junior high school.

O ② My brother <u>ran away from home</u> when he was in junior high school.

> **解説**
>
> **run away**（走り[逃げ]去る）＋ **from home**（家から）。副詞の前に to や in を置くことはないが, from home の from は必要（その場合の home は名詞）。

790 形の紛らわしい副詞の選択 (1)

 ★／✎💬

夫は近ごろ帰宅が遅い。

X ① My husband comes home <u>lately</u> these days.

O ② My husband comes home <u>late</u> these days.

解説

lately は「最近」，late は「遅く，遅れて」。

---

791 形の紛らわしい副詞の選択 (2)

私たちはトーナメントに勝つためにもっと熱心に練習する必要がある。

X ① We need to practice <u>more hardly</u> to win the tournament.

O ② We need to practice <u>harder</u> to win the tournament.

解説

hardly は「ほとんど〜ない」，hard は「熱心に」。

---

792 程度を表す副詞 (1)

私は自分の仕事をとても誇りに思っています。

X ① I'm <u>proud</u> of my job <u>very much</u>.

O ② I'm <u>very proud</u> of my job.

解説

(very) much は主に動詞を修飾する。形容詞 (proud) は very で修飾するのが正しい。

---

793 程度を表す副詞 (2)

私の故郷の町は 20 年で大きく変わった。

X ① My hometown has <u>very changed</u> in 20 years.
O ② My hometown has <u>changed a lot</u> in 20 years.

解説

very は主に形容詞・副詞を修飾するのに使い，動詞（change）を修飾することはできない。My hometown has changed <u>very much</u> in 20 years. なら正しいが，口語では②の **a lot**（大いに，とても）がよく使われる。

794　程度を表す副詞 (3)

★★★/✎💬

一人でキャンプに行くのはとても楽しい。

△① It's <u>very</u> fun to go camping alone.
O ② It's <u>a lot of</u> fun to go camping alone.

解説

fun（楽しみ）は名詞だから，very（副詞）ではなく **a lot of** や **great** などの形容詞で修飾する。

＊実際には fun を形容詞的に使って very fun と言うこともあるが，①は避ける方が無難。なお funny は「こっけいな」の意味。

795　程度を表す副詞 (4)

★★★/💬

大変遅れてすみません。

△① I'm sorry I'm <u>very</u> late.
O ② I'm sorry I'm <u>so</u> late.

解説

very は遅刻の程度の大きさを客観的に説明するようなニュアンス。実際に遅れたことを謝る状況では，「<u>こんなに</u>遅れてすみません」の意味で so を使う方が自然。

796　程度を表す副詞 (5)　★★／✎💬

こんな暑い天気には耐えられない。

X ① I can't stand <u>so</u> hot weather.
O ② I can't stand <u>such</u> hot weather.

解説

> so も such も「それ [これ] ほど, とても」の意味を表すが, 後ろに名詞を置くときは **such** を使う。
> ＊たとえば such a good book = so good a book（堅苦しい言い方）だが, 後者の表現では名詞の前に a/an が必要（→ 835）。weather（不可算名詞）の前に a は置けないから①は誤り。

797　程度を表す副詞 (6)　★★★／✎💬

私の得点は平均よりずっと下だった。

△① My score was <u>much</u> below the average.
O ② My score was <u>far</u> below the average.

解説

> ①は間違いではないが, 肯定文で much を使うと堅苦しく響く（→ 721）。「遠く及ばなかった」の意味で **far** を使うのがベター。

798　程度を表す副詞 (7)　★★★／✎💬

この本はほとんど理解できなかった。

△① I <u>almost couldn't</u> understand this book.
O ② I <u>could hardly</u> understand this book.

解説

> ①は文法的には成り立つが, awkward な [ぎこちない] 表現。「ほとんど〜できない」は **can hardly** 〜で表すのが普通。

1週間前にこの本を買いました。

X ① I bought this book <u>before a week</u>.

O ② I bought this book <u>a week ago</u>.

解説

〜 **ago** ＝今から〜前に。**before** は「（過去のある時点から見て）それより〜前に」の意味で, 過去完了形とともに使う。

（例）He said he had bought the book **a week before**.

（1週間前にその本を買った, と彼は言った）

報告書はもう書き終えた？

X ① Have you <u>already</u> finished your report?

O ② Have you finished your report <u>yet</u>?

解説

already（既に）は肯定文, **yet**（もう, まだ）は疑問文・否定文で使うのが原則。

＊ Have you finished your report **already**? のように already を疑問文（の文末）で使うこともある。この文は「もう［こんなに早く］報告書を書き終えたの？」という驚きを表す。

兄はまだ結婚していません。

X ① My brother is unmarried <u>yet</u>.

O ② My brother is <u>still</u> unmarried.

解説

still は「今もなお〜」の意味で, 肯定文でも否定文でも使う。yet は

318

現在完了形とともに使うのが普通で，My brother hasn't been married yet. なら正しい。

802　時を表す副詞（句）(4)　 ★★/✎💬

後で電話をかけ直します。

X ① I'll call you back <u>after</u>.

O ② I'll call you back <u>later</u>.

解説

later は「後で」の意味の副詞。after はこの意味では使わない。

＊副詞の after は，soon after（(その)すぐ後に）のように他の語を前に置いて使うことが多い。

803　時を表す副詞（句）(5)　 ★★★/✎💬

私の町は 20 年後にはどうなっているだろうか。

X ① What will my town be like <u>20 years later</u>?

O ② What will my town be like <u>20 years from now</u>?

解説

現在を基準にして「〜後に」と言う場合，later は使わない。②は in 20 years（今から 20 年後に）でもよい。

804　時を表す副詞（句）(6)　 ★★/✎💬

3 日後にその会社から返事が届いた。

X ① I got a reply from the company three days <u>after</u>.

O ② I got a reply from the company three days <u>later</u>.

<table>
<tr><td>解説</td></tr>
</table>

過去（や未来）の時点を基準にして「その〜後に」と言う場合は
later を使う。

cf. I got a reply three days **after** [× later] I sent an e-mail to the
company.（その会社にメールを送って 3 日後に返事が届いた）〈after
＝接続詞〉

805　時を表す副詞（句）(7)

けさ大きな地震があった。

X ① There was a big earthquake <u>in this morning</u>.

O ② There was a big earthquake <u>this morning</u>.

解説

this morning, **last** Sunday（先週の日曜日）, **next** month（来
月）などの副詞句の前には前置詞をつけない。

806　時を表す副詞（句）(8)

明日の朝電話するよ。

X ① I'll call you <u>next morning</u>.

O ② I'll call you <u>tomorrow morning</u>.

解説

「明日の朝［午前中］に」は **tomorrow** [× next] **morning**,「きの
うの晩に」は **yesterday** [× last] **evening**。

807　時を表す副詞（句）(9)

けさは 5 時半に目が覚めた。

X ① I woke up <u>at five thirty o'clock</u>.

O ② I woke up <u>at five thirty</u>.

解説

at five o'clock（5時に）なら正しいが, **o'clock**（〜時に）は①のようには使えない。

---

808 時を表す副詞（句）(10)　★★★

コンサートの開始は13時, 終了は16時です。

X ① The concert starts <u>at 13</u> and finishes <u>at 16</u>.
O ② The concert starts <u>at 1 p.m.</u> and finishes <u>at 4 p.m.</u>

解説

日本語では時刻をしばしば0〜24時で表現するが, 英語では午前と午後をそれぞれ0〜12時で表す。「午前0時に」は at midnight, 「午後0時［正午］に」は at noon。

---

809 時を表す副詞（句）(11)　★★★

私たちは深夜にホテルに着いた。

X ① We got to the hotel <u>at midnight</u>.
O ② We got to the hotel <u>in the middle of the night</u>.

解説

midnight は, 今日の英語では「午前0時」を意味する（「深夜」の意味で使うのは古い用法）。漠然と「深夜［真夜中］に」と言いたいときは②を使う。

---

810 時を表す副詞（句）(12)　★★★

今何時ですか？

△① What time is it <u>now</u>?
O ② What time is it?

現在の時刻を尋ねるときは②が普通の言い方。①だと文末の now が情報の焦点になるので, たとえば「さっき尋ねたときは 3 時 20 分だったけれど, 今は何時なの?」と尋ねるような場合には①を使う。

811　away の誤用

2 つの町は約 20 キロ離れている。

X ① The two towns are about 20 kilometers <u>away</u>.

O ② The two towns are about 20 kilometers <u>apart</u>.

apart は「(お互いが) 離れている」の意味。①を使うと, Away from where? と聞き返されるかもしれない。つまり①は「2 つの町はある特定の地点からそれぞれ 20 キロ離れている」という意味になる。

812　ever・never の誤用 (1)

今までに 3 回海外旅行をしたことがあります。

X ① I've <u>ever</u> traveled abroad three times.

O ② I've traveled abroad three times.

ever (今までに) は肯定文中では使わないのが原則。

＊ That's the biggest dog I've **ever** seen. (あれは今までに見た一番大きな犬だ) のような形は可。

813　ever・never の誤用 (2)

明日の朝 8 時までに絶対忘れずに私に電話してね。

X ① <u>Never</u> forget to call me by 8 tomorrow morning.

O ② <u>Don't</u> forget to call me by 8 tomorrow morning.

解説

never は「どの時点を選んでも～ない」という意味なので，**1 回限りの行為や出来事には使わない。**

＊日本語の「ドンマイ」に当たる英語は Never [× Don't] mind.。

814　ever・never の誤用 (3)　★★★

彼女には大学を卒業してから会っていません。

X ① I've <u>never seen</u> her since we graduated from college.

O ② I <u>haven't seen</u> her since we graduated from college.

解説

①は I've never seen her が「彼女には（生まれてから）一度も会ったことがない」ように響くので，since 以下と意味的に合わない。

815　ever・never の誤用 (4)　★★★

このシステムのハッキングに成功した者は誰もいない。

△① No one has succeeded in hacking this system.

O ② No one has <u>ever</u> succeeded in hacking this system.

解説

②は **no** と **ever** が結びついて「今までに誰も～ない」の意味になる。①は正しい文だが，「成功した者はまだいない（がいつか成功者が出るだろう）」のように響く（→ 234）。

816 here の誤用 (1)

ここはとても住みやすい場所です。

X ① <u>Here</u> is a very good place to live.

O ② <u>This</u> is a very good place to live.

> **解説**
>
> **here** は副詞だから主語にはなれない。Here is [are] X. は「ここは X だ」ではなく「ここに X がある」という意味を表す (X が主語) ので①は誤り。
> ＊②の文末には in を入れても入れなくてもよい。

817 here の誤用 (2)

道に迷ったようです。ここはどこですか？

X ① I'm afraid I've gotten lost. <u>Where is here</u>?

O ② I'm afraid I've gotten lost. <u>Where am I (right now)</u>?

> **解説**
>
> 816 と同様に、①は副詞の here を主語として使っているので誤り。「私は (今) どこにいますか」と表現するのが正しい (連れがいる場合は Where are we?)。尋ねられた側は、You're near X Station. (あなたは X 駅の近くにいます) のように答える。

818 here の誤用 (3)

ここが気に入りました。いつかここに住みたいです。

X ① I like <u>here</u>. I hope to live here someday.

O ② I like <u>it here</u>. I hope to live here someday.

> **解説**
>
> like (〜を好む) の後ろには目的語の働きをする名詞・代名詞を置

く。here は副詞なので①は誤り。②の it はその場の状況を漠然と表す。

819　just の誤用 (1)

一度だけでも満点を取りたい。

X ① I want to get a percect score <u>just</u> once.

O ② I want to get a percect score <u>at least</u> once.

解説

　②の **at least** は「少なくとも [せめて]」の意味。just は only の意味を持つので，①は「満点を一度だけ取りたい（二度以上は取らなくていい）」と解釈される。

＊「満点を取る」の意味で get full marks（イギリス英語の古風な表現）を使うのはまれ。

820　just の誤用 (2)

会議は 2 時ちょうどに始まった。

X ① The meeting started <u>just</u> at 2 o'clock.

O ② The meeting started <u>exactly</u> at 2 o'clock.

解説

日本語では「ジャスト 2 時に」のように言うが，just を数字の前に置くと only の意味に誤解される。「きっかり〜時に」と言いたいときは **exactly**（正確に）を使う。at 2 (o'clock) **sharp** という言い方もある。

821　really の誤用

「旅行は楽しかった？」「実は，行かなかったんだ」

X ① "Did you enjoy your trip?" "<u>Really</u>, I didn't go."

○② "Did you enjoy your trip?" "<u>Actually</u>, I didn't go."

解説

actually は「(ところが) 実際は」の意味で，相手にとって意外な情報を示すときに使う。①は「(うそではなく) 本当に行かなかったのだ」と解釈される。

822 too の誤用

「このケーキ，好きじゃないわ」「私もよ」

X ① "I don't like this cake." "Me, <u>too</u>."
○② "I don't like this cake." "Me, <u>neither</u>."

解説

「私もそうだ」は **Me, too.**，「私もそうではない」は **Me, neither.** で表す。**I don't, either.，Neither do I.** とも言う。

823 適切な副詞 (句) の選択 (1)

私は大声でカラオケを歌うのが好きだ。

X ① I like singing karaoke <u>aloud</u>.
○② I like singing karaoke <u>loudly</u>.

解説

「大声で」は **loudly**。**aloud** は「声を出して」の意味で，read the sentence aloud (その文を音読する) のように使う。

824 適切な副詞 (句) の選択 (2)

私は最初キムチが食べられなかったが，今では大好きだ。

X ① I couldn't eat kimchi <u>first</u>, but I love it now.

〇② I couldn't eat kimchi <u>at first</u>, but I love it now.

解説

first は「第1に，初めて」。「最初は〜だった（が…）」の意味は at first で表す。

825　適切な副詞（句）の選択 (3)　★★★

最近は留学する大学生が減っている。

X ① Fewer college students go abroad to study <u>recently</u>.

〇② Fewer college students go abroad to study <u>these days</u>.

解説

recently（最近）は現在完了形または過去形とともに，**these days**（近ごろ）は，現在形とともに使うのが基本（→ 209）。

826　適切な副詞（句）の選択 (4)　★★★

家の近くに公園があって，友だちとよくサッカーをしたものだ。

X ① There was a park near my house. I would often play soccer with my friends.

〇② There was a park near my house. I would often play soccer with my friends <u>there</u>.

解説

②の there がないと，「その公園でサッカーをした」という意味にならない。

827　適切な副詞（句）の選択 (5)　★★★

ぼくはほとんど外食しないよ。

△① I <u>seldom</u> eat out.
○② I do<u>n't</u> eat out <u>very often</u>.

> **解説**
>
> ①は正しい文だが，**seldom**（めったに〜ない）は堅苦しく響くので，会話では **not 〜 (very) often** や **rarely** を使うことが多い。

828　適切な副詞（句）の選択 (6)

私たちはすぐに出発する方がいい。

△① We should start <u>at once</u>.
○② We should start <u>right now</u>.

> **解説**
>
> ①は間違いではないが，**at once** は堅苦しい表現。「今すぐに」は **right now [away]** や **immediately** で表すのがベター。

829　適切な副詞（句）の選択 (7)

来月北海道の妹が上京してきます。

△① My sister in Hokkaido is coming <u>up</u> to Tokyo next month.
○② My sister in Hokkaido is coming to Tokyo next month.

> **解説**
>
> **up [down]** はイギリス英語では「中心地に近づいて［離れて］」の意味で使うが，アメリカ英語では「北［南］へ」の意味を表すので，①を使うと北海道が東京より南にあると誤解されるおそれがある。単に「東京へ来る」と表現するのが無難。

830　数字・尺度の表現 (1)

そのイベントには3万人以上が来た。

X ① More than three <u>thousands</u> people came to the event.

O ② More than three <u>thousand</u> people came to the event.

解説

hundred, thousand, million などは原則として複数形にしない。ただし漠然とした数を表すときは, **thousands of** people（何千もの人々）のように複数形を使う。

831　数字・尺度の表現 (2)

私の誕生日は9月23日です。

X ① My birthday is September <u>twenty-three</u>.

O ② My birthday is September <u>twenty-third</u>.

解説

日付は**序数詞**（「〜番目」を表す数字）を使って表す。書き言葉では September 23(rd) と表記する。これを 23th と書く誤りも時に見られるので注意。なお first は 1st, second は 2nd と略記する。

832　数字・尺度の表現 (3)

私は23歳です。

X ① I'm <u>23 years</u>.

O ② I'm <u>23 (years old)</u>.

解説

S + be 動詞＋数字 years old. = **S は〜歳だ**。years old を省いて I'm 23. と言うのは OK。しかし old だけを省くのは誤り。

私（の身長）は 170 センチです。

△① I'm **170 centimeters**.
○② I'm **170 centimeters tall.**

解説

S + be 動詞＋数字 centimeters tall. ＝ S は～センチの高さ [身長] だ。①は私の何が 170 センチか不明確なので誤り。ただし How tall are you?（あなたの身長はどのくらいですか）という質問に答えるときは①でよい。

＊「私（の体重）は 60 キロです」は，I'm [My weight is] 60 kilograms [kilos]。

あの赤ちゃんは私の息子くらいの年に見える。

X① That baby looks <u>as young as</u> my son.
○② That baby looks <u>as old as</u> my son.

解説

as ＋原級の形容詞＋ as ～＝～と同じくらい…。たとえば A is as tall as B. は「A は B と同じくらいの背の高さだ」の意味であり，両者が低身長でもこの形を使う（「tall ＝背が高い」ではない）。同様に as old as ～は「～と同じくらいの年齢だ」の意味。赤ちゃん同士の比較でも young は使わない。

彼は父親と同じくらい優れた料理人だ。

X① He is <u>as a good cook as</u> his father.
○② He is <u>as good a cook as</u> his father.

「優れた料理人」は a good cook だが，前に **as・so・how・too** があるときは形容詞 (good) を前に出して，as <u>good</u> a cook のように言う。なお，この語順では **a/an** が必須であり，too hot coffee のような形は誤り。

836　原級－形の誤り (3)

私は彼ほどお金をかせいでいません。

X ① I don't earn <u>money as much as</u> he does.

O ② I don't earn <u>as much money as</u> he does.

解説

as much X as ～＝～と同量の X。「たくさんのお金」は much money だから，①のように much と money を切り離すことはできない。

837　原級－形の誤り (4)

私の夏休みはあなたほど長くありません。

X ① I don't have <u>as long summer holidays</u> as you do.

O ② I don't have <u>such long summer holidays</u> as you do.

解説

835 と似た形だが，①は名詞の前に a/an が必要なので誤り。a/an がないときは such（それほど）を使い，〈**not + such ～ as ...**〉で「**…ほど～ではない**」の意味を表す。

838　原級－形の誤り (5)

その家は私たちの家のおよそ 2 倍の大きさだった。

X ① The house was about <u>twice larger than</u> ours.

O ② The house was about <u>twice as large as</u> ours.

解説

「X 倍」は〈**X times ＋原級 [比較級]**〉で表す。たとえば「A は B の3倍の大きさだ」は，A is **three times as large as [larger than] B** (is)。「2 倍」は two times の代わりに **twice** も使うが，twice の後ろには原級しか置けない。したがって①は誤り。

839　原級－形の誤り (6)

このカードは名刺の半分の大きさしかない。

X ① This card is only half as <u>small</u> as a business card.

O ② This card is only half as <u>large</u> as a business card.

解説

834 と同様。②の large は「～の大きさだ」の意味であり，カードがどんなに小さくても small は使えない。

＊ twice と同様に half の後ろにも比較級は置けないので，... only half <u>larger than</u> ... は誤り。

840　原級－形の誤り (7)

私の娘は 10 歳という若さで小説を書き始めた。

X ① My daughter began to write novels <u>as young as</u> at the age of 10.

O ② My daughter began to write novels <u>as early as</u> at the age of 10.

解説

〈**as ～ as ＋数字**〉の形は，**その数字の大きさを強調する**表現になる。たとえば **as much as a million** yen は「100 万円もの金額」。

この例では novels までで文の形が完成しているので，後ろには副詞の働きをする言葉を置く。young は形容詞だから①は誤り。②の early は副詞で，**as early as** が「〜もの早い時期に」の意味を表す。

841　原級－適切な表現の選択 (1)

その国は日本ほど大きくない。

△① The country isn't <u>so large as</u> Japan.

○② The country isn't <u>as large as</u> Japan.

解説

not + as [so] 〜 as ... ＝…ほど〜ではない。この形では so も使えるが，as の方が一般的。

＊ so（それほど）を使った①は，「日本は大きな国だが，その国は日本ほどではない」というニュアンスになる。日本はそれほど大きな国ではないので，その点でも①はやや不自然。

842　原級－適切な表現の選択 (2)

そのバンドには数年前ほどの人気はない。

△① That band isn't as popular as a few years ago.

○② That band isn't as popular as <u>it was</u> a few years ago.

解説

①は間違ってはいないが，that band と a few years ago を比べているようにも見えるので，書き言葉では避ける方がよい。

843　原級－適切な表現の選択 (3)

私の娘は，子どもの頃の私と同じくらい内気だ。

X ① My daughter is as shy as <u>when I was a child</u>.

O ② My daughter is as shy as <u>I was when I was a child</u>.

②の I was は必要。①だと（as の後ろに she was が省略されていると解釈されて）「私の娘は私が子どもの頃にも内気だったが，今もそれと同じくらい内気だ」という不自然な意味になる。

---

844 原級－適切な表現の選択 (4)　　　

カオリは君と同じくらい歌が上手だ。

△① Kaori sings as well as you <u>sing</u>.

O ② Kaori sings as well as you (<u>do</u>).

①は文法的には成り立つが，sing を繰り返すよりも do（代動詞）で置き換えるか，sing を省く方が自然。

---

845 原級－適切な表現の選択 (5)　　　

カオリは君と同じくらい上手にピアノをひく。

X ① Kaori plays the piano as well as you <u>play</u>.

O ② Kaori plays the piano as well as you (<u>do</u>).

play（～を演奏する）は他動詞で，目的語が必要だから①は文法的に誤り。… as you play <u>it</u>. なら正しいが，前問と同様に do を使うか，you の後ろを省略するのがベター。なお，… as well as you <u>do it</u>. とは言えない。

---

846 原級－適切な表現の選択 (6)

このメールに至急ご返信ください。

△① Please reply to this e-mail <u>as soon as you can</u>.

○② Please reply to this e-mail <u>as soon as possible</u>.

解説

①は「できるだけ早く」という穏やかな言い方。②は「(大)至急，すぐに」の意味(略して ASAP とも言う)。promptly, immediately などを使ってもよい。

847　比較級−形の誤り (1)

今日はふだんより遅く帰宅しました。

✗① I came home <u>more late</u> than usual today.

○② I came home <u>later</u> than usual today.

解説

形容詞・副詞の比較級の作り方は，「**短い語なら -er を加える**」，「**長い語なら前に more を置く**」のが基本。late（遅く）は短い語だから，比較級は later とする。

848　比較級−形の誤り (2)

今日病院へおじのお見舞いに行った。おじは先週より具合が悪そうだった。

✗① I visited my uncle in the hospital today. He looked <u>more ill</u> than he was last week.

○② I visited my uncle in the hospital today. He looked <u>worse</u> than he was last week.

解説

good-better-best のように，**不規則な形の比較級・最上級**がある。ill（および bad）の比較級は worse，最上級は worst。

＊sick の比較級は sicker, 最上級は sickest。

849　比較級－形の誤り (3)　　　　　　　　★★

頭がいいと言うよりも知恵がある人もいる。

X① Some people are <u>wiser</u> than smart.
O② Some people are <u>more wise</u> than (they are) smart.

解説

> この文では，some people と他の誰かを比べるのではなく，1 人の人間の性質について「smart な程度より wise な程度の方が大きい」という意味を表している。このように**同一 (人) 物の性質同士を比較するときは，短い語でも more を前に置いて比較級を作る。**

850　比較級－形の誤り (4)　　　　　　　　★

私はプレゼントより現金がほしい。

X① I want cash <u>than</u> a present.
O② I want cash <u>rather than</u> a present.

解説

> than は必ず比較級とともに使うので①は誤り。**rather than ～（～よりむしろ）**または **instead of ～**（～の代わりに）を使うのが適切。

851　比較級－形の誤り (5)　　　　　　　　★

今週は先週より忙しくなるだろう。

X① This week I'll be busier <u>than I was busy</u> last week.
O② This week I'll be busier <u>than I was</u> last week.

〈X［比較級の形容詞・副詞］＋ than 〜〉の形では，**than の後ろに X（のもとの形）を置いてはいけない**。たとえば He is taller than I am. は正しいが，He is taller than I am <u>tall</u>.（※）は誤り。同様に①も正しくない。

＊（※）が誤りなのは，I am tall が「私は背が高い」の意味になるから。この文の taller は「背の高さの程度がより大きい」という意味であり，「彼」や「私」が高身長だと言っているわけではない。

852　比較級－形の誤り (6)

アメリカでは物価が日本より高い。

X ① Prices are higher in the U.S. than <u>Japan</u>.

○ ② Prices are higher in the U.S. than (they are) <u>in Japan.</u>

解説

in the U.S. と形をそろえて，in Japan を使う。①は prices と Japan を比べることになるので誤り。

853　比較級－形の誤り (7)

彼は先週より具合がよさそうだ。

X ① He looks better than he <u>was</u> last week.

○ ② He looks better than he <u>did</u> last week.

解説

②の than he did last week は，「彼は先週○○の程度の具合のよさに見えたが，それよりも」ということ。than の後ろに〈S ＋ V［be 動詞，do，助動詞]〉を置く場合，V は前の動詞・助動詞に合わせた形にする。この文では，前の looks（一般動詞）に合わせて did を使う。

あと 5 センチ背が高ければいいのに。

X ① I wish I were taller <u>five centimeters</u>.

O ② I wish I were <u>five centimeters</u> taller.

解説

二者の差を表す数字は，比較級の前に置く。①は … taller **by** five centimeters. なら正しい。

（類例）She is **two years** young than I am. = She is younger than I am **by two years.**（彼女は私より 2 歳年下です）

その問題に取り組めば取り組むほど，頭が混乱した。

X ① The more I worked on the problem, <u>the more</u> I became <u>confused</u>.

O ② The more I worked on the problem, <u>the more confused</u> I became.

解説

The 比較級 S V, the 比較級 S V. ＝〜すればするほど…。
confused（混乱して）は形容詞で，その比較級は more confused。
more と confused を切り離した①は誤り。

そのレストランは以前より客が減っている。

△① The restaurant has <u>less</u> customers than before.

O ② The restaurant has <u>fewer</u> customers than before.

> **解説**
>
> 「少ない〜」は，〈few ＋可算名詞〉または〈little ＋不可算名詞〉で表す。それぞれの比較級は <u>fewer</u>・<u>less</u>。customer は可算名詞だから，「より少ない客」は fewer customers と言う。
> ＊実際には fewer の代わりに less を使った例もよく見られるが，文法的には避けるのが無難。

857　比較級−形の誤り (11)

彼女は年［実際の年齢］よりも若く見える。

△① She looks <u>younger than her age</u>.

〇② She looks <u>young for her age</u>.

> **解説**
>
> ①は実際にはしばしば使われるが，「彼女」と「彼女の年齢」を比べることになるので文法的には問題がある。②の **for one's age** は「(本人の) 年齢としては，年の割に」の意味。She looks **younger than she really is**. でもよい。
> (類例) The results were different from <u>what we expected</u> [△ our expectations]. (結果は私たちの予想とは違ったものだった)

858　比較級−比較級の強調 (1)

今週は先週よりずっと忙しい。

X① I've been <u>very busier</u> this week than last week.

〇② I've been <u>a lot busier</u> this week than last week.

> **解説**
>
> 比較級を強調して「〜よりもずっと…」の意味を表す場合，very は使えない。**much** または **a lot** を使うのが正しい (a lot の方が口語的)。

第1案より第2案の方がずっとよい。

X ① The second proposal is <u>more better</u> than the first.

O ② The second proposal is <u>much better</u> than the first.

解説

better 自体が good の比較級だから，more better だと比較級が重複することになり誤り。**much・a lot** を使うのが正しい。

第2案の方がずっとよい案だ。

X ① The second is <u>a lot better proposal</u>.

O ② The second is <u>a much better proposal</u>.

解説

much も a lot も比較級の強調に使うが，**後ろに名詞があるときは much を使う。**
＊①は本来 a [a lot better] proposal と言うべきであり，a が1つ欠けているように感じられる。

先週は忙しかったが，今週はさらに忙しい。

X ① I was busy last week, and I've been <u>much busier</u> this week.

O ② I was busy last week, and I've been <u>even busier</u> this week.

解説

①は「先週の忙しさと今週の忙しさの差は非常に大きい」という意味であり，日本文の意味に合わない。「A は〜だ。B は**さらにいっそう〜だ**」という意味は，比較級の前に **even** や **still** を置いて表す。

---

862 比較級−比較級の強調 (5) ★★

彼にはツイッターに私よりずっと多くのフォロワーがいる。

X ① He has <u>much more followers</u> on Twitter than I do.

O ② He has <u>many more followers</u> on Twitter than I do.

解説

much は不可算名詞を修飾するので，後ろに可算名詞（複数形）があるときは使えない。たとえば「10 人多くのフォロワー」は <u>ten</u> more followers。この ten を many に置き換えて考えるとよい。

---

863 比較級−適切な表現の選択 (1) ★★

私はチカほど歌が上手ではありません。

X ① I don't sing <u>better than</u> Chika.

O ② I don't sing <u>as well as</u> Chika.

解説

「〜ほど…ではない」は，**not as … as 〜**で表す。①のように比較級を否定文で使うと「私はチカよりも歌が上手なわけではない（が彼女と同じくらいには上手だ）」という意味に解釈されやすい。

---

864 比較級−適切な表現の選択 (2) ★

辞書は 2 冊以上買うべきですか。

X ① Should I buy <u>more than two dictionaries</u>?
O ② Should I buy <u>more than one dictionary</u>?

> **解説**
>
> **more than X [数字] ＋名詞＝ X より多くの〜**。このように範囲を区切る表現では, **X はその範囲に含まれない**。「2 冊以上の辞書」は **more than one** dictionary（1 冊より多くの辞書）と表現する。同様に less than 〜は,「〜以下」ではなく,「〜未満」の意味を表す (→ 978)。

---

865 比較級－適切な表現の選択 (3)

★／✎💬

私の得点はたぶん 80 点以上だろう。

X ① My score will probably be <u>higher than 80</u>.
O ② My score will probably be <u>80 or higher</u>.

> **解説**
>
> ①は「80 点よりも高い得点」つまり「81 点以上」と解釈される。②は「80 点またはそれより高い得点＝ 80 点以上の得点」。
> ＊正確な数字を表す必要がないときは, たとえば「100 人以上が来た」を More than 100 people came. と言ってかまわない。

---

866 比較級－適切な表現の選択 (4)

★★／✎💬

兄は私より 2 歳年上です。

X ① My brother is <u>senior to me by two years</u>.
O ② My brother is <u>two years older than I am</u>.

> **解説**
>
> **be senior [junior] to 〜**は, 主に職場での地位などについて「〜より上 [下] だ」という意味を表す。人 (特に親族同士) の年齢の比較には普通使わない。
> ＊名詞の senior・junior は, He is two years **my senior**. (彼は私より 2 歳年長 (の人) だ) のように使える。

867　比較級−適切な表現の選択 (5)

 ★/✎/💬

彼女は私より年上です。

△① She is older than I.

○② She is older than I am.

解説

① は間違いではないが，堅苦しく響くので使わない方がよい。② が普通の言い方。くだけた表現では ... than me. も使う。原級の 2 つめの as の後ろも同様。

868　比較級−適切な表現の選択 (6)

 ★★★/✎/💬

祖母は 5 年前ほど健康ではない。

△① My grandmother is <u>less healthy than</u> she was five years ago.

○② My grandmother is<u>n't as healthy as</u> she was five years ago.

解説

less は more の対義語で，**less 〜 than ...** は「**...よりも〜な程度が少ない**」という意味を表す。① と ② はほぼ同じ意味だが，(特に話し言葉では)「〜ほど...ない」は ② の形で表す方が普通。

869　比較級−適切な表現の選択 (7)

 ★★★/✎/💬

その映画は私が予想したより面白かった。

△① That movie was more interesting than I <u>had expected</u>.

○② That movie was more interesting than I <u>expected</u>.

予想した時点の方が映画を見た時点より前だから, 理屈では①の過去完了形を使うべきだが, 実際には過去形 (expected) の方がよく使われる。

＊②は単なる比較だが, ①は「意外に面白かった」という響きになる。

870　最上級−形の誤り (1)

サッカーはすべてのスポーツの中で最も人気が高い。

X ① Soccer is the most popular <u>in</u> all sports.

O ② Soccer is the most popular <u>of</u> all sports.

in（〜の中で）は, 場所や集団などを表す言葉の前に置く（例：in the world, in my office）。**of**（〜のうちで）は, 複数の人や物の前に置くのが原則。この文では, sports が複数形だから of を使う。

871　最上級−形の誤り (2)

私は月曜日が一番忙しい。

X ① I'm <u>the busiest</u> on Mondays.

O ② I'm <u>busiest</u> on Mondays.

I'm the busiest (person). は,「（他の人々と比べて）私が一番忙しい」と言いたいときに使う。この文のように **1 人の人（や 1 つの物）の状態同士を比べるときは, 最上級の前に the をつけない。**

872　最上級−形の誤り (3)

今日はこの夏一番の暑さだった。

X ① Today was the hottest day <u>in</u> this summer.

○② Today was the hottest day (<u>of</u>) this summer.

解説

最上級の後ろに**時を表す名詞**を置くときは，前置詞は in ではなく of を使う。この of は「所有・所属」を表し，②は Today was <u>this summer's</u> hottest day. とも表現できる。また，②の of を省略した形も正しい。

---

873 最上級－適切な表現の選択 (1)

ナオミは同僚の中で一番歌が上手です。

X ① Naomi sings <u>the best of all her colleagues</u>.

○② Naomi sings <u>better than all (of) her colleagues</u>.

解説

「彼女の同僚たち」の中にナオミ自身は含まれないから，①は論理的に成り立たない。②は「ナオミは彼女のすべての同僚たちよりも上手に歌う」の意味。

---

874 最上級－適切な表現の選択 (2)

頑張ってくれてありがとう。

X ① Thank you for <u>doing your best</u>.

○② Thank you for <u>your hard work</u>.

解説

do one's best（最善を尽くす）は「できるだけやってみる」というニュアンスを持ち，①だと「結果は出なかったけれど最善を尽くしてくれたことには感謝します」と言っているように響く。②の hard work は「熱心な仕事，頑張り」の意味。

このバスには最大 60 人まで乗れます。

X ① This bus can carry <u>at most</u> 60 people.

O ② This bus can carry <u>up to</u> 60 people.

解説

at most は「多くても，せいぜい」の意味で，①だと「このバスには せいぜい 60 人しか乗れない」という意味になる。「定員が 60 人だ」 と言いたいときは，**up to**（最大で〜まで）を使うのが正しい。

ソウルは韓国で群を抜いて最大の都市だ。

△① Seoul is <u>much the largest</u> city in South Korea.

O② Seoul is <u>by far the largest</u> city in South Korea.

解説

「**断然最も〜だ**」のように最上級を強調するには，**by far** を使うの が普通。much も間違いではないが，by far に比べると使用頻度 は格段に少ない。

私が一番好きな歌手のセカンドアルバムがもうすぐ発売される。

△① My <u>most favorite</u> singer's second album will be released soon.

O② My <u>favorite</u> singer's second album will be released soon.

解説

favorite はそれ自体が「**一番好きな**」という（最上級に準じた）意味 を含むので，my favorite singer だけで「私が一番好きな歌手」の

意味を表せる。

＊ただし「my favorite singer は複数おり，その中でも一番好きな歌手」
という意味で my most favorite singer と言うことはある。

878　最上級−適切な表現の選択 (6)

★★★／

ケイは私たちのバンドで一番熱心に練習する。

△① Kei practices the hardest <u>in our band</u>.

○② Kei practices the hardest <u>of all the members of our band</u>.

解説

②はケイとバンド内の他のメンバーとの比較だが，①は必ずしもそうではない。たとえばケイが複数のバンドに所属しており，「私たちのバンドで練習する時が一番熱心だ」という意味を表すこともありうる。したがって②がベター。

第7章

接続詞・前置詞 ほか

879 and の誤用 (1)

私たちは海で泳いで，それからバーベキューをした。

X ① We swam in the sea, <u>then</u> had a barbecue.

O ② We swam in the sea, <u>and then</u> had a barbecue.

解説

文と文を結びつけるときは，（コンマではなく）**接続詞を使うのが原則**。then（それから）は副詞だから，接続詞の代わりには使えない。②のように接続詞の and を補う必要がある。

---

880 and の誤用 (2)

私たちは一緒に映画に行った。そしてイタリア料理店で食事をした。

△① We went to the movies together. <u>And we had</u> dinner at an Italian restaurant.

O ② We went to the movies together <u>and had</u> dinner at an Italian restaurant.

解説

①は中学生の作文などによく見られるぎこちない文。書き言葉では，**And で文を始めるのは避ける方がよい**。
＊②の and の前にはコンマは普通入れないが，文の構造を明確にしたいときは入れてもよい。

---

881 and の誤用 (3)

ジョンは先月会社をやめて，今は失業中だ。

X ① John left his company last month <u>and out of work</u> now.

O ② John left his company last month <u>and (he)
is out of work</u> now.

解説

> **A and B の A と B は, 形をそろえる**のが原則。この例では He <u>left
> his company</u> last month. と He <u>is out of work</u> now. を and で
> 結びつけることになるので, is を省くことはできない。

---

882 and の誤用 (4)

私たちはパンと小麦粉と砂糖を買う必要がある。

X ① We need to buy some bread <u>and</u> flour <u>and</u>
sugar.

O ② We need to buy some bread<u>, flour(,) and</u>
sugar.

解説

> and や or を使って 3 つ以上のものを並べるときは, A, B, C(,)
> and [or] D のように, **最後に 1 つだけ and や or を使う**。その直前
> のコンマは入れても入れなくてもよい。

---

883 and の誤用 (5)

私の会社は中古車を売買しています。

X ① My company <u>sells and buys</u> used cars.

O ② My company <u>buys and sells</u> used cars.

解説

> 日本語では「売買」と言うが, 英語では **buy and sell** が慣用的な表
> 現。このように, A and B の A と B が日本語とは逆の場合がある。
> **back and forth（前後に）, black and white（白黒（の）），
> supply and demand（需要と供給）**なども同様。

884 and の誤用 (6)

お姉さんと君はそっくりだね。

X ① <u>Your sister and you</u> look so alike, don't you?

O ② <u>You and your sister</u> look so alike, don't you?

> 解説
>
> 人間を and で結びつけるときは,〈2人称＋3人称＋1人称〉の順に並べるのが原則。この例の場合も, 目の前にいる相手に敬意を表して you を先に言う。
> ＊「姉と私は…」なら My sister and I … が普通の語順だが, くだけた表現では Me and my sister … とも言う。

---

885 and の誤用 (7)

私たちには時間もお金も足りない。

X ① We don't have enough time <u>and</u> money.

O ② We don't have enough time <u>or</u> money.

> 解説
>
> 「AもBも～ない」は,〈not + A or B〉で表す。①のように and を使うと,「私たちは十分な時間とお金の両方を持っているわけではない［どちらか一方なら持っている］」という（部分否定の）意味に誤解される。

---

886 and の誤用 (8)

私は動画サイトに動画を投稿して生計を立てたい。

X ① I want to <u>post videos on video sites and make a living</u>.

O ② I want to <u>make a living by posting videos on video sites</u>.

日本語の「〜して」を常に and で英訳できるとは限らない。①だと「動画を投稿する」と「生計を立てる」が別々の行為と解釈される。前者は後者の手段だから, by 〜 ing (〜することによって) の形を使った②が適切。

887 　and の誤用 (9)

★★★

彼女の髪は長い黒髪だ。

X ① She has <u>long and black</u> hair.

O ② She has <u>long black</u> hair.

異なる種類の意味を表す2つ以上の形容詞を**名詞の前**に置く場合, **間に and は入れない。**同じ種類の形容詞なら, and を使って a black <u>and</u> white cat (白黒のネコ) のように言う。また後ろに名詞がないときは, Her hair is long <u>and</u> black. のように and が必要。

888 　but の誤用 (1)

★★★

きのうその番組をテレビで見たが, とても面白かった。

X ① I watched that program on TV yesterday, <u>but it was</u> very interesting.

O ② I watched that program on TV yesterday <u>and found it</u> very interesting.

日本語の「が」を常に but で英訳できるとは限らない。この文の前後は対立する内容ではないから, **and** (そして) を使うのが適切。②は I watched ... and it was very interesting. でもよいが, **主語を I にそろえて**「きのうその番組をテレビで見て, とても面白いと思った」と表現すると英語らしくなる (→ 046)。

889 but の誤用 (2)

私たちはその製品を懸命に売り込もうとした。しかし売り上げは伸びなかった。

X ① We tried hard to promote the product. <u>But,</u> its sales didn't increase.

○ ② We tried hard to promote the product, <u>but</u> its sales didn't increase.

解説

and, but, or の直後にコンマを置くのは原則として誤り。また, 特に書き言葉では **But で文を始めるのは避けるのがベター**とされるので, ②のように１つの文にまとめるとよい。①の But を However に置き換えても OK（その場合はコンマが必要）。

890 or の誤用

私は江戸川乱歩や横溝正史などのミステリー作家が好きです。

X ① I like mystery writers such as Edogawa Ranpo <u>or</u> Yokomizo Seishi.

○ ② I like mystery writers such as Edogawa Ranpo <u>and</u> Yokomizo Seishi.

解説

どちらか一方ではなく両方が好きなのだから, **and** を使うのが適切。日本語の「や」に惑わされないように。

＊日本人の人名は, 英語圏の国へ行ったときは「名－姓」の順にするのがよいが, 日本の習慣を知っている相手に対しては「姓－名」の順でよい。

891 because の誤用 (1)

私はアニメーターになりたい。アニメが大好きだからだ。

X ① I want to be an animator. **Because** I love anime.

O ② I want to be an animator **because** I love anime.

解説

> **Because 〜.（なぜなら〜だからだ）という形は誤り**（Why 〜? という質問に答えるときに限り OK）。このミスは英作文で非常に多い。なお、②では because の前にコンマを入れないのが普通。because 以下を前に出すときは, 間にコンマを入れて Because I love anime, I want to be an animator. とする（→ 1019）。

892　because の誤用 (2) ★★★

天気予報で言っていたので，今日は雨だろう。

X ① It will rain today **because** the weather report said so.

O ② It will rain today. The weather report said so.

解説

> A because B の形は「B が原因で A が起こる」という**因果関係**を表す。「天気予報がそう言った」ことは雨が降る理由ではないから①は不適切。

893　when の誤用 (1) ★★

子どもの頃，父はよく私とキャッチボールをしてくれた。

X ① When a child, my father would often play catch with me.

O ② When **I was** a child, my father would often play catch with me.

> **解説**
>
> **when, while, if, though** などの後ろの〈**S + be 動詞**〉は，S が主節のSと同じ場合には**省略可能**。この例の場合，①は when a child = when <u>my father was</u> a child と解釈されるので誤り。「<u>私が</u>子どもだった頃に」とする必要がある。

---

894 when の誤用 (2)

家に帰るときこの手紙をポストに入れてくれる？

X ① Can you mail this letter <u>when you go home</u>?

O ② Can you mail this letter <u>on your way home</u>?

> **解説**
>
> ①だと「<u>帰宅した後で</u>手紙をポストに入れる」と誤解される。**on one's way home（帰宅の途中で）**を使った②が適切。

---

895 when の誤用 (3)

地震が起きたとき私はシャワーを浴びていた。

△① I was taking a shower <u>when the earthquake hit</u>.

O② <u>When the earthquake hit,</u> I was taking a shower.

> **解説**
>
> 日本語の意味に合う英文は②。①は（文末焦点の原理によって）「私がシャワーを浴びていたら地震が起きた」と解釈されやすい。

---

896 until の誤用

私たちはその喫茶店で雨がやむまで約1時間待った。

X ① We waited for about an hour at the café <u>until</u>

the rain stopped.

O ② We waited for about an hour at the café <u>before</u> the rain stopped.

解説

①は for an hour がなければ正しいが, 時間 [期間] の長さを表す語句があるときは **before**（〜する前に）を使う。

897　if の誤用 (1)　　★★

駅に着いたら電話するよ。

X ① I'll call you <u>if</u> I get to the station.

O ② I'll call you <u>when</u> I get to the station.

解説

if（もし〜なら）は五分五分の可能性を表すので, ①は「駅に（無事に）着くかどうかはわからないが, もし着いたら」という響きになる。実際は必ず駅に着くのだから, ②のように **when** を使って「駅に着いたとき」と表現するのが正しい。

898　if の誤用 (2)　　★★

たとえぼくたちが親戚でも, 君にお金は貸さないよ。

X ① <u>Even if</u> we are relatives, I won't lend you my money.

O ② <u>Even though</u> we are relatives, I won't lend you my money.

解説

even if は「たとえ仮に〜だとしても」, **even though** は「〜は事実だが, たとえそうであっても」。この例では「私たちは確かに親戚だけれど」という意味だから②を使う。①だと「私たちが親戚かどうかはわからないが, もしそうだとしても」という不自然な意味になる。

899　if と that の選択 (1)

テレビをつけてもかまいませんか。

X ① Do you mind (that) I turn on the TV?

O ② Do you mind **if** I turn on the TV?

> 解説
>
> **Do you mind if I 〜？＝〜してもかまいませんか** [←もし私が〜したらあなたはいやがりますか]。この if の代わりに that を使うことはできない。

900　if と that の選択 (2)

彼女はぼくのプロポーズを受けてくれるだろうか。

X ① I wonder (that) she will accept my marriage proposal.

O ② I wonder **if** she will like my marriage proposal.

> 解説
>
> **I wonder if 〜＝〜かしらと思う** [←〜かどうかを怪しく思う]。この if の代わりに that を使うことはできない。

901　if と that の選択 (3)

その記事は本当だろうかと私は疑っている。

X ① I doubt (that) the article is true.

O ② I doubt **if** the article is true.

> 解説
>
> ①は「その記事が本当だということを疑う→その記事は本当ではないと思う」の意味。「〜かどうかを疑う」は **doubt if [whether] 〜** で表す。

> cf. I **suspect** that the article is true.
> (その記事は本当だろうと疑って [思って] いる)

902　if と that の選択 (4)

全部の窓が閉まっているかどうか確認しなさい。

X ① Make sure <u>if</u> all the windows are closed.
O ② Make sure <u>that</u> all the windows are closed.

解説

> 日本語では「〜かどうか (を) 確認する」と言うが, この状況では実質的に「全部の窓を閉めなさい」と言っているのだから,「〜ということを確かめる, 確実に〜する」という意味を表す **make sure (that) 〜**を使うのが適切 (that は省略可能)。

903　that の誤用 (1)

君がその試験に合格するのは難しい。

X ① It's difficult <u>(that) you pass</u> the exam.
O ② It's difficult <u>for you to pass</u> the exam.

解説

> **easy, difficult [hard]** などの難易を表す形容詞は,〈It is 形容詞 that 〜〉の形では使えない。代わりに **It is easy [difficult] (for X) to do.** (〜することは (X にとって) 易しい [難しい]) と表現する。
> * 〈It is 形容詞 to do.〉と,〈It is 形容詞 that 〜.〉の両方の形で使える形容詞は限られている (natual, strange など)。to do はまだ起きていないこと, that 節は事実を表すことが多いため。

904　that の誤用 (2)

初心者がこのミスをするのは普通のことだ。

X ① It is common <u>that beginners make</u> this mistake.

O ② It is common <u>for beginners to make</u> this mistake.

common（普通の）も 903 と同様に It is common that 〜の形では使えないので, 不定詞を使って表現する。

905　that の誤用 (3)

上司は私が大きなミスをしたことを責めた。

X ① My boss blamed <u>my big mistake</u>.

O ② My boss blamed <u>me for making a big mistake</u>.

blame O for 〜＝〜の理由で O［人］を非難する。**blame**（非難する）, **praise**（ほめる）, **punish**（罰する）, **thank**（感謝する）などは, 人間を目的語にして使う。

906　that の誤用 (4)

日本人は政治の議論を避ける傾向がある。

X ① <u>There is a tendency that Japanese people avoid</u> discussing politics.

O ② <u>Japanese people tend to avoid</u> discussing politics.

〈X + that 節〉で「〜という X」の意味を表すことがある（例：the news that my uncle died ＝私のおじが死んだという知らせ）。このような that 節（**同格節**）を後ろに置ける名詞は限られており, tendency（傾向）はその種の名詞ではないから①は誤り。**tend**

to do（〜する傾向がある）という形を使った②が正しい。

＊同格節を後ろに置く主な名詞は，**news**（知らせ），**fact**（事実），**idea**（考え）など。X is that 〜．（X は〜ということだ）の X の位置に入れることのできる名詞は，〈X ＋同格節〉の形でも使える。

907　that の誤用 (5)　

マリコから 11 月に結婚するというメールが届いた。

X ① I received an e-mail from Mariko <u>that</u> she is getting married in November.

O ② I received an e-mail from Mariko, saying <u>that</u> she is getting married in November.

解説

e-mail や letter の後ろには同格節は置けないから，an e-mail that 〜 で「〜というメール」の意味を表すのは誤り。代わりに **an e-mail saying [that said] that 〜**（〜ということが書かれたメール）と表現する。

＊②のコンマは，saying が Mariko ではなく e-mail を修飾することを示すため。

908　that の誤用 (6)　

その会社が倒産するのは時間の問題だ。

X ① It's a matter of time <u>that</u> the company will go bankrupt.

O ② It's a matter of time <u>before</u> the company will go bankrupt.

解説

It is a matter of time before 〜＝〜するのは時間の問題だ。この it は時刻を表す文の主語として使う it と同じ。it's a matter of time は it won't be long に近い意味だから，that でなく before を使う（It won't be long before 〜＝まもなく〜するだろう）。

それらはとても長い歌詞だったので，暗記できなかった。

X ① They were <u>so</u> long lyrics that I couldn't memorize them.

O ② They were <u>such</u> long lyrics that I couldn't memorize them.

解説

so 〜 that ... は「非常に〜なので…」の意味。たとえば次の文は正しい。

・It was <u>so hot a day</u> that I didn't go out.

（とても暑い日だったので外出しなかった）

このように so の後ろに名詞を置く場合，〈**so ＋形容詞＋ a/an ＋ X［名詞］＋ that 〜**〉とする（→ 835）。X が複数形の名詞や不可算名詞のときは〈**such ＋形容詞＋ X ＋ that 〜**〉（非常に…な X なので）を使う。

おいは（以前とは）とても変わっていたので，最初は本人だとわからなかった。

X ① My nephew had <u>so changed</u> that I couldn't recognize him at first.

O ② My nephew had <u>changed so much</u> that I couldn't recognize him at first.

解説

My nephew had <u>very [so]</u> changed. とは言えない（very や so は動詞を修飾できない）（→ 793）。My nephew had changed <u>very much</u>. は可能だから，この very much を so much に置き換えた②が正しい。

911 その他の接続詞の選択 (1)

朝食をとった後からずっとおなかが痛い。

X ① I've had a stomachache <u>after</u> I had breakfast.

O ② I've had a stomachache <u>since</u> I had breakfast.

解説

前が現在完了形 (have had) なので，since I had breakfast（朝食をとって以来（ずっと））と表現するのが正しい。since の代わりに after を使うのは誤り。

912 その他の接続詞の選択 (2)

かぜをひいているので早退できますか？

△① May I leave early <u>as</u> I have a cold?

O② May I leave early <u>because</u> I have a cold?

解説

as にはさまざまな意味があるので，**「〜なので」(理由) の意味は because で表すのがよい。**また as (や since) は相手も既に知っている理由を表し，because は理由の方に意味の重点がある場合が多い。この例では「かぜをひいている」という理由が重要なので，意味の面からも because がベター。

913 その他の接続詞の選択 (3)

食べながらスマホを使ってはいけません。

△① Don't use your smartphone <u>as</u> you are eating.

O② Don't use your smartphone <u>while</u> you are eating.

解説

as には「～するとき，～しながら」の意味もあるが，as you are eating は「食べているので」という意味にも解釈できるので，**while** を使った②がベター。

＊ you are を省略した while eating は可能だが，as eating とは言わない。

914　その他の接続詞の選択 (4)　★★★

私はいい仕事につけるように簿記を勉強している。

△① I'm studying bookkeeping <u>so that I can get a good job</u>.

○② I'm studying bookkeeping <u>to get a good job</u>.

解説

①の **so that S can ～**は「S が～できるように」の意味だが，**前後の主語が同じ**場合は，②のように**不定詞**を使うのが普通 (to get ＝ 手に入れるために)。

915　その他の接続詞の選択 (5)　★★★

会議に遅れるといけないので，１時半までには戻ります。

X ① I'll be back by 1:30 <u>in case I'm late</u> for the meeting.

○② I'll be back by 1:30 <u>to be in time</u> for the meeting.

解説

in case ～には「～するといけないので」「～した場合には」の２つの意味があるので，①は「会議に遅れた場合には」の意味に誤解される。②は「会議に間に合うために」の意味。

＊②の to be は so that I'll be とも表現できるが，914 と同様に不定詞を使うのがベター。

916 接続詞と前置詞の選択 (1)

コスプレ大会は雨で中止された。

X ① The cosplay event was canceled <u>because rain</u>.

O ② The cosplay event was canceled <u>because of rain</u>.

解説

because（〜なので）は接続詞だから，後ろに〈S + V〉の形が必要。
... because it rained. なら正しい。②の **because of**（〜のせいで）は前置詞の働きをするので，後ろに名詞（rain）を置ける。
＊②を because of <u>the</u> rain にすると，「（あなたも知っている）例の雨で」の意味になる。

917 接続詞と前置詞の選択 (2)

会議中に居眠りした。

X ① I fell asleep <u>while</u> the meeting.

O ② I fell asleep <u>during</u> the meeting.

解説

while（〜している間に）は接続詞だから，後ろに〈S + V〉の形が必要。**during**（〜の間に）は前置詞だから，during the meeting（会議の間に）と言える。

918 接続詞と前置詞の選択 (3)

DVD を見ている間に居眠りした。

X ① I fell asleep <u>during</u> watching the DVD.

O ② I fell asleep <u>while</u> watching the DVD.

一般に前置詞の後ろには動名詞を置けるが，〈**during ＋～ ing**〉という形はない。代わりに〈**while ＋～ ing**〉（～している間に）を使う。while watching は while I was watching の下線部を省略した形（→ 893）。

919 接続詞と前置詞の選択 (4)

私が2度目にその通りへ行ったとき，多くの店が廃業していた。

X ① <u>At the second time</u> I went to the street, many shops had gone out of business.

O ② <u>The second time</u> I went to the street, many shops had gone out of business.

(the) X time という形の，時を表す接続詞がある。たとえば **every time**（～するときはいつも），**the last time**（最後に～したとき），**the next time**（次に～するとき），**the first [second] time**（最初[2回目]に～したとき）など。これらの前に前置詞は不要。なお，②は <u>When</u> I went to the street <u>for the second time</u>, … でもよい。

920 前置詞に続く要素 (1)

卒業したらまた集まろうよ。

X ① Let's get together again after <u>graduate</u>.

O ② Let's get together again after <u>graduation</u>.

after は前置詞としても接続詞としても使える。前置詞なら after <u>graduation</u>（卒業後に），接続詞なら after <u>we graduate</u>（私たちが卒業した後で）とする。

921　前置詞に続く要素 (2) ★★/✎💬

私たちの社会が急速に高齢化していることについて考えてみましょう。

X ① Let's think about <u>our society is rapidly aging</u>.

O ② Let's think about <u>the fact that our society is rapidly aging</u>.

解説

about（〜について）は前置詞だから，後ろに〈S + V〉の形を置いた①は誤り。②の **the fact that** 〜（〜という事実）は名詞のかたまりなので，about の後ろに置ける（→ 906）。Let's think about <u>our society being rapidly aging.</u> も可（意味上の主語＋動名詞）。

922　after の誤用 (1) ★★/✎💬

30 分後に戻ります。

X ① I'll be back <u>after</u> 30 minutes.

O ② I'll be back <u>in</u> 30 minutes.

解説

「今から〜後に」は，after でなく in で表す。

923　after の誤用 (2) ★★/✎💬

今年の夏は 10 年ぶりの暑さだ。

X ① This is the hottest summer <u>after</u> 10 years.

O ② This is the hottest summer <u>in</u> 10 years.

解説

②は「（ここ）10 年で最も暑い夏」の意味。①の after 10 years は，過去や未来のある時点を基準にして「その 10 年後に」という意味を表す。

924　after の誤用 (3)

★★/✎💬

きのう3年ぶりに昔の友だちに会った。

X ① I met an old friend <u>after three years</u> yesterday.

O② I met an old friend <u>for the first time in three years</u> yesterday.

> ### 解説
> **for the first time in** ～＝～ぶりに [←～ (の期間内) で初めて]。①
> は I met an old friend yesterday <u>after three years' separation</u>.
> なら正しい (下線部は「3年の別離の後で」の意味の改まった表現)。

925　along の誤用

★★★/✎💬

私は海沿いの家に住みたい。

X ① I want to live in a house <u>along</u> the coast.

O② I want to live in a house <u>on</u> the coast.

> ### 解説
> **along** は「～に沿って伸びる [進む]」というニュアンス。たとえば
> There are many hotels <u>along</u> the coast. (海岸沿いに多くのホ
> テルがある) は, 海岸に沿って視線が伸びるイメージだから OK。一
> 方「海岸沿いの1点」には (接触を表す) on を使う。

926　as (前置詞) の誤用

★★/✎💬

彼女はネイティブスピーカーみたいに流ちょうに英語を話す。

X ① She speaks English fluently <u>as</u> a native speaker.

O② She speaks English fluently <u>like</u> a native speaker.

解説

①は「ネイティブスピーカーとして」と解釈される。She speaks English **as** fluently **as** a native speaker.（彼女はネイティブスピーカーと同じくらい流ちょうに英語を話す）なら正しい。また②の like 以下は, **as if** she were [was, is] a native speaker（まるでネイティブスピーカーのように）とも表現できる。

927　at の誤用 (1)

私たちは 5 月 10 日にローマに着いた。

X ① We <u>arrived at</u> Rome on May 10.
O ② We <u>arrived in</u> Rome on May 10.

解説

at は「1 点」を表すので, たとえば「東京駅に着く」なら arrive at Tokyo Station でよい。一方「東京に着く」のように広いエリアがイメージされるときは, arrive in Tokyo と言うのが普通。
＊東京［ローマ］が地図上の 1 点と意識されていれば arrive at Tokyo [Rome] も間違いではないが, 普通の状況では避ける方がよい。

928　at の誤用 (2)

私は自販機で缶コーヒーを買った。

X ① I <u>bought</u> a can of coffee <u>at</u> a vending machine.

O ② I <u>bought</u> a can of coffee <u>from</u> a vending machine.

解説

自販機は「場所」ではないから, 場所を表す at は使えない。**buy O from** ～（～から O を買う）は一種の成句。同様に **order**（注文する）, **rent**（(有料で)借りる）, **receive**（受け取る）, **learn**（学ぶ）などもしばしば from と結びつけて使う。

929　at の誤用 (3)

先週図書館で面白い本を借りた。

X ① I <u>borrowed</u> an interesting book <u>at</u> the library last week.

O ② I <u>borrowed</u> an interesting book <u>from</u> the library last week.

解説

borrow O from ～ = ～から O を借りる。①は「図書館で誰かから本を借りた」ように響く。

（ 類 例 ）Someone **stole** my bicycle **from** [× at] the bicycle shed.（自転車置き場で自転車を盗まれた）〈steal O from ～ = ～から O を盗む〉

930　at の誤用 (4)

私は生命保険会社に勤めています。

△① I <u>work at</u> a life insurance company.

O② I <u>work for</u> a life insurance company.

解説

work for a company = 会 社 に 勤 め る。at も 使 え る が, company はもともと「人の集まり」という意味なので, 働く場所というよりも集団や雇用関係の概念が意識されて for を使うことが多い。勤務場所を表すときは, **work in [at]** a hospital（病院に勤める）のように言う。

931　before の誤用 (1)

3 時までに戻ります。

X ① I'll be back <u>before</u> 3 o'clock.

○② I'll be back <u>by</u> 3 o'clock.

解説

before は「〜より前に」の意味だから，**before** 3 o'clock は３時を含まない（３時きっかりに戻ったら約束を破ったことになる）。**by** 3 o'clock（３時までに）なら３時に戻ってもかまわない。

---

932 before の誤用 (2)

駅前に新しいホテルが開業した。

X① A new hotel has opened <u>before</u> the station.
○② A new hotel has opened <u>in front of</u> the station.

解説

「〜の前に」は，時間については before を使うが，（建物などの）場所については **in front of** を使う。「人前で歌う」は sing **in front of [before]** other people のどちらも OK。

---

933 by の誤用 (1)

私の車で行きましょう。

X① Let's go <u>by my car</u>.
○② Let's go <u>in my car</u>.

解説

「車で」は **by car**（→615）。この car は「車という交通手段」という抽象的な意味を表す。具体的な１台の車を指す場合は，**in** my car（私の車に乗って）と表現する。

---

934 by の誤用 (2)

アメリカ人はしばしばジョークでスピーチを始める。

X ① Americans often start their speech <u>by</u> a joke.

O ② Americans often start their speech <u>with</u> a joke.

> **解説**
>
> **by**（〜によって）は**抽象的な手段**，**with**（〜を使って）は**具体的な道具**を表す。「by の後ろには無冠詞の名詞を置く」と覚えてもよい。この例の joke は具体的な道具と考えて with を使う。
>
> ＊スピーチの最初に言うジョークは普通１つだから，jokes でなく a joke とする（→ 520）。

---

935 by の誤用 (3)

最善の解決策は状況によってさまざまである。

X ① The best solution varies <u>by</u> the situation.

O ② The best solution varies <u>depending on [according to]</u> the situation.

> **解説**
>
> by（〜によって）は手段を表す。「状況によって」は手段の意味ではないから，**depending on**（〜に応じて）や **according to**（〜に従って）を使う。

---

936 by の誤用 (4)

そのロープはナイフで切られていた。

△① The rope had been cut <u>by using</u> a knife.

O ② The rope had been cut <u>with</u> a knife.

> **解説**
>
> by using 〜は「〜を使うことによって」の意味だが，受動態の後ろに by X の形を置くと X が行為の主体であるかのように響く（実際はロープを切った主体は人間であってナイフではない）。with（〜

を使って）で表現するのがベター。

＊「～（の道具）を使って」は，基本的には with，using，by using のどれを使って表してもよい。

937　except の誤用　★★★

大学では英語以外にどんな外国語を学びたいですか。

X ① What languages do you want to study <u>except</u> English in college?

O ② What languages do you want to study <u>besides</u> English in college?

解説

「英語に加えて」と表現する（besides ＝～に加えて）。except（～を除いて）を使った①は，「大学で英語は学ばない」という響きになる。

938　for の誤用 (1)　★★

台風のためにフェリーは欠航していた。

X ① There was no ferry service <u>for</u> the typhoon.

O ② There was no ferry service <u>because of</u> the typhoon.

解説

「～の（理由の）ために」の意味で for を使うのは原則として誤り。代わりに because of，due to などを使う。

＊ blame him for the mistake（そのミス（の理由）で彼を責める）のように特定の動詞と結びついた for は理由を表す（→ 905）。

939　for の誤用 (2)　★★

彼女は教員免許を取るために熱心に勉強している。

373

X ① She studies hard <u>for getting</u> a teacher's license.

O ② She studies hard <u>to get</u> a teacher's license.

解説

「〜するために，〜する目的で」の意味で〈for +〜 ing〉の形を使うのは原則として誤り。①の for getting は for the purpose of getting なら正しいが，②のように不定詞を使うのが普通。

＊ a knife <u>for cutting plastic</u>（プラスチックを切るためのナイフ）のように，名詞の後ろに（目的・用途を表す）for で始まる句を置くのは OK。

---

940 for の誤用 (3)

数分違いで電車に乗り遅れた。

X ① I missed the train <u>for</u> a few minutes.

O ② I missed the train <u>by</u> a few minutes.

解説

「〜の差で」は **by** で表す。

（類例）Our team lost the game **by** three points.
　　　　（私たちのチームは 3 点差で試合に負けた）

---

941 for の誤用 (4)

私は 3 か月間で 5 キロやせた。

X ① I lost five kilograms <u>for</u> three months.

O ② I lost five kilograms <u>in</u> three months.

解説

「〜の時間を要して［かけて］」（所要時間）の意味は **in** で表す。

＊ in はアメリカ英語では for（〜の間）の代わりに使うこともある。

（例）I haven't seen her **in [for]** years.（彼女とは何年も会っていない）

942　from の誤用 (1)

私たちは 2015 年からここに住んでいます。

X ① We have lived here <u>from</u> 2015.
O ② We have lived here <u>since</u> 2015.

解説

「(今まで) ずっと〜し続けている」の意味を表す現在完了形と結びつく前置詞は，**since**（〜以来）または **for**（〜の間）。since の代わりに from を使うのは誤り。

943　from の誤用 (2)

今日の試合は 6 時から始まる。

X ① Today's game <u>starts from</u> 6 o'clock.
O ② Today's game <u>starts at</u> 6 o'clock.

解説

日本語では「〜から始まる」と言うが，**start [begin] from 〜 という形は誤り**。この例の場合，「6 時に始まる」と考えて **at** を使う。
（類例）The new term **begins in** [× from] April.
　　　（新学期は 4 月から始まる）

944　from の誤用 (3)

私は秋田大学の卒業生です。

X ① I'm a <u>graduate from</u> Akita University.
O ② I'm a <u>graduate of</u> Akita University.

解説

「〜を卒業する」は graduate from 〜 だが，名詞の **graduate**（卒業生）の後ろには（所属を表す）**of** を置く。

私の職場は駅から車で 10 分以内のところにあります。

X ① My office is <u>within</u> a ten-minute ride <u>from</u> the station.

O ② My office is <u>within</u> a ten-minute ride <u>of</u> the station.

解説

within 時間 [距離] of 〜＝〜から…以内に。この形では from は普通使わない。

＊ a ten-minute ride [walk]（10 分の車の運転 [徒歩]）の minute は単数形（→ 525）。ten minutes' ride [walk] とも言う。

私は月曜日の午前中にはとても忙しい。

X ① I'm very busy <u>in</u> Monday mornings.

O ② I'm very busy <u>on</u> Monday mornings.

解説

「午前中 [朝] に」は in the morning だが，**特定の日の午前中 [朝]** を指す場合は **on** を使う。

ビーチにはたくさんの屋台が並んでいた。

X ① There were a lot of food stalls <u>in</u> the beach.

O ② There were a lot of food stalls <u>on</u> the beach.

解説

「on ＋平面」「in ＋立体」と考えるとよい。この例では「ビーチ（の上）に接している」と考えて on を使う。ビーチは立体的な空間では

ないから in は使わない。

948　in の誤用 (3)

そのレストランでは地元の農場で育てた野菜を出します。

X ① The restaurant serves vegetables grown <u>in</u> the local farm.

O② The restaurant serves vegetables grown <u>on</u> the local farm.

> **解説**
>
> 947 と同様に，農場で働く人々は「表面に接触している」というイメージなので，**on** を使う。「**建物なら in, 野外の場所なら on**」と覚えておけばだいたい間に合う。たとえば **on the island**（その島で），**on campus**（大学構内で）など。
>
> ＊「電車［通り，チーム内］で」はアメリカ英語では **on** the train [street, team]。イギリス英語では，これらの on の代わりに **in** を使う。

949　in の誤用 (4)

北海道は本州の北にある。

X ① Hokkaido is <u>in the north of</u> Honshu.

O② Hokkaido is <u>to the north of</u> Honshu.

> **解説**
>
> in は「内部」を表すので，「青森は本州の北部にある」なら Aomori is **in the north of** Honshu. でよい。「〜の北方（の離れた位置）に」は **to the north of**，「〜の北に（接して）」は **on the north of** で表す。

950　in の誤用 (5)

自転車の運転中に傘を持つのは危険だ。

X ① It's dangerous to hold an umbrella <u>in</u> riding a bicycle.

O ② It's dangerous to hold an umbrella <u>while</u> riding a bicycle.

解説

in 〜ing を「〜するとき」の意味で使うこともあるが，文語的な表現。このような日常的な状況では **while [when] 〜ing** を使う（→918）。

＊while riding ＝ while <u>you are</u> riding で，you は文全体の主語（it）と異なるので下線部を省略するのは文法的には誤りだが，②の while は「〜している間」の意味の前置詞に近い働きをしている。

---

951 in の誤用 (6)

世界一周旅行をしたい。

X ① I want to travel <u>in</u> the world.

O ② I want to travel <u>around</u> the world.

解説

around は「〜のまわりを（回って）」の意味。イギリス英語ではしばしば round が使われる。①の in the world は「他の場所ではない（この）世界で」という響きになるので誤り。

---

952 in の誤用 (7)

「何か心配事があるの？」「何もないよ」

X ① "Do you <u>have</u> anything <u>in your mind</u>?" "Nothing."

O ② "Do you <u>have</u> anything <u>on your mind</u>?" "Nothing."

解説

have O on one's mind ＝ O を気にかけている。**have O in**

mind は「O を考慮［計画］している，O の心当たりがある」の意味で，Do you <u>have</u> anything in [× your] <u>mind</u>? は「何をしようとしているの？」「何か心当たりがあるの？」などの意味を表す。

953　in の誤用 (8) ★★★

私はそのパーティーで初めて彼女に会った。

X ① I first met her <u>in</u> that party.
O ② I first met her <u>at</u> that party.

解説

パーティーをある特定の時点で行われる出来事と考えて，at を使うのが適切。「会合で」なら at [in] the meeting のどちらでもよい。

954　in の誤用 (9) ★★★

私の誕生日は 2001 年の 3 月 12 日です。

△① My birthday is March 12 <u>in 2001</u>.
O ② My birthday is March 12, <u>2001</u>.

解説

年月日をこのように並べる場合，年の前には in ではなく**コンマを置く**のが普通（読むときはコンマのところに短い休止を置く）。

955　in の誤用 (10) ★★★

私は神奈川県の川崎市に住んでいます。

△① I live in Kawasaki <u>in Kanagawa Prefecture</u>.
O ② I live in Kawasaki<u>, Kanagawa Prefecture</u>.

解説

954 と同様に，in ではなく**コンマで「市＋県」を結びつける**。
＊「○○市」は，（県名など他の行政区分と区別する必要があるとき以外

は）city を使わなくてよい (Kawasaki City ではなく単に Kawasaki と言う)。

---

956 of の誤用 (1)

私は岩手県の小さな町で生まれた。

X ① I was born in a small town <u>of</u> Iwate Prefecture.

O ② I was born in a small town <u>in</u> Iwate Prefecture.

> 解説
>
> 「岩手県 (の中) にある小さな町」と考えて **in** を使う。

---

957 of の誤用 (2)

母の誕生日プレゼントを買わなくちゃ。

X ① I need to buy a birthday present <u>of</u> my mother.

O ② I need to buy a birthday present <u>for</u> my mother.

> 解説
>
> ②は **buy O for** 〜 (O に〜を買ってやる) の形。①の of は「所有」を表すので誤り。

---

958 of の誤用 (3)

私の姉は早稲田大学の学生です。

X ① My sister is a student <u>of</u> Waseda University.

O ② My sister is a student <u>at</u> Waseda University.

> 解説
>
> ①は「早稲田大学を研究する人」のように響く。「(学校・大学の) 生

徒」には（勉強する場所を表す）**at** を使うのが普通。「W高校の教師」なら **a teacher at** [× of] W High School と言う（単に「高校教師」なら a high school teacher）。

---

959 of の誤用 (4)

私は東野圭吾の小説を何冊か読んだことがある。

X ① I've read some novels <u>of</u> Keigo Higashino.
O ② I've read some novels <u>by</u> Keigo Higashino.

> **解説**
>
> 「A の B」の A が人間の場合，B of A の形は使わない。この例では「～による（作品）」の意味で **by** を使う。I've read some of Keigo Higashino's novels. でもよい。

---

960 of の誤用 (5)

この部屋は私の部屋と同じ広さです。

X ① This room is <u>the same</u> size <u>of</u> mine.
O ② This room is <u>the same</u> size <u>as</u> mine.

> **解説**
>
> **the same ～ as ...** ＝…と同じ～

---

961 of の誤用 (6)

若年人口の減少は深刻な問題だ。

X ① The <u>decrease of</u> the youth population is a serious problem.

O ② The <u>decrease in</u> the youth population is a serious problem.

「～の増加［減少］」は，**the increase [decrease] in** ～で表す。

962　of の誤用 (7)　

労働組合は基本給のアップを要求した。

X ① The labor union demanded a <u>raise of</u> their basic pay.

O ② The labor union demanded a <u>raise in</u> their basic pay.

 解説

raise（昇給）や **rise**（上昇）に続く前置詞は，of ではなく **in**。

963　of の誤用 (8)　

私は経済学修士号を持っています。

X ① I have a master's <u>degree of</u> economics.

O ② I have a master's <u>degree in</u> economics.

 解説

have a bachelor's [master's, doctor's] degree in ～＝～学士［修士，博士］号を持っている。

964　of の誤用 (9)　

ビジネスでの成功の鍵は何だと思いますか。

X ① What do you think the <u>key of</u> success in business is?

O ② What do you think the <u>key to</u> success in business is?

> **解説**
>
> **a key to ～**＝～（への）の鍵, 秘訣。a/an X to ～で「～（への）のX」という意味を表すその他の名詞には, **answer**（返答）, **clue**（手がかり）, **exception**（例外）, **limit**（限界）, **solution**（解決法）などがある。

965　of の誤用 (10)　　★

彼が欠席した理由を知っていますか。

X ① Do you know the <u>reason of</u> his absence?
O ② Do you know the <u>reason for</u> his absence?

> **解説**
>
> **a reason for ～**＝～の理由
> ＊reason に続く前置詞は, by reason of（～という理由で）などの連語以外では for を使うのが普通。

966　of の誤用 (11)　　★★★

あの選手は私の倍の体重がありそうだ。

X ① That player appears to be <u>double of my weight</u>.
O ② That player appears to be <u>double my weight</u>.

> **解説**
>
> **double** は「2倍の」の意味の形容詞だから, of は不要。また double は **all・both・half** などと同様に〈限定詞＋名詞〉の形を後ろに置くので, my double weight とは言わない（→ 649）。

967　of の誤用 (12)　　★★★

月曜日に英語のテストがある。

X ① I have <u>a test of English</u> on Monday.

O ② I have <u>an English test</u> on Monday.

解説

「A の B」の A が物の場合，しばしば〈**A B**〉の形を使う。「英語のテスト [教科書]」は an English test [textbook] が普通の表現。

（類例）hope for **world peace** [△ the peace of the world] （世界の平和を望む）

* a test <u>in</u> English だと「英語で行う（英語以外の内容を問う）テスト」と誤解される。

968　of の誤用 (13)　★★★/✎🖉💬

ソニーのゲーム機がほしい。

X ① I want <u>a game console of Sony</u>.

O ② I want <u>a Sony game console</u>.

解説

「**A 社製の B**」は，〈B of A〉ではなく〈**A B**〉で表す。

（類例）a **Toyota car** [x a car of Toyota]（トヨタの車）, **Microsoft Windows**（マイクロソフトのウィンドウズ）

969　of の誤用 (14)　★★★/✎🖉💬

私の会社の社員は 10 人中 7 人が女性です。

X ① Seven <u>of</u> ten employees in my company are women.

O ② Seven <u>out of</u> ten employees in my company are women.

解説

A out of B ＝ B のうちの A （の割合）

* **one out of** 〜（〜のうちの 1 人 [1 つ]）は **one in** 〜とも言うが，最初の数字が 2 以上のときは out of を使うことが多い。

970 of の誤用 (15)

今日のサッカーの試合のチケットを2枚持っています。

X ① I have two tickets <u>of</u> today's soccer game.

O ② I have two tickets <u>to [for]</u> today's soccer game.

解説

> **a ticket to [for]** 〜 = 〜のチケット。a ticket <u>of</u> a game [concert] とは言わない。

971 of の誤用 (16)

X 社のケンジ・ヤマモトと申します。

△ ① I'm Kenji Yamamoto <u>of</u> X Company.

O ② I'm Kenji Yamamoto <u>from</u> X Company.

解説

> この文では, 出所・起源を表す <u>from</u> を使うのが普通 (Where are you from? の from と同じ)。
> (類例) a friend **from childhood** [a childhood friend] (幼なじみ)

972 of の誤用 (17)

将来のことはまだ考えていません。

X ① I haven't <u>thought of</u> my future yet.

O ② I haven't <u>thought about</u> my future yet.

解説

> think of と think about はしばしば交換可能だが, 「〜について (あれこれ) 考える, 思いを巡らす」の意味では **think about** を使う。
> cf. I can't **think of** [x about] a good idea.
> (いい考えが思いつかない)

973 on の誤用 (1)

あの川に新しい橋が作られる予定だ。

X ① A new bridge is going to be built <u>on</u> that river.

O ② A new bridge is going to be built <u>over</u> that river.

解説

on だと橋が川の水面に接触していることになる。「上方に」は **over**。**across** the river（川を横切って）も使える。

974 on の誤用 (2)

私たちはいくつかの雑誌に全面広告を出した。

X ① We put a full-page ad <u>on</u> some magazines.

O ② We put a full-page ad <u>in</u> some magazines.

解説

on だと広告を表紙に貼り付けるようなイメージになる。雑誌のどこかのページに広告を出す場合は **in** を使うのが正しい。

975 on の誤用 (3)

アパートの（部屋の）壁に釘を打ってはいけない。

X ① Don't drive nails <u>on</u> your apartment wall.

O ② Don't drive nails <u>into</u> your apartment wall.

解説

「壁にポスターを貼る」は stick a poster **on** the wall でよいが, 釘は表面に接触させるわけではないから on は不適切。「中に打ち込む」と考えて **into** を使う。

976 on の誤用 (4)

君の誕生日に何かプレゼントするよ。

△① I'll give you something <u>on</u> your birthday.
○② I'll give you something <u>for</u> your birthday.

> 解説
>
> ①は間違いではないが、「君の誕生日のために」と考えて **for** を使う方が普通。

977 over の誤用 (1)

空にきれいな虹がかかっていた。

X① A beautiful rainbow was arching <u>over</u> the sky.
○② A beautiful rainbow was arching <u>across</u> the sky.

> 解説
>
> over the sky は「空を越えて向こうにある[向こうへ行く]」または「(雲などが)空一面をおおっている」というイメージ。虹は空を横切ってかかるものだから、**across** を使うのが適切。

978 over の誤用 (2)

日本では 18 歳以上の人は選挙権を持つ。

△① People <u>over 18</u> have a right to vote in Japan.
○② People <u>(who are) 18 and [or] over</u> have a right to vote in Japan.

> 解説
>
> **over/under, before/ after, more/less than** などの後ろに

数字を置いた場合、**その数字は含まない**。people over 18 は「18歳を超えた [= 19 歳以上の] 人々」と誤解されかねない。②は「18歳および [または] それ以上の人々」の意味。
* over を「〜以上」の意味で使うことも実際にはあるが、②の方が誤解されない。

---

979 since の誤用

私たちは 5 年前からここに住んでいます。

X ① We have lived here <u>since five years ago</u>.
O ② We have lived here <u>for five years</u>.

解説

「私たちは 5 年間 (ずっと) ここに住んでいる」と表現する。①は文法的には成り立つが、**since 〜 ago の形は避けるべき**とされている。

---

980 to の誤用 (1)

私と一緒に買い物に行かない？

X ① Do you want to <u>go to shopping</u> with me?
O ② Do you want to <u>go shopping</u> with me?

解説

go shopping = 買い物に行く。to は不要。go swimming [fishing, camping, skiing, jogging] (泳ぎ [釣り, キャンプ, スキー, ジョギング] に行く) なども同様。
*「ドライブ [散歩] に行く」は go for a drive [walk] (または go driving [walking])、「旅行 [ハイキング] に行く」は go on a trip [hike] と言う。

---

981 to の誤用 (2)

めいにクマのぬいぐるみを買ってやった。

X ① I <u>bought</u> a stuffed bear <u>to</u> my niece.
O ② I <u>bought</u> a stuffed bear <u>for</u> my niece.

解説

buy O for 〜＝〜［人］に O を買ってやる。この for は「〜の（利益の）ために」の意味。**find**（見つけてやる），**make**（作ってやる），**read**（読んでやる）なども，〈＋ O for 〜〉で「〜してやる」の意味を表す。
＊第4文型で使う動詞は，give 型（＋物＋ to 人）と buy 型（＋物＋ for 人）とに大別できる。「**相手が必要な行為を表す動詞は give 型，そうでない動詞は buy 型**」と覚えておくとよい。たとえば give という行為には相手が必要だが，buy という行為は一人でできる。

982　to の誤用 (3)

その犬は私に向かって大声でほえた。

X ① The dog <u>barked</u> loudly <u>to</u> me.
O ② The dog <u>barked</u> loudly <u>at</u> me.

解説

1点に向かう動作を表す動詞の後ろでは，「〜をめがけて」の意味を表す at を使う。この at と結びつけて使う動詞は，**aim**（ねらう），**bark**（（犬などが）ほえる），**laugh**（笑う），**look**（見る），**smile**（ほほえむ），**stare [gaze]**（見つめる）など。

983　to の誤用 (4)

その本はもうアマゾンへ注文した。

X ① I've already <u>ordered</u> the book <u>to</u> Amazon.
O ② I've already <u>ordered</u> the book <u>from</u> Amazon.

解説

order O from 〜＝ O を〜［店・場所・人など］へ注文する

984 to の誤用 (5)

私たちは海岸の方へ車を走らせた。

X ① We drove <u>to the direction of</u> the beach.
O ② We drove <u>in the direction of</u> the beach.

解説

in the direction of ～ = ～の方向へ

---

985 to の誤用 (6)

パスポートはもう申請したの？

X ① Have you <u>applied to</u> your passport?
O ② Have you <u>applied for</u> your passport?

解説

apply for は「～を求めて申し込む，応募 [申請] する」。後ろには job（仕事），driver's license（運転免許証），credit card（クレジットカード）などを置く。**apply to** は「(機関など) に応募する」で，apply to a college（大学に出願する）のように使う。

---

986 to の誤用 (7)

私はこの点ではあなたと同意見です。

X ① I <u>agree to</u> your opinion on this point.
O ② I <u>agree with</u> your opinion on this point.

解説

agree with は「(人・意見など) に賛成する」，**agree to** は「(提案・要求など) を承諾する」。たとえば「あなたの提案を承諾 [に同意] する」は agree <u>to</u> your proposal だが，「意見を承諾する」は不自然だから①は誤り。

390

987　under の誤用 (1)

天井にハエが止まっている。

X ① There is a fly <u>under</u> the ceiling.

O ② There is a fly <u>on</u> the ceiling.

解説

A is under B. (A は B の下 (の方) にある) と言った場合，A と B は離れた位置にある。天井に接触しているときは **on** を使うのが正しい。

988　under の誤用 (2)

6 歳以下の子どもは無料です。

X ① Children <u>under 6</u> are free of charge.

O ② Children <u>(who are) 6 and [or] under</u> are free of charge.

解説

under は **over** の逆で，「～を下回っている，～未満」の意味。①だと 6 歳の子どもは含まれない。②は「6 歳および [または] それに満たない子」の意味 (→ 978)。

989　until/till の誤用

この DVD は金曜日までには返す必要がある。

X ① I have to return this DVD <u>until</u> Friday.

O ② I have to return this DVD <u>by</u> Friday.

解説

until は「～まで」，**by** は「～までに」。なお，before Friday だと「金曜日より前 [木曜日まで] に」の意味になる。

990 with の誤用 (1)

目を閉じたまま片足で立てますか？

X ① Can you stand on one foot <u>with closing your eyes</u>?

O ② Can you stand on one foot <u>with your eyes closed</u>?

解説

一般に前置詞の後ろには動名詞を置くことができるが、〈with +～ing〉という形はない。with は「～の状態を伴って」の意味で、後ろには〈O + C〉に準じた形を置く。with your eyes closed は「あなたの目が閉じられている状態で」ということ。

---

991 with の誤用 (2)

私はパソコンの電源を入れたまま部屋を出た。

△ ① I went out of the room <u>with</u> my computer on.

O ② I went out of the room <u>leaving</u> my computer on.

解説

①の with my computer on（パソコンの電源が入った状態で）は正しい形だが、「パソコンを持って部屋を出た」ように響く。②の leaving は「放置した状態で」の意味の分詞構文。

---

992 within の誤用

報告書は今週中に提出します。

X ① I'll submit the report <u>within</u> this week.

O ② I'll submit the report <u>by the end of</u> this week.

解説

within の後ろには期間の長さを表す語句を置き、**within a week**

（1週間以内に）のように使う。②の **by the end of this week** は「今週末までに」。

993　without の誤用 (1)

私は生肉以外ならどんな料理でも食べます。

X ① I eat any food <u>without</u> raw meat.

O ② I eat any food <u>except</u> raw meat.

解説

①は「どんな料理も生肉抜きで［生肉を添えないで］食べる」と解釈される。名詞形の exception（例外）からもわかるとおり，**A except B** は「B という例外を除いた A」という意味を表す。A には「**どれでも，全部**」を意味する語（any, all, every など）を置くことが多い。

994　without の誤用 (2)

子どもたちは外で遊ばずに部屋でテレビを見ている。

X ① The children are watching TV <u>without</u> playing outdoors.

O ② The children are watching TV <u>instead of</u> playing outdoors.

解説

without ～ ing を使うと「必要なことをしないで」という響きになる。この例では「外で遊ぶべきなのにそうしないで」という意味ではないから，**instead of**（～の代わりに）を使うのが適切。

995　その他の前置詞の選択 (1)

ビルの裏に駐車スペースがあります。

X ① There is a parking space <u>at the back of</u> the building.

O ② There is a parking space <u>behind</u> the building.

X is at the back of Y. は「X は Y の後部にある」の意味で，X は Y の内部に含まれている（例：The emergency exit is <u>at the back of</u> the building. ＝非常口はビルの後ろ側にある）。駐車スペースはビル内にあるわけではないから，**behind**（〜の背後に）を使う（behind ⇔ in front of）。

996　その他の前置詞の選択 (3)　★★★／

ほかの子たちとは違って，私はビデオゲームに興味がなかった。

X ① <u>Different from</u> other children, I wasn't interested in video games.

O ② <u>Unlike</u> other children, I wasn't interested in video games.

unlike（〜とは違って）は like（〜に似て，〜のように）の反対の意味を表す前置詞。different from はこの意味の前置詞としては使えない。
＊similar to 〜は「〜に似て，〜と同様に」の意味の前置詞として使える。

997　その他の前置詞の選択 (4)　★★★／

私の得点は平均を上回っていた。

△ ① My score was <u>over (the) average</u>.

O ② My score was <u>above (the) average</u>.

over ≒ above，under ≒ below だから，①は間違いではない。しかし「平均を上回って[下回って]」は **above [below] (the) average**

で表すことが多い。

998　その他の前置詞の選択 (5)

私は野球やサッカーのようなチームスポーツが好きです。

△① I like team sports <u>like</u> baseball and soccer.

○② I like team sports <u>such as</u> baseball and soccer.

解説

like = such as（（たとえば）〜のような）で，like の方がくだけた表現。①は文法的には間違っていないが，like を2回繰り返すのはぎこちないので②がベター。

999　前置詞の有無の選択 (1)

君は彼女と何を話していたの？

✗① What were you <u>talking</u> with her?

○② What were you <u>talking about</u> with her?

解説

talk about 〜＝〜について話す。このように前置詞（この場合は about）の後ろにあるものを疑問詞で尋ねる文では，前置詞を落としやすい。

1000　前置詞の有無の選択 (2)

私は医者に彼の容態を尋ねた。

✗① I <u>asked</u> the doctor <u>his condition</u>.

○② I <u>asked</u> the doctor <u>about his condition</u>.

解説

「彼に質問する」は ask him a question だが，この例では **ask O**

about 〜（〜について O［人］に尋ねる）の形を使うのが適切。

1001　前置詞の有無の選択 (3)

スペイン旅行は私がずっと夢見てきたことだ。

X ① Traveling to Spain is something I've been <u>dreaming</u>.

O ② Traveling to Spain is something I've been <u>dreaming of [about]</u>.

 解説

dream of [about] 〜＝〜（のこと）を夢見る

1002　前置詞の有無の選択 (4)

退職後何をするかまだ考えていません。

X ① I still haven't <u>thought</u> what to do after I retire.

O ② I still haven't <u>thought about</u> what to do after I retire.

解説

think about 〜（〜について考える）の後ろに名詞のかたまりを置いた形。この about は省略できない。

1003　前置詞の有無の選択 (5)

来たいときにいつでも遊びに来てください。

X ① Come and see me <u>at any time</u> you want.

O ② Come and see me <u>any time</u> you want.

at any time は「いつでも，いつなんどき」(副詞句)だが，接続詞の **any time**（アメリカ英語では anytime）(〜するときはいつでも) の前には前置詞はつけない (→ 919)。

＊②の any time は whenever で言い換えられるが，every time は「来たいときにはいつも（欠かさず）来てください」のように響くので不適切。

1004　前置詞の有無の選択 (6)

夏の間に田舎へ里帰りします。

X ① I'm <u>going</u> back <u>hometown</u> during the summer.

O ② I'm <u>going</u> back <u>to my hometown</u> during the summer.

「里帰りする」は go (back) home と言える。しかし hometown (故郷の町) は名詞だから，go hometown とは言えない。back は副詞なので，go to の to は別に必要。

1005　前置詞の有無の選択 (7)

彼女にはツイッターに 7,000 人から 8,000 人のフォロワーがいる。

X ① She has <u>from seven to eight</u> thousand followers on Twitter.

O ② She has <u>seven to eight</u> thousand followers on Twitter.

from A to B（A から B まで）を名詞句として使うときは，**from を省く**のが普通。

＊ She has **between** seven **and** eight thousand followers on Twitter.

とも言う。

1006　前置詞の有無の選択 (8)
★★★／🖊💬

去年あなたに買ってあげたマフラーはどうしたの？

△① **What did you do with the scarf I bought <u>you</u> last year?**

○② **What did you do with the scarf I bought <u>for you</u> last year?**

解説

①は文法的には間違っていないが，bought you だと「あなたを買った」ようにも感じられる。一般に SVO₁O₂ の形から O₂ を V の前に出すと，O₂ ... SV to [for] O₁ のように前置詞を入れることが多い。

（類例）What did you give **to** her?（彼女に何をあげたの？）

1007　前置詞の有無の選択 (9)
★★★／🖊💬

当社の今年の売り上げは昨年に比べてほぼ倍増した。

X① **Our sales <u>of this year</u> have almost doubled compared to last year.**

○② **Our sales <u>this year</u> have almost doubled compared to last year.**

解説

this year（副詞句）が前の名詞を修飾する形で of は不要。young people <u>today</u>（今日の若者たち）などと同様の表現（→ 563）。

1008　前置詞の有無の選択 (10)
★★★／🖊💬

私はその鍵を見つけたところへ戻った。

X ① I went back <u>where</u> I found the key.
O ② I went back <u>to where</u> I found the key.

解説

where には, (1) **疑問副詞**（どこで[へ]）, (2) **関係副詞**, (3) **接続詞**（〜するところで[へ]）の3つの使い方がある。②の where は (先行詞の省略された) 関係副詞で, (the place) where I found the key（私がその鍵を見つけた場所）が名詞の働きをする。これを go back to（〜へ戻る）の後ろに置いたもの。

1009　前置詞の有無の選択 (11)

鍵をもとあったところに戻しなさい。

X ① Put the key back <u>to where</u> it was.
O ② Put the key back <u>where</u> it was.

解説

②の where は接続詞で,〈**put + O + X [場所]**〉（O を X へ置く）の X として where it was（それ[鍵]があったところへ）を使った形。これは副詞節だから to は不要。

＊①が誤りなのは, put O to 〜という形はないから。下線部は場所を表す副詞（のかたまり）で, 前置詞は in, on などを使う。to は方向を表すので, put（置く）と意味的になじまない。

1010　前置詞句の働きに関する誤り (1)

友人の結婚式に出席して高校の同級生たちに会った。

X ① I went to a friend's wedding and met my classmates <u>at high school</u>.
O ② I went to a friend's wedding and met my classmates <u>from high school</u>.

解説

①は「高校で同級生たちに会った」(at high school は met を修飾

399

している) と解釈されるので, 前半の内容と合わない。②は「高校 (時代) からの同級生たち」の意味で, from は所属・出所を表す。

1011 前置詞句の働きに関する誤り (2)

私は 1990 年代のアニソンが好きです。

X ① I like animation songs <u>in</u> the 1990s.
O ② I like animation songs <u>from</u> the 1990s.

解説

①は in the 1990s が like を修飾する副詞句のように感じられるので誤り。②の from は出所・起源を表す。from の代わりに of を使ってもよい。
（類例）I showed her some photos **of/from** [× in] my childhood.
　（私は子どもの頃の写真を彼女に見せた）〈in だと「子どもの頃に見せた」の意味になる〉

1012 前置詞句の働きに関する誤り (3)

日本と違って, アメリカの大学は卒業するのが難しい。

X ① Unlike <u>Japan, American colleges</u> are difficult to graduate from.

O ② Unlike <u>in Japan</u>, colleges <u>in the U.S.</u> are difficult to graduate from.

解説

①は Japan と American colleges が対比されているので形が不適切。②なら in Japan と in the U.S. の対比になる。

1013 前置詞句の働きに関する誤り (4)

ブラジル人はポルトガル語を話す。

△① People speak Portuguese <u>in Brazil</u>.
○② Brazilian people speak Portuguese.

解説

①は「(一般の) 人々はブラジルではポルトガル語を話す (他の地域では別の言語を話す)」という響きになる。また People <u>in Brazil</u> speak Portuguese. だと「ブラジルにいる (外国人を含む) 人々はポルトガル語を話す」の意味。日本語を忠実に英訳するなら② (または Brazilians speak Portuguese.) を使うのがよい。

1014 句読点の使い方－ピリオド (1)

 ★★✎

今日の会合は午後 2 時に始まります。

X ① Today's meeting starts at 2 <u>p.m..</u>
○② Today's meeting starts at 2 <u>p.m.</u>

解説

文末に句読点を 2 つ並べるのは誤り。ピリオドを 1 つだけにする。

1015 句読点の使い方－ピリオド (2)

 ★★✎

私はロックが好きです。特にパンクロックが。

X ① I like rock music<u>. Especially,</u> punk rock.
○② I like rock music<u>, especially</u> punk rock.

解説

①は後半が文の形になっていないので誤り。**A, especially B** で「A, 特に B」の意味を表す。

1016 句読点の使い方－コンマ (1)

 ★★✎

私はヨーロッパ，たとえばフランスかイタリアへ旅行したい。

X ① I want to travel to Europe. For example,
France or Italy.

O ② I want to travel to Europe, for example,
France or Italy.

1015 と同様に，①は後半が文の形になっていないので誤り。**A,
for example, B** で「A，たとえば B」の意味を表す。

1017　句読点の使い方－コンマ (2)

私はミステリーが大好きで，たとえば東野圭吾は好きな作家だ。

X ① I love mysteries, for example, Keigo
Higashino is my favorite author.

O ② I love mysteries; for example, Keigo
Higashino is my favorite author.

①には 2 つの文の形が含まれているが，接続詞がないので誤り (for
example は副詞句)。I love mysteries. For example, Keigo … な
ら正しいが，②のようにセミコロンを使って 1 つの文にまとめるこ
とができる。**セミコロン**はコンマよりも大きくピリオドよりも小さ
な意味の切れ目を表し，**接続詞の代わり**に使うことができる。
＊コロンは例を列挙する場合などに使う。
（例）Our team consists of four members: John, Mike, Larry, and
me. (ぼくらのチームは 4 人のメンバーから成る。ジョン，マイク，ラリ
ー，ぼくだ)

1018　句読点の使い方－コンマ (3)

私の友人のリチャードは日本文化に興味を持っています。

X ① My friend, Richard, is interested in Japanese
culture.

○ ② <u>My friend Richard</u> is interested in Japanese culture.

解説

①は My friend, who is Richard, is ... の意味で,「私の友人」が1人しかいないように響く。②は「リチャードという（名の）私の友人」の意味。なお, Richard, my friend, is interested ... なら問題ない（Richard, who is my friend, is ... の意味）。

1019 句読点の使い方－コンマ (4) ★/✎

もし大きな地震が起きたら, どうすればいいだろうか。

△① What should we do, if a big earthquake happens?

○② What should we do if a big earthquake happens?

解説

if, when, because などで始まる節を主節の後ろに置くときは, **コンマを入れない**のが普通。

＊ただし長い文などで意味の切れ目を明らかにしたいときなどは, コンマを入れることもある。

1020 句読点の使い方－コンマ (5) ★★/✎

将来この町の人口は半減するかもしれないと思う。

△① I think <u>in the future</u> the population of this town might halve.

○② I think <u>that, in the future,</u> the population of this town might halve.

解説

接続詞の that（～ということ）は話し言葉では普通省略するが, **書き言葉ではなるべく that を省かない方がよい**。この例の場合, ①だ

と in the future が think を修飾しているように感じられる。また〈接続詞＋副詞（句・節）＋主語…〉の形では，副詞（句・節）（②では in the future）の前後にしばしばコンマを入れる。

1021　句読点の使い方－引用符 (1)

★★✎

「私は菜食主義です」と彼女は言った。

△① She said, "I'm vegetarian".
○② She said, "I'm vegetarian."

解説

文末のピリオドは引用符の内側に入れるのが一般的。コンマの場合も同様。
（例）"I'm vegetarian." said the woman.
　　（「私は菜食主義です」とその女性は言った）

1022　句読点の使い方－引用符 (2)

★★✎

「急がば回れ」ということわざを聞いたことがありますか。

X① Have you ever heard the proverb "Haste makes waste?"

○② Have you ever heard the proverb "Haste makes waste"?

解説

疑問符は引用符の外側に出す。②は句読点が並ぶ形になるので，Haste makes waste. という文のピリオドは省いてよい。

1023　句読点の使い方－引用符 (3)

★★★✎

パワハラに苦しむ会社員もいる。

X① Some company workers suffer from power

harassment.

○② Some company workers suffer from (what is called) <u>"power harassment."</u>

「パワハラ」は和製英語。①だと power harassment という英語があるかのように見える。このような場合は，**引用符**を使って「**世間一般で言うパワハラ**」という意味を表す。**what is called**（いわゆる）を加えてもよい。

1024 大文字と小文字の使い分け (1)   ★★/✎

今度の土曜日に子どもたちを上野動物園へ連れて行きます。

X① I'm going to take my children to <u>the Ueno zoo.</u>

○② I'm going to take my children to <u>the Ueno Zoo</u>.

人や物の名前を表す名詞（固有名詞）が〈**具体的な名前＋普通名詞**〉の形の場合，両方を**大文字で始める**のが原則。**Harvard University**（ハーバード大学），**Lake Biwa**（琵琶湖）なども同様。
＊ Chiba Prefecture [prefecture]（千葉県）など，普通名詞を小文字にすることもある。

1025 大文字と小文字の使い分け (2)   ★★/✎

ニューヨークで自由の女神像を見たい。

X① I want to see <u>The Statue Of Liberty</u> in New York.

○② I want to see <u>the Statue of Liberty</u> in New York.

解説

> 固有名詞中の冠詞・前置詞などは**小文字**にする。新聞の見出し，本や歌のタイトルなども同様。

1026　大文字と小文字の使い分け (3)　

冬休みの間に韓国へ行きます。

X ① I'm going to South Korea during the <u>Winter Vacation</u>.

O ② I'm going to South Korea during the <u>winter vacation</u>.

解説

> 「冬休み」は固有名詞ではないから，大文字にはしない。季節や方角も小文字で表す。たとえば「夏に」は in (the) summer [× Summer]。

1027　大文字と小文字の使い分け (4)　

今度の土曜日にクリスマスパーティーを計画しています。

X ① We are planning a <u>Christmas Party</u> this Saturday.

O ② We are planning a <u>Christmas party</u> this Saturday.

解説

> 「クリスマス (の日)」は1つの固有名詞なので，Christmas Day のようにどちらも大文字にする。しかし「クリスマスパーティー」はパーティー (普通名詞) の一種だから，party は**小文字で書く**のが正しい。

1028　大文字と小文字の使い分け (5)　

「お好み焼き」を食べたことがありますか？

406

X ① Have you ever eaten "<u>O</u>konomiyaki"?
O ② Have you ever eaten "<u>o</u>konomiyaki"?

解説

「お好み焼き」は（ピザやパスタと同じように）**普通名詞扱いするの**で，**最初の文字を大文字にはしない。**この種の間違いはよく見られる。たとえば 1023 の「パ ワ ー ハ ラ ス メ ン ト」を，<u>P</u>ower <u>H</u>arassment と書かないように。

1029　敬称の使い方 (1)

原田先生が先週出産したそうだ。

X ① I hear <u>Teacher</u> Harada had a baby last week.

O ② I hear <u>Ms.</u> Harada had a baby last week.

解説

「X 先生」「X 部長」などは，男性なら **Mr. X**，女性なら **Ms. X** で表す（Ms. は未婚者にも既婚者にも使える）。なお専門職の場合は，**Dr. X**（X 博士 [医師]），**Prof. X**（X 教授）のように言う。

＊ Mr. や Ms. はフォーマルな敬称。親しい間柄（たとえば社内の同僚）なら，「原田一郎さん」は Mr. Harada ではなく Ichiro と下の名前で呼ぶのが普通。また英語圏の人は日本人を Harada-san（原田さん）のように呼ぶことが多いので，それに倣ってもよい。

1030　敬称の使い方 (2)

ジョン・ブラウン先生はテキサス出身です。

X ① <u>Mr. John</u> is from Texas.
O ② <u>Mr. (John) Brown</u> is from Texas.

解説

Mr. や Ms. の後ろには family name（姓）が必要。①は誤りで，Mr. Brown または Mr. John Brown とするのが正しい。

著者紹介

佐藤誠司
東京大学文学部英文科卒業。広島県教育委員
会事務局、私立中学・高校教諭などを経て、
現在は(有)佐藤教育研究所を主宰。英語学習
全般の著作活動を行っている。『SKYWARD
総合英語』(桐原書店)、『ビミョウな違いがイラ
ストでわかる! 英単語 類義語事典』(西東社)、
『最速・最効率の英文法』(研究社)ほか著書
多数。

小池直己
広島大学大学院修了。カリフォルニア大学ロサ
ンゼルス校(UCLA)の客員研究員を経て、大
学・大学院教授を歴任。現在は英語教育関連
書籍の執筆を中心に幅広く活躍。『スヌーピー
で学ぶ すぐに使える英語表現105』(祥伝社)、
『パラパラめくってペラペラ話せる英会話』(小
社刊)ほか著書390冊以上、累計500万部以上
にのぼる。

1秒で攻略 英語の落とし穴大全

2023年1月30日　第1刷
2023年3月5日　第2刷

著　　者　　佐藤誠司
　　　　　　小池直己

発　行　者　　小澤源太郎

責任編集　　株式会社 プライム涌光
　　　　　　　　電話　編集部　03(3203)2850

発　行　所　　株式会社 青春出版社

東京都新宿区若松町12番1号 〒162-0056
振替番号　00190-7-98602
電話　営業部　03(3207)1916

印　刷　共同印刷　　製　本　ナショナル製本

万一、落丁、乱丁がありました節は、お取りかえします。
ISBN978-4-413-23288-3 C0082
© Sato Seishi,Koike Naomi 2023 Printed in Japan

青春出版社の四六判シリーズ

青春出版社の四六判シリーズ

青春出版社の四六判シリーズ